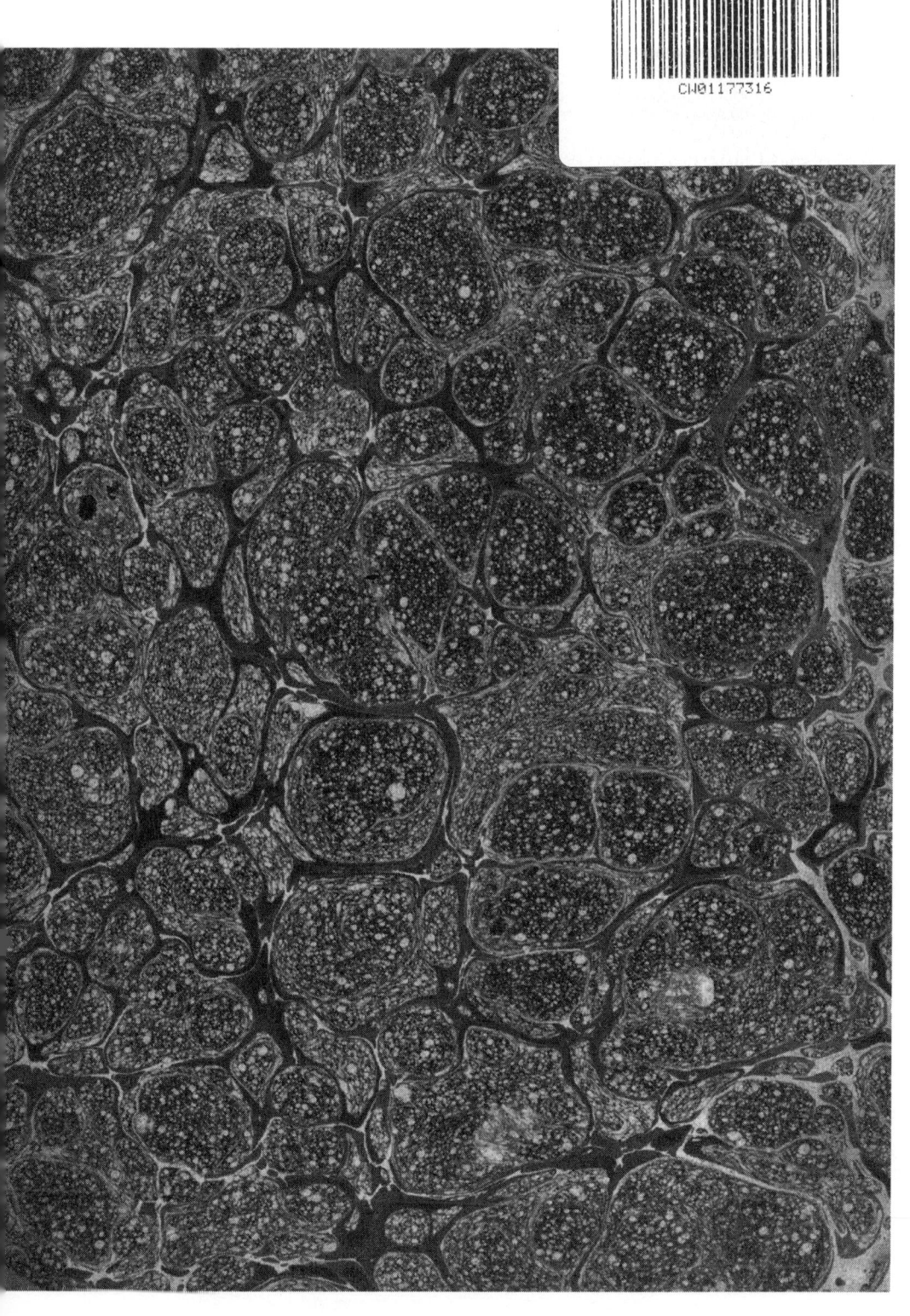

A. or. ~~377~~ 4º
487   Amrülkeïs

À Monsieur Quatremère.
   De la part de l'éditeur.

LE DIWAN
D'AMRO'LKAÏS

CET OUVRAGE SE VEND

A la Librairie orientale de Mme Ve Dondey-Dupré
2, rue Vivienne.

LE
DIWAN D'AMRO'LKAÏS

PRÉCÉDÉ DE LA VIE DE CE POÈTE

PAR L'AUTEUR DU KITAB EL-AĞHANI

ACCOMPAGNÉ

D'UNE TRADUCTION ET DE NOTES

PAR LE B⁰ⁿ MAC GUCKIN DE SLANE

MEMBRE DU CONSEIL DE LA SOCIÉTÉ ASIATIQUE DE PARIS

PARIS
IMPRIMÉ PAR AUTORISATION DE M. LE GARDE DES SCEAUX
A L'IMPRIMERIE ROYALE
—
M DCCC XXXVII

A MONSIEUR

LE BARON SILVESTRE DE SACY

PAIR DE FRANCE

SECRÉTAIRE PERPÉTUEL
DE L'ACADÉMIE ROYALE DES INSCRIPTIONS ET BELLES-LETTRES
PROFESSEUR DE LANGUE ARABE
A L'ÉCOLE ROYALE ET SPÉCIALE DES LANGUES ORIENTALES VIVANTES
ETC. ETC. ETC.

TRIBUT

D'ADMIRATION ET DE RECONNAISSANCE

PRÉFACE DU TRADUCTEUR.

Parmi les phénomènes extraordinaires que nous présente l'étude des langues primitives, le plus remarquable, et le plus difficile aussi à expliquer, est l'existence d'un système grammatical qui, organisé le plus souvent avec un art consommé, se trouve combiné avec la langue elle-même. Cette union est si intime qu'il paraît impossible de ne pas regarder la grammaire comme une partie essentielle du langage, prenant naissance et se développant avec lui, sans jamais s'écarter de certains principes généraux dont dérivent les combinaisons les plus compliquées en suivant un procédé régulier et invariable.

Quand on étudie les anciens monuments de ces langues, monuments qui, par une coïncidence singulière, possèdent un tel mérite qu'ils ont toujours été considérés à juste titre comme classiques, on s'aperçoit que déjà la langue était parfaitement formée et sa construction grammaticale entièrement achevée.

Ces premiers ouvrages subsistent toujours portant l'empreinte d'une individualité qu'on ne saurait méconnaître, offrant pour ainsi dire l'incarnation du génie de la langue, qui fait sentir partout son influence propice tant qu'il demeure un objet de culte, et qui cesse de répandre cette influence dès qu'on le néglige.

La littérature arabe possède plusieurs de ces chefs-d'œuvre qui ont été, pendant des siècles, étudiés avec assiduité par les savants arabes. Ces ouvrages ont fixé la langue, et c'est par les exemples qu'ils offrent qu'on est parvenu à découvrir les règles qui dirigent la marche de la grammaire, qu'on a pu suivre le développement de ces règles et les reconnaître jusque dans leurs détails les plus minutieux.

Il ne faut pas croire cependant qu'avant la composition de ces productions littéraires le langage fût entièrement homogène. Dans la langue arabe on reconnaît facilement le contraire, et il est certain que peu de siècles avant Mahomet elle se partageait en un grand nombre de dialectes. Chaque tribu avait certains mots qui lui étaient particuliers, et d'autres mots communs à plusieurs tribus, mais employés par elles dans une signification différente[1]. La grammaire aussi subissait quelques modifications, mais tellement légères, qu'on peut la regarder comme ayant été la même pour toutes les tribus de la presqu'île arabe.

Ces différences de dialectes disparurent graduellement, et bien qu'à l'époque où vivait Mahomet on distinguât encore le dialecte du Yémen de celui du Hedjaz, et que certaines locutions fussent reconnues comme spéciales aux tribus de Témîm et de Thaï, on peut regarder la langue arabe de cette période comme presque homogène.

Ce qui avait contribué à cette fusion des dialectes, c'était l'existence d'une très-ancienne institution, celle de réunions à des époques et des lieux fixes, où l'on se rendait primitivement dans un but commercial. Pendant la durée de ces grandes foires (مواسم[2]), une trêve générale y régnait, et il ne restait aux membres des tribus hostiles d'autre moyen de se témoigner leur inimitié que par des disputes au sujet de la gloire de leurs tribus respectives ou de leur mérite personnel, par des éloges pour leurs amis et des satires contre leurs

---

[1] Ceci est la cause du grand nombre de significations assignées par les lexicographes à certains mots tels que عين, فوز, etc. Il est fâcheux que les philologues arabes se soient si peu occupés de distinguer les différents dialectes de leur langue, leurs travaux auraient été alors bien autrement utiles.

[2] Il y en avait cinq, savoir : Dhou'l-medjaz ذو المجاز près du mont Arafat, El-Madjanna المجنّة et Mina منى près de la Mecque, Okaz عكاظ dans le désert entre Nakhla et Thaïf, et Honaïn حنين entre Thaïf et la Mecque.

ennemis, exprimés dans des vers qui devaient briller par l'expression et la pensée. Souvent aussi il y avait des combats où chaque adversaire s'efforçait de surpasser son rival dans l'improvisation d'un poëme sur un sujet donné et dont la composition était soumise à certaines règles générales.

Parmi ces foires, celle d'Okaz était la plus célèbre; c'est là où Mahomet entendit les discours de l'évêque chrétien Koss (قس) le plus éloquent des anciens Arabes, les vers du juif Samouel ben-Adiya, et ces poëmes des Arabes païens dont on reconnaît quelques locutions dans le Koran.

Déjà avaient paru les chefs-d'œuvre de l'ancienne littérature arabe; les auteurs des *Sept moallakas*, ainsi que Mohalhel, Nabegha, Ascha, Schanfara et Taabbata Sharran avaient avant cette époque composé ces poëmes auxquels ils doivent leur célébrité.

Mais, outre les ouvrages en vers, il existait une autre espèce de composition, qu'ils nommaient *journées* (ايام العرب), et qui renfermait en prose le récit des combats des tribus, des assassinats, des vols, des chasses et des incursions sur le territoire ennemi. Il y avait alors, et il y eut pendant les deux siècles suivants, des personnes qui s'empressaient de recueillir tous ces poëmes et ces histoires en les apprenant par cœur. Elles les récitaient en répétant les paroles et en faisant usage des tournures mêmes employées par celui qui les leur avait transmises. Par ce moyen se trouvèrent conservés sans altération les poëmes et l'histoire de leur nation, qui fut dépeinte avec vigueur, naturel et vérité. Ainsi à l'apparition de l'islamisme toute la riche littérature de l'ancienne Arabie était consignée dans la mémoire de quelques hommes.

L'introduction de cette nouvelle religion détourna pour un temps les esprits de la culture de la poésie et de l'histoire; mais déjà sous le khalife Omar on commença à s'y appliquer de nouveau dans le but de fixer le véritable sens des passages obscurs et douteux du

Koran. Bientôt après, les traditions des actes et des paroles du prophète furent recueillies, et c'est alors encore qu'on eut recours aux anciennes poésies pour trouver la solution de ces difficultés qui se présentaient si souvent dans *le Sonna*. Plus tard on fit la découverte du système grammatical de la langue et on reconnut les principes de la métrique arabe. Les écoles s'établirent partout où s'étendait la domination musulmane; des savants, profondément versés dans la langue et la littérature arabes, attiraient à eux de nombreux élèves, et l'étude des anciens auteurs devint générale.

Parmi les ouvrages qui fixèrent davantage l'attention des Arabes, on peut citer les sept moallakas, les diwans d'Akhtal, Djerir et Ferazdek, les mofaddiliyat[1], le diwan des Hodheïlites, celui des *six poëtes* et le *Hamâça*. Partout où la langue arabe fut cultivée, ces livres devinrent un objet spécial d'étude, et ils continuèrent à jouir de leur considération méritée jusqu'au temps où le mauvais goût commença à prévaloir, où les jeux de mots remplacèrent la pensée et où toute la réputation des anciens fut obscurcie par le faux éclat de Motenabbi et le mysticisme alambiqué d'Ebn-Faredh, seuls poëtes dont les Arabes se soient occupés depuis.

On voit par Ebn-Khallikan que l'ouvrage nommé le *Diwan des six poëtes* jouissait d'une grande réputation dans l'Afrique et l'Espagne. Jusqu'ici il a été peu connu en Europe, bien que ce soit un recueil d'une grande importance; en effet parmi les poëtes arabes qui vécurent avant l'islamisme, il y en avait six auxquels on reconnaissait le premier rang et dont toutes les productions paraissaient assez remarquables pour être réunies dans une seule collection : ce recueil, ayant pour titre اشعار السنة *Poëmes des six (poëtes)*[2], renferme tous les poëmes d'Amro'lkaïs, Nabegha, Alkama, Zohaïr, Tharafa et An-

---

[1] Voy. p. 116, note.

[2] Voy. Casiri, t. I, p. 71; Hadji-Khalfa, *Lexicon bibliograph*. t. I, p. 321, ed. Fluegel, Leipz. 1835. Le savant éditeur de cet ouvrage a traduit par inadvertance les mots اشعار السنة par « carmina suspensa sex. »

tara. C'est cet ouvrage, si remarquable par le nombre et le mérite des morceaux dont il est composé, et si digne de l'attention des philologues comme renfermant quelques-uns des plus anciens monuments de la langue arabe, que nous avons entrepris de publier, et dont ce volume, contenant les poëmes d'Amro'lkaïs, forme la première partie.

Parmi les manuscrits que nous avons eus à notre disposition, le plus important est sans contredit celui que nous avons désigné dans les notes par la lettre A, et qui a été acquis récemment par la Bibliothèque du roi. La dimension du volume approche de celle du format *petit in-folio* et il renferme 105 feuillets. On y trouve les *diwans* ou collections des poëmes des six poëtes dont les noms viennent d'être cités; il est écrit dans un beau caractère africain sur papier de coton devenu maintenant brunâtre par l'âge. Le texte porte toutes les motions et il est d'une grande exactitude. La plupart des mots difficiles sont expliqués dans de courtes notes interlinéaires en encre rouge; on lit aussi en marge quelques gloses assez détaillées qui s'accordent tellement avec celles du commentaire du manuscrit B (dont il sera question plus loin), qu'il faut les regarder comme en ayant été tirées. Ce manuscrit, qui avait déjà été restauré, dans le temps, par un ouvrier peu habile, et qui, à l'époque de son achat par la Bibliothèque du roi, était retombé dans le plus grand délabrement, vient d'être restauré de nouveau et relié; il est maintenant en bon état, à l'exception du premier feuillet qui a été troué dans deux endroits par la vétusté, en sorte qu'une portion du titre est perdue, et que sur le *verso*, les cinquième, sixième et septième vers de la moallaka d'Amro'lkaïs se trouvent mutilés; il y a aussi une tache qui a pénétré les premiers feuillets et qui a effacé toutes les notes interlinéaires en encre rouge auxquelles elle a touché, sans avoir cependant porté atteinte au texte des poëmes, qui est en encre noire. Sur le *recto* du premier feuillet on peut lire encore

PRÉFACE

le mot et les lettres suivantes, qui font partie de la première ligne du titre :

كتاب ..... (lacune) ..... شع ..... (lacune) ..... هلية

où la dernière lacune doit être remplie ainsi, شعرآء الجاهلية, ce qui est prouvé par ces mots qu'on lit dans les lignes suivantes :

الستة وهم امرو القيس والنابغة وعلقمة

وزهير وطرفة وعنترة

لمحمد بن يوسف بن ابرهيم بن قحطبة الخزرجي

Ensuite viennent trois vers dont il ne reste que les premiers mots. La portion du titre qui est encore lisible peut être traduite de la manière suivante :

Livre..........des six poëtes du temps du paganisme, savoir : Amro'l-kaïs, Nabegha, Alkama, Zohaïr, Tharafa et Antara; par Mohammed Khazredji, fils de Yousouf, fils d'Ibrahim, fils de Kahteba.

Sur le dernier feuillet du manuscrit on lit :

تم جميع الديوان وكتبه لنفسه بخط يده محمد بن يوسف بن ابرهيم بن قحطبة فى العشر الاول من رجب الفرد من سنة احدى وسبعين وخمس ماية حامدًا لله تعالى ومصليًا على نبيه محمد صلى الله عليه

Fin du diwan entier, lequel a été transcrit par Mohammed, fils de Yousouf, fils d'Ibrahim, fils de Kahteba, pour son usage personnel et de sa propre main, dans la première dizaine du mois de redjeb l'isolé[1], de l'an cinq cent soixante et onze [de l'hégire].

Le manuscrit indiqué dans les notes par la lettre B est encore

---

[1] Ce mois a reçu cette épithète parce qu'il est le seul des quatre mois sacrés qui se trouve précédé et suivi immédiatement d'un mois non sacré. Les trois autres mois sacrés, dhou'l-kaada, dhou'lhaddja et moharrem, ont été nommés سرد la série, parce qu'ils se suivent.

DU TRADUCTEUR.

une nouvelle acquisition de la Bibliothèque du roi, ayant été acheté postérieurement au manuscrit A. Il est de format *in-folio* et il est composé de 223 feuillets; il contient les mêmes poëmes que le manuscrit A, et il les présente dans le même ordre que celui-ci. Ce manuscrit renferme de plus un commentaire perpétuel dans lequel les mots difficiles du texte sont expliqués et où l'on trouve en général le sens des vers développé. L'auteur, pour se conformer à une promesse faite dans sa préface, ne discute que rarement les questions grammaticales auxquelles beaucoup de vers de ces poésies pourraient donner lieu; mais quand il lui arrive de les aborder, il les traite avec une extrême prolixité. Ce commentaire est disposé d'une manière particulière en ce que l'auteur, au lieu d'expliquer les poëmes vers par vers, explique deux et quelquefois plusieurs vers à la fois. Le texte des poëmes s'accorde avec celui du manuscrit A, les variantes qui s'y trouvent ne provenant le plus souvent que de la négligence du copiste et ne méritant par conséquent aucune attention. Ce texte ne porte pas les points-voyelles et il est écrit avec peu de soin en caractères africains; le commentaire, tracé par la même main et dans des caractères semblables à ceux du texte, est écrit avec assez de régularité et même de netteté. Il est à regretter cependant que ce commentaire soit déparé par beaucoup de fautes de deux natures différentes; ce sont, premièrement, les erreurs que le copiste a commises et qui sont quelquefois si graves qu'il est impossible de deviner le sens de la phrase, et ensuite les fréquentes lacunes et espaces blancs que le copiste a laissés dans sa transcription, en sorte que plusieurs gloses sont mutilées et inintelligibles : quelquefois c'est un mot qui manque, quelquefois plusieurs, et, en certains endroits, des gloses entières. Ce dernier défaut provient de ce que le manuscrit dont on avait tiré la copie offrait les mêmes lacunes[1].

---

[1] En effet, dans quelques endroits du manuscrit on lit en marge de l'espace resté en blanc : في النسخة المكتوب منها بياض يقرب من هاذا البياض .

Malgré tous ces défauts, qui nous ont même empêché de publier le texte de ce manuscrit en entier, ce commentaire nous a été de la plus grande utilité. Il a pour titre :

هاذا شرح ديوان الشعرآء الست (lis. الستة) للاديب الاعلم يوسف الشمتمرى (lis. الشنتمرى) رحـــمه الله

Commentaire sur le Diwan des six poètes, par le savant Yousouf, de Sainte-Marie.

Le nom entier de cet auteur est Abu'lheddjadj Yousouf ben-Soleïman sur lequel on peut consulter notre note page 116. Ebn-Khallikan dit qu'il avait reçu le sobriquet de أعلم parce qu'il était défiguré par un bec-de-lièvre. Il y avait en Espagne deux villes qui portaient le nom de Sainte-Marie : l'une située dans l'Algarve et nommée شنتمرية الغرب, ville natale de notre auteur : l'autre شنتمرية ابن رزين, nommée maintenant Albarazin, et située dans l'Aragon.

Nous devons à l'obligeance de M. Fauriel un troisième manuscrit renfermant le diwan d'Amro'lkaïs seulement ; il est de l'écriture de Michel Sabbagh ; et, comme nous avons des raisons de le croire, il est transcrit sur le manuscrit suivant.

Le manuscrit du diwan d'Amro'lkaïs, désigné dans nos notes par la lettre c, appartient à M. Caussin de Perceval, qui a eu la bonté de le mettre dernièrement à notre disposition. Ce manuscrit, écrit l'an 1163 de l'hégire, porte beaucoup de gloses marginales, mais qui ne suffisent pas toujours pour l'intelligence du texte; plusieurs des morceaux, surtout vers la fin du volume, sont précédés d'une courte introduction où l'origine et le sujet de la pièce sont expliqués. Ces notices forment une espèce de biographie abrégée d'Amro'lkaïs, et elles paraissent avoir été extraites en partie du *Kitâb el-Aghâni*. Ce manuscrit renferme plusieurs pièces qui ne se trouvent pas dans les deux manuscrits de la Bibliothèque du roi, mais aussi on rencontre dans ceux-ci des poëmes qu'on chercherait inutilement dans le premier.

DU TRADUCTEUR.

Ce qui le rend surtout remarquable, ce sont, non-seulement ces morceaux additionnels, mais encore les grandes différences pour l'ordre et le nombre des vers que l'on remarque dans plusieurs pièces quand on les compare avec les mêmes pièces telles que nous les offrent les manuscrits A et B. Quelquefois même on trouve séparés, dans le manuscrit C, des morceaux qui dans les deux manuscrits de la Bibliothèque du roi sont réunis; d'autres fois des fragments qui se lisent isolés dans ces derniers ont été joints ensemble dans le premier. Ce manuscrit peut donc être regardé comme offrant une édition différente des poëmes d'Amro'lkaïs, et comme quelquefois il porte en tête de certains passages ces mots, ولم يروها البصريون *ce morceau n'a pas été rapporté par les savants de l'école de Basra,* on pourrait croire qu'il nous offre la rédaction des savants de Koufa. On ne saurait cependant conclure de là que la rédaction des manuscrits A et B soit celle de Basra, car on y rencontre quelques-unes de ces petites pièces que le manuscrit C dit n'avoir pas été rapportées par les savants de cette ville. Comme notre première intention a été de reproduire l'excellent texte du manuscrit A, nous nous sommes abstenu de faire entrer dans ce recueil les pièces qui ne se trouvent que dans le manuscrit C.

Quant au manuscrit du *Kitâb el-Aghâni,* duquel nous avons extrait la vie d'Amro'lkaïs, il n'est pas nécessaire d'en parler ici puisque M. Quatremère en donne une notice fort détaillée dans le Journal asiatique.

Dans notre traduction des poëmes nous avons tâché de rendre le texte arabe aussi littéralement que l'idiome de la langue latine le permettait, tout en visant, autant que cela nous a été possible, à exprimer les pensées du poëte avec clarté. Dans les notes nous nous sommes borné à donner ce qui paraissait strictement nécessaire pour l'intelligence du texte, sans avoir négligé de mettre à profit le commentaire renfermé dans le manuscrit B, dont les fréquents extraits ne seront probablement pas regardés comme inutiles. Nous nous sommes abstenu d'imprimer la moallaka, ce poëme, avec le commentaire de Zouzeni, ayant été publié à Bonn, en 1823, par M. Hengstenberg.

Il nous reste maintenant à déterminer l'époque où vivait Amro'lkaïs, et nous serons obligé de traiter cette question assez longuement à cause de son importance, et parce que le résultat de nos recherches est en contradiction avec l'opinion généralement reçue. En effet, jusqu'à présent on a regardé Amrol'kaïs comme contemporain de Mahomet; d'Herbelot, Sale, Reiske, Hengstenberg l'éditeur de la moallaka, et d'autres savants ont adopté cette opinion, et il doit paraître téméraire de notre part d'oser élever des doutes sur ce sujet, et d'avancer non-seulement que ce poëte florissait dans une époque antérieure à celle de Mahomet, mais qu'il mourut probablement avant la naissance de cet homme extraordinaire. Ayant cependant rencontré dans la lecture des poésies d'Amro'lkaïs et dans l'examen de l'histoire de sa vie et de celle du poëte Lebid plusieurs passages qui nous faisaient naître des doutes sur l'exactitude de l'opinion émise par ces savants, nous avons cru devoir rechercher sur quelle autorité ils s'étaient appuyés, et, après avoir reconnu la faiblesse de cette autorité, nous avons essayé nous-même de fixer la véritable époque où vivait notre poëte.

D'Herbelot, dans la Bibliothèque orientale, à l'article *Lebid*, dit : « Mahomet, ayant appris la conversion de Lebid, en eut une très-« grande joie; car ce poëte passait pour le plus bel esprit des Arabes « de son temps, et il lui ordonna de faire des vers pour répondre « aux invectives et aux satires qu'Amr'ilkaïs, autre poëte des Arabes « infidèles, composait contre sa nouvelle doctrine et contre ceux « qui en faisaient profession. » D'Herbelot donne ceci sur l'autorité de Doulet-schah Samarcandi; et en effet, dans les prolégomènes de l'ouvrage persan de cet historien, lequel est intitulé تذكرهُ الشعراء,

Histoire des poëtes, on lit le passage suivant relatif au poëte Lebid, au moment où celui-ci venait d'embrasser l'islamisme :

رسول اورا تحسین کرد وکافی اورا جواب هجو شعراء کفار رخصت داد
وامره القیس را هجو میکرد که پیشوای شعراء مشرکانست

Le prophète lui fit un très-bon accueil et lui permit une fois de répondre aux satires que les poëtes idolâtres composaient contre lui. Lebid répondit notamment à Amro'lkaïs, qui était le principal des poëtes incrédules.

Sale, dans la troisième section de son discours préliminaire de sa traduction anglaise du Koran, dit : « This Lebid was afterwards of « great service to Mohammed in writing answers to the satires and « invectives that were made on him and his religion by the infidels « and particularly by Amri al-Kaïs, prince of the tribe of Asad and « author of one of those seven famous poems called *al Moallakât.* » Sale renvoie ici à l'article de la Bibliothèque orientale que nous venons de citer.

Reiske, dans son *Prologus,* en tête de son édition de la moallaka de Tharafa, à la page XXVI, s'exprime ainsi : « Dicunt illum Amralkaïs « frequenti satyra Muhammedum impetiisse; hunc vero, ad ejus « aculeos retundendos, Labidi lingua et calamo fuisse usum. Potuit « omnino fieri. Ferunt tamen etiam, Labidum, postquam professus « esset Moslemum, nullum scripsisse carmen, licet illis non accedam. « In editione poeticorum operum Amralkaisi quæ exstat in Biblio- « theca Leydense num. 901 ex recensione *Abi Osamah,* nihil tale « offendi. Sed multa non tenet illa editio quæ apud alios legi citata. « Forte plenior est codex qui fuit olim Erpenii, nunc est Biblio- « thecæ Cantabrigiensis. » Reiske ne cite pas ici ses autorités, mais il a très-probablement tiré de la Bibliothèque orientale ce qu'il dit dans le premier passage. On voit, du reste, qu'il avait des doutes sur cette circonstance; il paraîtrait même que plus tard il en avait vu l'inexactitude, puisqu'il a reconnu, dans une dissertation manuscrite citée par Rasmussen [1], qu'Amro'lkaïs était contemporain d'Amr, fils de Hind et successeur de Mondhir III. Ayant déjà parlé des deux éditions des poëmes d'Amro'lkaïs, nous ne nous arrêterons pas aux autres observations de Reiske; nous dirons seulement qu'il ne se trouve ni dans l'une ni dans l'autre des éditions que nous avons sous les yeux, aucune allusion à Mahomet ou à sa doctrine.

M. Hengstenberg, dans ses prolégomènes de la moallaka d'Amro'lkaïs, page 9, dit, « Statuendum igitur Amrulkeisum natum esse fere « eodem tempore quo natus est Muhammedes, sed non multo post; » et un peu plus loin : « Vero simile vero mihi videtur Amrulkeisum « eodem fere tempore obiisse quo obiit Muhammedes. » Nous avons examiné les arguments par lesquels M. Hengstenberg cherche à soutenir son opinion, et ils ne paraissent rien moins que concluants.

Nous ne citerons pas ici d'autres savants qui ont regardé Amro'lkaïs comme contemporain de Mahomet, parce qu'ils se sont appuyés, comme d'Herbelot, sur l'autorité de Doulet-schah; reste à voir si, dans ce cas, elle mérite d'être admise; quant à nous, nous ne le pensons pas, pour les motifs que nous allons exposer.

Ce qui nous avait inspiré les premiers doutes sur ce sujet, c'était la vie de Lebid, traduite du *Kitâb el-Aghâni* et mise par M. de Sacy en tête de son édition de la moallaka de ce poëte [2]. On n'y trouve aucune mention faite ni des satires d'Amro'lkaïs contre Mahomet, ni des réponses de Lebid soit à Amro'lkaïs, soit à aucun autre poëte. Cependant si la chose eût eu lieu, Abou'lfaradj, l'auteur de l'*Aghâni*, n'aurait pas manqué d'en parler, car il a soin de donner jusqu'aux moindres détails de tout ce qui a rapport aux sujets de ses notices biographiques; il dit même que, suivant certaines traditions, Lebid,

---

[1] *Historia Arabum ante Islamismum*, p. 60. — [2] Voyez *Kalila et Dimna*, p. 111.

depuis sa conversion à l'islamisme, n'avait fait qu'un seul vers, qui, du reste, n'a aucun rapport à la question dont nous nous occupons[1]. Comment se fait-il, si l'assertion de Doulet-schah est vraie, que ni dans la vie d'Amro'lkaïs, telle que nous la donne le *Kitâb-el-Aghâni,* ni dans celle de Lebid, on ne trouve aucune mention de cette circonstance? Deux des premiers poëtes parmi les Arabes disputent, non pas au sujet de la noblesse de leur famille, ou pour décider lequel des deux était meilleur poëte (chose qui arrivait très-souvent aux poëtes arabes), mais de ces deux grands poëtes l'un attaque Mahomet et sa religion et l'autre les défend, et l'auteur de l'*Aghâni* passe ce fait sous silence! Mais ce fait seul eût acquis à Lebid une grande réputation chez les musulmans, et ils n'auraient pas manqué de citer son nom avec ceux de Hassân ben-Thabit, Kaab ben-Malik et Kaab ben-Zohaïr, trois poëtes qui se sont distingués par les services qu'ils ont rendus à Mahomet en répondant aux satires de ses ennemis. Comment, si la chose est vraie, ces poëmes et surtout ceux de Lebid ne se sont-ils pas conservés, et comment Lebid assignerait-il à Amro'lkaïs le premier rang parmi les poëtes? Mais la jalousie et le zèle religieux de Lebid l'en auraient empêché. On objectera peut-être que d'autres écrivains ont pu parler de ce fait; c'est ce que nous allons examiner.

Nous avons déjà dit que, dans la vie d'Amro'lkaïs par Abou'lfaradj, aucune mention n'est faite de cette circonstance et qu'on n'y trouve les noms ni de Mahomet ni de Lebid cités une seule fois. Dans la biographie d'Amro'lkaïs par Khâlowaïh[2], même silence. Dans la notice sur le même poëte qui se trouve dans le commentaire du *Makçoura*, man. arabe de la Bibliothèque du roi n° 390, on ne rencontre rien sur ce sujet. Dans une pareille notice par Mohammed Soleïman el-

---

[1] *Kalila et Dimna,* p. 122. Ebn-Kotaïba dit positivement que Lebid n'a plus fait de vers après sa conversion à l'islamisme. Voy. Eichhorn, *Mon. histor. Arab.* page 46, note.

[2] Voyez *Ebn-Doreidi Poemation,* editionis Haitsma, p. 191 et suiv.

PRÉFACE

Komari, autre commentateur sur le *Makçoura*[1], il n'en est rien dit non plus. Dans les notes biographiques qui se lisent dans le manuscrit des poëmes d'Amro'lkaïs que nous avons indiqué par la lettre c, il n'y a pas la moindre allusion à une pareille circonstance. Dans le tome II d'une copie du grand ouvrage historique d'Ebn-Khaldoun, que la Bibliothèque du roi vient de recevoir de Constantinople, on lit une notice sur Amro'lkaïs, mais qui n'apprend rien de nouveau et ne parle pas, non plus que les autres, des satires qu'il aurait faites contre l'auteur de l'Islamisme[2]. Il faut donc chercher ailleurs.

A la fin du vingt-sixième chapitre du Koran, intitulé *les Poëtes*, Mahomet fait allusion aux poëtes de sa nation qui avaient dirigé leurs attaques contre lui, mais il ne daigne pas les nommer; les commentateurs cependant, tous hommes versés dans la connaissance des traditions de Mahomet et de son histoire, doivent être en état de fournir quelques renseignements.

Or Zamakhschari, l'homme le plus instruit de son temps, grand métaphysicien, habile grammairien, savant critique, profondément versé dans l'histoire des anciens Arabes, dit (dans son chef-d'œuvre, le commentaire sur le Koran, intitulé *el-Kesschâf*, en expliquant ces versets du Koran dans lesquels Mahomet fait allusion aux poëtes de son temps,) que les poëtes ennemis furent Abd-alla ben-el-Zibari الزبيرى, Hobeïra ben-Abi-Waheb, Masafé مسافع ben-Abd-Menâf, Abou-Izza عزة et Omaiyya ben-Abi-'Ssalt امية بن ابى الصلت; il ajoute ensuite que ceux qui composèrent des vers pour la défense de Mahomet étaient Abd-alla ben-Rewâha رواحة, Hassân ben-Thabet, Kaab ben-Malik et Kaab ben-Zohaïr.

Beïdhawi, en traitant de ce passage du Koran, cite comme les

---

[1] Manuscrit de M. le baron de Sacy.
[2] Nous devons faire observer que l'ouvrage renfermé dans ce volume n'a rien de commun avec l'Histoire d'Ebn-Khaldoun; il n'a certainement pas été composé par cet auteur.

poëtes défenseurs de Mahomet Abd-alla ben-Rewâha, Hassân ben-Thabet et les deux Kaab.

Abou'lhassân-el-Bekri nomme comme poëtes ennemis de Mahomet, Abd-alla ben-el-Zibari et Omaiyya ben-Abi'ssalt; et comme poëtes amis, Hassân ben-Thabit, Abd-alla ben-Rewâha et Kaab ben-Malik.

Bref, aucun des commentateurs ne fait mention ni de Lebid, ni d'Amro'lkaïs.

Mais il y a un ouvrage d'une importance encore plus grande, un ouvrage rempli de détails authentiques sur la vie de Mahomet et dans lequel les poëmes les plus importants écrits soit pour lui soit contre lui se trouvent enregistrés. Dans ce livre précieux, intitulé *Siret er-resoul*, on cherche inutilement des vers de Lebid en l'honneur de Mahomet, ou des satires d'Amro'lkaïs; le nom même de ce dernier ne s'y trouve mentionné que très-rarement, et cela seulement quand l'auteur cite de ses vers pour fixer le sens de certains mots dont Mahomet s'était servi, et qui, étant tombés en désuétude, étaient devenus difficiles à comprendre pour les Arabes des temps postérieurs. Dans ce cas, comme nous l'avons remarqué, on a toujours eu recours aux anciennes poésies, suivant la recommandation d'Ebn-Abbâs, cousin de Mahomet, qui avait dit : « Lorsque vous trouverez un verset du « Koran difficile à entendre, cherchez-en le sens dans les poëmes, « car ils sont les registres de la langue et de l'histoire des Arabes. »

D'après ce qui vient d'être exposé, il est probable que le lecteur ne balancera pas dans sa décision sur le peu d'autorité que comporte le passage précité de Doulet-schah, auteur comparativement moderne.

Il nous sera maintenant facile de fixer, à l'aide de la Vie d'Amro'lkaïs par l'auteur du *Kitâb el-Aghâni*, l'époque approximative de la sortie de ce poëte de l'Arabie pour se rendre chez l'empereur des Grecs. En effet, nous voyons qu'après son expédition contre les Benou-Asad, dans laquelle il fut assez malheureux pour avoir attaqué par mégarde la tribu de Kinana, Amro'lkaïs fut poursuivi sans relâche par Mondhir, roi de Hira, et qu'enfin il se réfugia dans le territoire de la tribu de Taï, chez Moalla. Or, selon l'auteur de l'*Aghâni*, ce Mondhir avait pour fils Amr, fils de Hind, qui était la sœur du grand-père d'Amro'lkaïs; ainsi on peut facilement reconnaître que c'est de Mondhir III qu'il est question ici[1], lequel fut rétabli dans ses possessions par Anoushirwân dans l'an 531[2], et dont la mort eut lieu avant l'an 564[3]; ce fut donc avant cette dernière année qu'Amro'lkaïs se retira chez Moalla. L'époque de sa sortie de l'Arabie est plus difficile à déterminer; mais nous apprenons de l'auteur du *Kitâb el-Aghâni* qu'Amr, fils de Mondhir, avait essayé, du vivant de son père, de protéger notre poëte, qui était son parent du côté de sa mère, et qu'ayant appris que Mondhir avait découvert le lieu où le fugitif se cachait, il l'aida à se sauver et à se rendre auprès de la tribu de Himyâr. Ceci nous porte à croire que si Amr fût parvenu au trône de Hira avant qu'Amro'lkaïs se fût retiré à Constantinople, ce dernier n'aurait pas été forcé de fuir l'Arabie, car il est probable que son cousin Amr lui aurait toujours montré les mêmes bonnes dispositions qu'auparavant. Cette supposition, qui paraît très-naturelle quand on considère combien étaient forts les liens du sang chez les Arabes, nous mènerait à placer la sortie d'Amro'lkaïs de l'Arabie avant la mort de Mondhir III. Telle paraît être aussi l'opinion de l'auteur du

---

[1] Voyez et comparez, *Mémoires sur les divers événements de l'histoire des Arabes avant Mahomet*, par M. Silvestre de Sacy; Paris, an XII, p. 84 et suiv.; Rasmussen, *Histor. ante-islamica*, p. 13 et 14; Pococke, *Specimen hist. Arab.* 1806, p. 73; Aboulféda, *Hist. ante-islam.* p. 127.

[2] De Sacy, *Mém. sur l'histoire des Arabes avant Mahomet*, p. 89.

[3] Nous disons *avant l'an* 564, car nous apprenons par Ménandre que, pendant les négociations du traité de paix entre Chosroès et Justinien qui eurent lieu dans l'an 562, on avait réclamé pour Amr, fils de Mondhir, Ἀμβρὸς ὁ Ἀλαμουνδάρου ὁ τῶν Σαρακηνῶν ἡγούμενος, une subvention d'une centaine de livres pesant d'or parce qu'elle avait été payée par l'empereur des Grecs à son prédécesseur. *Excerpta de legationibus* dans le *Corpus script. hist. Byzant.* Édition de Bonn, t. I, p. 358.

Kitâb el-Aghâni, car il dit dans la vie de Samouel ben-Adiya que ce fut à cause de la poursuite acharnée de Mondhir à la tête de la cavalerie des tribus de Iyad, Behrâ et Tenoukh, qu'Amro'lkaïs fut forcé de se réfugier auprès de Samouel [1]. Justinien régnait encore, car sa mort eut lieu en l'an 565 ; c'était donc lui qui avait accueilli Amro'lkaïs. Maintenant, comme la naissance de Mahomet eut lieu en l'an 571, il ne peut rester aucun doute que notre poëte n'ait quitté l'Arabie avant cette époque. Comment donc saurait-on admettre qu'Amro'lkaïs se trouvait dans ce pays cinquante ans plus tard, composant des satires contre Mahomet et sa religion?

Amro'lkaïs, étant arrivé à la cour de Justinien, a dû attendre assez longtemps avant d'obtenir les secours de troupes qu'il demandait ; la lenteur habituelle de cet empereur, lenteur qu'avait accrue son âge, l'aurait fait différer d'accorder à cet Arabe ce qu'il demandait. C'est ainsi que Seïf ben-Zi-Yezen demeura plus de sept ans à la cour de Constantinople à solliciter inutilement des secours pour s'établir sur le trône de ses ancêtres dans le Yémen [2]. Il nous paraît donc probable que ce ne fut qu'à l'avénement de Justin II, successeur de Justinien, qu'Amro'lkaïs reçut le commandement d'un corps de troupes destinées pour l'Arabie. Ce qui ajouterait quelque poids à notre supposition, c'est l'histoire bien connue de l'intrigue de notre poëte avec la fille de l'empereur des Grecs ; Justinien depuis longtemps n'avait plus d'enfants, et si l'anecdote racontée dans la tradition arabe est vraie [3], on ne peut s'empêcher de reconnaître la maîtresse d'Amro'lkaïs dans Arabia, fille de Justin II, et épouse de Badouarius, surintendant du palais impérial [4].

Nous sommes donc porté à regarder le départ de notre poëte pour l'Arabie comme ayant eu lieu dans les premières années du

---

[1] Voyez *Aghâni,* t. IV, fol. 264 *bis.*

[2] Voyez les commentateurs sur les vers 42 et suiv. du *Makçoura* d'Ebn-Doreid.

[3] Voyez la traduction de la Vie d'Amro'lkaïs, p. 27, note 1.

[4] Voyez Corippus, *de laud. Justinii.*

règne de Justin II; cependant nous devons avouer qu'il n'y a rien dans les historiens byzantins qui puisse servir à donner du poids à notre conjecture; mais bien qu'il reste des incertitudes sur l'époque de la mort d'Amro'lkaïs, il n'en est pas moins avéré que tous ses poëmes, à l'exception du troisième et peut-être du premier de ce recueil, furent composés avant l'an 564. Ce fut encore vers ce temps que vécurent Samouel ben-Adiya et Harith ben-Abi-Schamir. Ce dernier, qui a joué un rôle très-important dans l'histoire de cette époque, mérite qu'on parle en détail des circonstances de sa vie; mais comme il est souvent fait mention de lui dans les poëmes de Nabegha, nous nous réservons d'aborder ailleurs ce sujet, que nous traiterons avec une certaine étendue.

Nous ne devons pas omettre de rapporter ici une parole que la tradition, fondée sur l'autorité d'Abou-Horaïra, assigne à Mahomet, et qui a pu donner lieu de supposer qu'Amro'lkaïs avait fait des satires contre lui. Les mots qu'on lui attribue sont les suivants : امرؤ القيس اشعر الشعراء وقائدهم الى النار, c'est-à-dire : « Amro'lkaïs est « le plus excellent des poëtes et leur conducteur vers le feu de « l'enfer. » Ce *hadith* a pu faire croire que Mahomet avait éprouvé des traits de satire de la part du poëte, mais le véritable sens en est que ce poëte ainsi que tous ceux qui étaient morts païens devaient éprouver les peines de l'enfer, et qu'Amro'lkaïs était le chef des poëtes parce que lui le premier avait établi les vrais principes de la rime, لانه اول من احكم القوافى.

Il y a encore une circonstance digne d'être remarquée ici, c'est qu'Amro'lkaïs est le seul des auteurs des moallakas qui soit de pur sang arabe, étant descendu de Kahtân, tandis que les autres tirent leur origine d'Adnân, descendant d'Ismaïl; le savant Reiske avait déjà fait cette remarque, mais il ne nous a pas paru inutile de la reproduire.

En terminant cette préface, nous croyons devoir faire une observation sur la difficulté de traduire littéralement des extraits du *Kitâb el-Aghâni,* car le seul manuscrit complet de cet ouvrage que la Bibliothèque du roi possède est très-fautif et même incomplet, et chaque article biographique qu'il renferme est en général composé de citations tirées de différents auteurs anciens, qui employaient souvent des expressions tout à fait insolites, et dont le style est entièrement différent de celui des écrivains arabes des temps postérieurs. Il se peut même que nous ayons regardé comme bonnes des leçons qui n'étaient que des fautes du copiste, mais nous avons préféré les admettre plutôt que de hasarder des corrections basées sur de simples conjectures. Nous profiterons de cette occasion pour faire observer que dans le texte arabe de la vie d'Amro'lkaïs, page ١٨, ligne 7, on lit l'expression suivante : شـــدّوا ايديكم به, que nous avons rendue par, *qu'il vous aide dans vos travaux;* il se peut cependant que le vrai sens de cette locution soit, *tenez-le ferme,* ou, *ne le lâchez pas,* car elle paraît être analogue à celle-ci, شدّوا ايديكم بغرزه, sur laquelle on peut consulter la page 422 de l'édition de Hariri, par M. le baron Silvestre de Sacy.

VIE
D'AMRO'LKAÏS,
SA GÉNÉALOGIE ET SON HISTOIRE.

(EXTRAIT DU TOME II DU *KITAB EL-AGHANI*
D'ABOU'LFARADJ D'ISPAHAN.)

Suivant Asmaï, le nom de ce poëte est Amro'lkaïs, fils de Hodjr, fils de Harith, fils d'Amr, fils de Hodjr, surnommé Aakil el-Morâr, fils de Moawia, fils de Thaur, connu sous le nom de Kinda.

Ebn el-Aarâbi dit que son nom est Amro'lkaïs, fils de Hodjr, fils d'Amr, fils de Moawia, fils de Harith, fils de Thaur, nommé Kinda.

Tous s'accordent à dire [1] que Kinda est Kindi, fils d'Ofaïr, fils d'Adi, fils de Hareth, fils de Morra, fils d'Odod, fils de Zeïd, fils de Yashhob, fils d'Arîb, fils de Zeïd, fils de Kahlân, fils de Seba, fils de Yashhob, fils de Yareb, fils de Kahtân, fils d'Aabir (*Heber*), fils de Salih, fils d'Arfakhshed, fils de Sam (*Sem*), fils de Nouh (*Noé*).

Ebn el-Aarâbi dit : Thaur, surnommé Kinda, est fils de Morti', fils d'Ofaïr, fils de Harith, fils de Morra, fils d'Adi, fils d'Odod, fils de Zeïd, fils d'Amr, fils de Hamaiça', fils d'Arîb, fils d'Amr, fils de Zeïd, fils de Kahlân.

La mère d'Amro'lkaïs était Fatima, fille de Rabia, fils de Harith, fils de Zohaïr. Elle était sœur de Kolaïb et de Mohalhel, fils de Rabia, et tous de la tribu de Taghleb. Ceux qui prétendent qu'Amro'lkaïs était fils de Simt, et

---

[1] Ceci n'est pas exact, car quelques lignes plus loin l'auteur donne, d'après Ebn-el-Aarâbi, une autre généalogie de Kinda, entièrement différente de celle-ci. Nous devons ajouter que celle qui est donnée par Ebn-Kotaïba ne s'accorde, dans les détails, avec aucune des précédentes. Voy. Eichhorn, *Monumenta antiqua Arabum*, p. 140 et suiv. On rencontre les mêmes incertitudes dans l'*Ansâb el-Arab*, man. de la Biblioth. du roi. Tous cependant font descendre Kinda, de Zeïd fils de Kahlân.

qu'il avait pour mère Temlik, fille d'Amr, fils de Zobaïd, fils de Medhidj, de la famille d'Amr, fils de Madi-Karb; ceux, dis-je, qui soutiennent cette opinion s'appuient sur ce vers d'Amro'lkaïs, où il mentionne ce fait en disant :

Eh bien, a-t-elle appris qu'Amro'lkaïs, fils de Temlik, est parti pour un pays étranger (*Baikara*)? car les événements fâcheux arrivent toujours en foule [1].

[*Baikara* signifie *aller vers l'Irac*, ou *quitter le désert pour habiter la ville* [2]; on emploie aussi ce verbe dans le sens de *quitter son pays*.]

Yakoub ben-es-Sikkît dit : La mère de Hodjr, père d'Amro'lkaïs, se nommait Omm Kathâm, fille de Salama, de la tribu d'Aneza [3]. Selon Abou-Obaida, Amro'lkaïs était surnommé Abou-'lHarith, et, selon d'autres, Abou-Waheb; on l'avait aussi appelé El-Malik ed-Dillîl, *le roi errant*, et Zou'l-Korouh, *l'homme couvert d'alcères;* c'est à lui que Ferazdek fait allusion dans ce vers :

Les Nabegha m'ont présenté des poëmes à leur départ, ainsi qu'Abou'l-Yezid, Zou'l-Korouh et Djerwel [4].

Par Abou'l-Yezid et Djerwel, le poëte veut désigner El-Mokhabbel, de la tribu de Saad, et El-Hothaiya. Ebn es-Sikkît dit aussi qu'Amro'lkaïs était né dans les pays des Benou-Asad, et Ebn-Habîb affirme qu'il habitait El-Moshakker, dans le Yemâma; mais d'autres assurent, au contraire, qu'il avait pour demeure un château dans la province de Bahhrein.

---

[1] Ce vers ne se trouve pas dans les deux manuscrits des poëmes d'Amro'lkaïs dont nous avons suivi l'autorité, mais il se lit dans celui de M. Fauriel, où il fait partie du kasida qui commence par سما لك الشوق.

[2] Le mot حضر signifie « un lieu de demeure « fixe » et s'emploie comme l'opposé de بدو « le « désert, la vie nomade. »

[3] Cette tribu célèbre, originaire de Khaïbar, est encore aujourd'hui très-nombreuse et très-puissante; elle occupe le désert qui sépare la Syrie de la Mésopotamie. Voyez Burckhardt, *Notes on the Bedouins*, Londres, 1831.

[4] Suivant l'auteur du commentaire sur le *Makçoura* d'Ebn Doraïd, manusc. de la Bibl. du Roi, n° 490, le vrai nom de notre poëte était *Hondodj* حندج, mot qui, employé comme nom appellatif, signifie « une étendue de sable qui produit « des plantes de différentes espèces : » le commentateur ajoute que le mot *kaïs* signifie « force, » et que le nom d'*Amro'lkaïs* signifie « l'homme de la « force. » Il dit aussi que quelques-uns regardent le mot *kaïs* comme le nom d'une idole. Le même auteur nous apprend qu'Amro'lkaïs était aussi nommé *Ed-Dhaïd* الذائد, à cause de la locution suivante qu'il avait employée dans un de ses poèmes : اذود القوافى على بلادا *je lance mes vers au loin dans les pays*. Doulet-Schah-Samerkendi, dans l'introduction à son Histoire des poëtes, dit qu'Amro'lkaïs fut nommé *Mâ es-Semâ* ماء السماء, mais cela ne nous paraît pas exact. Hariri, dans son *Molhat el-Irâb*, le cite sous le nom d'*Alkindi* الكندى.

VIE D'AMRO'LKAÏS.

Tous les historiens[1] que nous venons de citer disent que la seule raison pour laquelle Thaur reçut le nom de Kinda, fut l'ingratitude qu'il témoigna (*kanada*) envers son père, et que Morti' fut ainsi nommé parce qu'il assignait à chaque personne de sa famille qui venait le trouver, un lieu de pâturage (*marta'*) pour ses troupeaux. Quant à Hodjr, il fut appelé Aakil el-Morâr, parce qu'en apprenant que sa femme Hind était occupée à nettoyer les cheveux de Harith, fils de Djebela, en le tenant endormi sur son giron, il mangea (*akala*), dans un accès de colère, et sans s'en apercevoir, du *morâr*, plante fort amère. D'autres démentent ce fait et racontent que, Harith ayant adressé à Hind cette question : « Quel parti crois-tu que prendra ton mari? » elle lui répondit : « Figure-le-toi comme t'atteignant déjà, à la tête de sa cavalerie, [*les lèvres contractées par la fureur*] comme [*celles d'*] un chameau qui a mangé du morâr[2]. » On dit aussi qu'Amr fut surnommé El-Maksour, parce qu'on l'avait restreint (*iktasara*) à la possession du royaume de son père, c'est-à-dire qu'il était forcé d'y rester malgré lui. C'est d'Ahmed el-Djewhari, fils d'Abd el-Azîz, que je tiens ces renseignements, que je viens de rapporter tels qu'il me les avait communiqués; et il dit que c'est Omar, fils de Shebba, qui les lui a fournis de vive voix, sans qu'on puisse les faire remonter plus haut que lui. Ali ben-Seffâh nous en a transmis une partie sur l'autorité de Heshâm ben-el-Kelbi. J'en ai reçu une autre de Haçen ben-Ali, qui dit les tenir de Mohammed ben-el-Kasim, fils de Mehrawaïh, lequel s'appuie sur le témoignage d'Abd-Allah ebn-abi-Saad, qui les avait reçus d'Ali ben-Seffâh, qui les donnait sur l'autorité de Heshâm ben-el-Kelbi. Ebn-abi-Saad dit avoir tenu d'autres renseignements de Darim el-Ghassâni, fils d'Ikal, fils de Habîb, un des descendants de Samouel ben-Aadiâ. Darim lui-même les avait appris des vieillards de sa tribu. D'autres renseignements me sont venus d'Ibrahîm ben-Ayyoub, d'après Ebn-Kotaïba, et j'en ai reçu de Mohammed el-Yezidi, fils d'Abbâs, qui les donnait sur la foi de son oncle paternel Yousof, qui les avait reçus de son oncle Ismaïl. J'y ai joint le récit d'Ebn-el-Kelbi, qui renferme des circonstances qu'aucun autre ne m'a apprises, en y ajoutant aussi ce qu'ont

Texte ar. p. ٣

---

[1] Le mot رواة, pluriel de راو, signifie proprement « ceux qui rapportent de vive voix des anecdotes historiques et des morceaux de poésie qu'ils ont appris par cœur. » C'est par eux que les ouvrages des poètes antérieurs à l'islamisme furent conservés jusqu'à ce que le goût de l'étude des anciens monuments de la littérature arabe devînt général chez les musulmans. Hammad et Asmaï sont deux des plus célèbres *rawi*.

[2] Comparez avec ceci le récit d'Ebn-Nabata rapporté par Rasmussen dans son *Historia arabum anteislamica*, pag. 57 et suiv.

rapporté El-Haïthem ben-Adi, Yakoub ben-es-Sikkît, El-Athrem, et quelques autres, à cause des contradictions qui s'y trouvent; et j'ai cité le nom de l'auteur de chaque récit, lorsqu'il n'est pas d'accord avec ce que racontent les autres[1].

Ils disent donc : Amr, surnommé El-Maksour, et fils de Hodjr, devint roi après la mort de son père; et son frère Moawia, nommé El-Djauf, fut gouverneur du Yemâma. Leur mère se nommait Shoba, fille d'Abou Moamir[2], fils de Heçân, fils d'Amr, fils du Tobba'. A la mort d'Amr, son fils Harith devint roi. Son gouvernement était fort, et les pays lointains obéissaient à ses ordres. Lors du règne de Kobâd, fils de Firouz, il parut un homme nommé Mazdek, qui prêcha le dualisme[3] et la communauté des femmes, en ordonnant à ses sectaires que nul d'entre eux ne refusât sa femme à son confrère, si celui-ci la demandait. Mondhir, fils de Mâ-es-Semâ, était gouverneur de la ville de Hira et de ses dépendances, quand Kobâd l'invita à adopter avec lui cette doctrine; mais il refusa. Kobâd fit alors la même demande à Harith, fils d'Amr, qui y accéda, et le roi, en conséquence, augmenta sa puissance, et chassa Mondhir de son gouvernement, dont il s'empara. Or, la mère d'Anoushirwân était un jour avec Kobâd, quand Mazdek entra. Celui-ci, en la voyant, dit au roi : « Livre-la- « moi, pour que je satisfasse ma passion. » Kobâd répondit : « Prends-la. » Aussitôt Anoushirwân se précipita vers Mazdek, et le pria avec instance de lui rendre sa mère[4] et il s'abaissa devant lui jusqu'à lui baiser le pied : Mazdek, en conséquence, la lui rendit; mais Anoushirwân eut toujours sur le cœur le souvenir de cet événement. Les choses étaient dans cet état quand Kobâd mourut, et Anoushirwân, devenu roi, siégea dans la salle du trône. Mondhir, ayant appris la mort de Kobâd, vint trouver Anoushirwân, qui savait l'opposition manifestée par lui à son père Kobâd, au sujet de ces doctrines qu'on venait d'adopter. Anoushirwân, alors, donna audience publique à ses sujets, et Mazdek se présenta devant lui, et ensuite Mondhir entra dans la salle. Le roi, en les voyant, dit : « J'avais autrefois formé deux souhaits, et j'ai toute raison « d'espérer que Dieu vient de me les accorder tous les deux en même temps.

---

[1] Comme M. Quatremère publie actuellement dans la troisième série du Journal asiatique une notice très-étendue sur le *Kitâb el-Aghâni*, nous nous contenterons d'y renvoyer le lecteur.

[2] Malgré de longues recherches, nous n'avons pu réussir à vérifier l'orthographe de ce nom.

[3] Comparez Abou'lféda, *Historia anteislamica*, page 88.

[4] Peut-être devons-nous lire dans le texte arabe : ويضرع له حتى وهب له أمّه. Voyez Abou'lféda, *Historia anteislamica*, page 88, ligne 20.

VIE D'AMRO'LKAÏS.

« — Quels sont-ils, ô roi! dit Mazdek?—J'avais souhaité, répondit Anoushir-
« wân, d'être roi, afin de nommer gouverneur cet homme si noble (il voulait
« désigner Mondhir), et de pouvoir mettre à mort tous ces sectaires du dua-
« lisme. — Quoi donc! s'écria Mazdek, auras-tu le pouvoir de faire périr tout
« le monde?» Le roi reprit : « Quant à toi, fils d'une femme impudique, nous
« te tenons; par Dieu, depuis le moment où je t'ai baisé les pieds jusqu'à ce
« jour même, j'ai toujours eu au nez la puanteur de tes sandales ! » Alors, d'après
son ordre, Mazdek fut mis à mort, et son cadavre exposé sur une croix. Il or-
donna aussi de faire périr les sectaires du dualisme, et, dans une seule matinée,
il y eut cent mille personnes tuées et mises en croix, dans les pays qui s'éten-
dent depuis Khâdhir jusqu'à Nahrowân et Medaïn [1]. Ce fut ce jour-là que le
roi reçut le nom d'Anoushirwân [2].

Il fit ensuite chercher Harith, fils d'Amr, qui en fut instruit pendant qu'il
était à Anbâr, lieu de sa résidence (Anbâr est ainsi nommé parce qu'il s'y trou-
vait autrefois des magasins de blé, *anâbir*) [3]. Il prit donc la fuite, emmenant
ses chameaux de race et emportant ses richesses et ses enfants. Il passa à El-
Thawiya [4], poursuivi par Mondhir et par la cavalerie des tribus de Taghleb,
Bahrâ et Iyâd; mais il atteignit le territoire de la tribu de Kelb et s'échappa.
Ses richesses et ses chameaux devinrent la proie de l'ennemi, et les Benou-
Taghleb lui prirent quarante-huit individus de la famille d'Aakil el-Morâr, les-
quels furent amenés devant Mondhir, qui leur trancha la tête dans l'endroit
nommé Djefr el-Amlâk [5], du pays des Benou-Marina, de la tribu d'Abâd, et situé
entre le couvent de Hind, *Daïr-Hind* [6], et Koufa. C'est de ce fait que Amr ben-
Kelthoum veut parler dans ce vers :

---

[1] Khâdhir, selon l'auteur du dictionnaire géo-
graphique intitulé : كتاب مراصد الاطّلاع, est une
ville de l'Yemen faisant partie des dépendances
de Sanâa, صنعاء; nous soupçonnons cependant
que l'endroit dont il s'agit ici doit être situé dans
l'Irak. Nahrowân est une ville de l'Irâk, située
au midi de Baghdâd. Medaïn, l'ancien Ctesi-
phon, est situé sur le Tigre, à une journée de
Baghdâd, en descendant le fleuve.

[2] Le nom de Nouschirewan est composé de
نوش ou نوشین *doux, bon*, et روان *âme*. Il paraît
qu'en ancien persan on disait أنوش. On pour-
rait croire que ce nom lui a été donné par anti-
phrase. (*Note communiquée par M. le baron Silvestre
de Sacy.*)

[3] La ville d'Anbâr est située sur l'Euphrate, à
une journée de Baghdâd. Voyez la *Chresthomathie
arabe*, 2ᵉ éd. t. II, page 326.

[4] El-Thawiya est un lieu voisin de Koufa.
Voyez la *Chrestomathie arabe*, tome III, page 59.

[5] L'auteur du *Kitab merâsid el-Ittilâ* dit que
Djefr el-amlâk est un lieu voisin de Hira.

[6] Voyez *Chrestom. arabe*, tome II, page 448.

Alors ils revinrent avec du butin et des captifs, et nous, nous sommes revenus avec des rois chargés de liens [1].

Amro'lkaïs dit aussi en parlant d'eux :

Ce sont des rois du nombre des enfants de Hodjr, fils d'Amr, qu'on entraîne au soir pour être mis à mort.

Oh! si le trépas les eût atteints au jour de combat! Mais ils ont succombé dans les pays des Benou-Marina!

Leurs têtes n'ont pas été lavées dans l'eau des lotions [2], mais elles ont été souillées dans leur sang!

Autour d'elles planent des oiseaux avides et ils en arrachent les sourcils et les yeux [3].

Nos autorités disent que Harith alla donc demeurer dans le pays des Benou-Kelb, et ceux-ci revendiquent l'honneur de l'avoir tué. Cependant des hommes savants, de la tribu de Kinda, racontent qu'il sortit à la chasse, et qu'il s'était obstiné à poursuivre un cerf sans pouvoir l'atteindre, et qu'alors il jura de ne rien manger avant d'avoir goûté du foie de cet animal. Ses cavaliers le cherchèrent pendant trois jours, et le quatrième il les rejoignit, presque mort de faim. On lui fit rôtir le ventre du cerf, et il prit un morceau du foie, qu'il mangea tout brûlant, et en mourut. Dans le vers suivant, El-Walid, fils d'Adi, de la tribu de Kinda, fait allusion à ceci en parlant d'un individu de la tribu de Badjîla :

Ils rôtirent donc *cette viande*, et le mets qu'ils avaient apprêté était sa perte [4], certes la mort n'épargne pas un homme illustre.

Selon Ebn-Kotaïba, les habitants du Yemen assurent que ce n'est pas Kobâd, fils de Fîrouz, qui nomma roi Harith, fils d'Amr; mais bien le dernier Tobba'.

Il ajoute que, lorsque Mondhir s'avança vers Hira, Harith prit la fuite et fut poursuivi par une troupe de cavalerie, qui lui tua son fils Amr, et l'on fit périr

---

[1] Voyez le *Moallaka* d'Amr ben-Kelthoum, vers. 72, éd. Kosegarten, Jéna, 1819.

[2] Plusieurs des tribus arabes, même dans les temps antérieurs à l'introduction de la religion musulmane, lavaient les corps des morts avant de les enterrer.

[3] Ces vers ne se trouvent pas dans les deux manuscrits de la Bibliothèque du roi qui renferment les poésies d'Amro'lkaïs.

[4] A la lettre : *était pour lui une pierre d'achoppement*. Le verbe حل que nous avons rendu par *épargner*, signifie pardonner, et استحل demander absolution.

VIE D'AMRO'LKAÏS. 7

un autre de ses fils, Malek, dans la ville de Hît[1]. Harith parvint à Mosholân[2], où il fut tué par la tribu de Kelb. D'autres prétendent cependant qu'il resta chez cette tribu jusqu'à sa mort, qui arriva naturellement.

El-Haïthem ben-Amr dit avoir entendu rapporter ce qui suit à Hammâd[3], le raconteur d'anecdotes, qui le tenait de Saïd, fils d'Amr, fils de Saïd, lequel l'avait appris de Saïa, fils d'Arid, juif de Taïmâ[4]. Quand Harith-Ghassâni, fils d'Abou-Shamir, eut tué Amr, fils de Hodjr, le fils de celui-ci, Harith ben-Amr, lui succéda comme roi. Harith, dont la mère était fille d'Auf, fils de Mohallem, fils de Dhohl, fils de Shaïbân, s'établit à Hira. Ce fut là que les chefs des tribus de Nizâr, menacées alors d'une destruction totale par suite de leurs guerres intestines, vinrent le trouver en lui disant : « Nous nous ran- « geons sous ton autorité, car nous craignons de nous détruire les uns les autres « par suite de nos querelles mutuelles. Envoie donc tes fils avec nous, afin qu'ils « empêchent ces attaques de famille contre famille. » Par suite de ces représentations, Harith partagea ses fils entre les tribus arabes, et il nomma son fils Hodjr roi des Benou-Asad et de la tribu de Ghatafân; son fils Shorahbîl, qui fut tué plus tard à la journée de Kolâb[5], reçut le commandement de la tribu entière de Bekr ben-Waïl et des fils de Hanzela, fils de Malek, fils de Zeïd-Menâh, fils de Temim, et des tribus nommées Ribâb[6]. Il donna à son fils Maadi-Karb (surnommé Ghalfâ, parce qu'il se parfumait les cheveux, *ghalafa*) le commandement des Benou-Taghleb et de la tribu de Namir ben-Kâsit, et de celle de Saad, fils de Zeïd-Menah, et des différentes branches des Benou-Dârim, fils de Hanzela, et des Benou-Rakia, nommés es-Senayia', *dépendants*. Ces derniers étaient une troupe d'Arabes sans aveu, habitués à servir les rois. Il déclara son fils Abd-Allah roi de la tribu d'Abd el-Kaïs, et son fils Salama roi de celle de Kaïs.

Ebn el-Kelbi dit qu'il tenait de son père que Hodjr était chef des Benou-Asad, et avait droit d'exiger d'eux une redevance annuelle pour son entre-

---

[1] La ville de Hît est située sur la rive droite de l'Euphrate, à vingt et une parasanges au-dessus d'Anbâr. Voyez la *Géographie d'Abou'lfêda*.

[2] L'auteur du *Kitab merâsid el-Ittilâ*, après avoir fixé la prononciation de ce nom, dit que c'est une vallée dont Nabegha fait mention dans ses poëmes. Il ne donne pas d'autre renseignement.

[3] Voyez l'*Anthol. gramm. arabe* de M. le baron Silvestre de Sacy, pag. 147 et 455.

[4] Taïmâ est situé dans le désert entre l'Arabie et la Syrie et à l'est de Tebouk.

[5] Voyez Rasmussen, *Hist. arab. anteislam.*, page 116, et Abou'lfeda, *Hist. anteislam.*, p. 144.

[6] Voy. Eichhorn, *Monum. hist. arab.*, pages 57 et 88, et *Hamâça*, page ۱۴۲.

tien, subvention qu'il reçut régulièrement pendant quelque temps [1]. Dans la suite, il leur envoya son receveur, chargé de percevoir leur contribution; mais ils la refusèrent, et cela dans un temps où Hodjr était à Tehâma; de plus, ils maltraitèrent ses envoyés et les chassèrent en usant de violence et en les accablant d'insultes. A cette nouvelle, Hodjr marcha contre eux avec une armée composée en partie des troupes de la tribu de Rabia, et en partie d'un détachement des forces que son frère tirait des tribus de Kaïs et de Kinâna. En arrivant chez eux, il se saisit de leurs chefs et fit périr plusieurs individus de la tribu à coups de bâton : de là vient qu'on les a nommés *les esclaves du bâton*. Il livra aussi leurs biens au pillage, et les força d'émigrer à Tehâma, jurant de ne leur jamais permettre d'habiter le même pays que lui. Il retint prisonnier un de leurs chefs nommé Amr el-Asadi, fils de Masaoud, fils de Kaleda, fils de Fezâra, et le poëte Obaïd ben el-Abras. Les Benou-Asad marchèrent donc pendant trois nuits pour se rendre à leur destination; ce fut alors qu'Obaïd ben el-Abras se leva devant Hodjr, et lui dit : « O « roi ! écoute ces paroles :

O mes yeux, versez des larmes! Que sont-ils devenus, les Benou-Asad, pour être livrés en proie au repentir?

Cette tribu aux tentes écarlates [2], celle dont tous espéraient les bienfaits, et qui était si prodigue de vin;

Elle, maîtresse des coursiers rapides au poil lisse, et qui portait des lances que l'artiste avait rendues unies et droites [3];

Pardon, prince; puisses-tu ne jamais encourir des malédictions! Pardon pour elle; oui! ce que tu dis est une source de prospérité.

Dans toutes les vallées situées entre Yathrib et Kosour, et Yemâma,

On entend les plaintes des captifs, le bruissement des incendies, et le cri de la chouette [4].

Tu leur as interdit le Nedjd, et, frappés de terreur, ils viennent de se fixer à Tehâma.

---

[1] Le texte arabe, dans cet endroit, est altéré, mais le sens n'offre aucune difficulté.

[2] Les tentes écarlates étaient un indice des richesses et du pouvoir de ceux qui les possédaient.

[3] Nous regardons le mot المُقامة comme synonyme de المُقَوَّمة.

[4] On sait que les Arabes des temps antérieurs à Mohammed croyaient qu'une chouette sortait des os de l'homme assassiné et qu'elle ne cessait de crier اسقوني *donnez-moi à boire! donnez-moi à boire!* jusqu'à ce qu'on eût tiré vengeance de l'assassin. Le poëte fait peut-être allusion à cette opinion. Voyez Pococke, *Specimen Hist. arab.*, page 140; Rasmussen, *Additamenta ad Hist. arab.*, p. 63; M. Quatremère, *Mémoire sur Meïdani*, Journal asiatique de mars 1828.

VIE D'AMRO'LKAÏS. 9

L'inquiétude des Benou-Asad ressemble à celle de la colombe pour ses œufs,

Déposés sur un nid qu'elle a formé de deux branches de neschem et d'une tige de thomâm [1].

Ce que tu as laissé, c'est ta volonté qui l'a épargné, et ce que tu as détruit ne saurait t'être reproché.

Oui, tu règnes sur eux, et ils seront tes esclaves jusqu'au jour de la résurrection [2].

Ils se sont humiliés devant ton fouet comme le jeune chameau qui a le nez percé par l'anneau de sa bride [3] se soumet à la volonté de son conducteur.

Hodjr, en entendant ces vers, éprouva à leur égard de la commisération; il dépêcha aussitôt des gens à leur suite, et ceux-ci revinrent sur leurs pas, jusqu'à ce qu'étant éloignés d'une journée de Tehâma, leur devin Auf, fils de Rabia, fils de Sewât, fils de Saad, fils de Malik, fils de Thalaba, fils de Doudân, fils d'Asad, fils de Khozaïma, se mit à faire des prédictions, en disant : « O mes serviteurs [4]! » A quoi ils répondirent : « Nous voici, seigneur! » Il prononça alors ces mots :

Quel est ce roi à taille élevée ? le vainqueur, l'invincible, entouré de chameaux nombreux comme une troupe de cerfs,

Qui ne perd pas la tête dans le tumulte du combat; le sang de ce roi se répand en ruisseaux. Il sera demain le premier qu'on dépouillera.

Alors les Benou-Asad lui demandèrent : « Lequel est-ce, ô seigneur? » Auf répondit :

Si mon âme n'était dans une agitation extrême, elle vous dirait ouvertement que ce roi est Hodjr [5].

Aussitôt ils montèrent leurs chameaux tant domptés qu'indomptés [6], et à peine

---

[1] Voyez le proverbe أخرق من حمامة *Meidani proverb. arab. pars. curâ Schultens.* p. 274. Le *neschem* est un arbre dont les branches servaient à faire des arcs et des flèches. Le *thomâm* est une espèce de chaume dont les Arabes nomades couvraient leurs cabanes et en bouchaient les fentes.

[2] Le dogme de la résurrection était admis par plusieurs tribus arabes dans les temps antérieurs à l'islamisme. Voy. Pococke, *Specimen Hist. arab.*, page 139, et *Moroudj ed-dhaheb*, chap. 47.

[3] On passe à travers le cartilage du nez des chameaux un anneau de cuir, de bois ou de métal auquel on attache la corde par laquelle on les conduit.

[4] Quand le devin prononçait ses oracles, c'était Dieu qu'on croyait entendre parler par sa bouche; c'est pourquoi Auf s'est servi de ces mots : « O mes serviteurs ! » et les Benou-Asad lui ont répondu *lebbaika*, locution rarement employée, excepté envers Dieu.

[5] Le texte arabe, ici, paraît fautif, et nous ne garantissons nullement l'exactitude de notre traduction.

[6] C'est-à-dire « tout le monde se mit en route »

B

le jour commençait à poindre qu'ils se jetèrent sur l'armée de Hodjr, et fondirent sur sa tente, dont les gardiens étaient des gens de la tribu des Benou el-Harith, Ben-Saad, appelés les fils de Khaddân, lequel était fils de Khanther. Dans leur nombre se trouvèrent les nommés Moawia, fils de Harith, Shabîb, Rakiya, Malik, et Habîb, au père desquels Hodjr avait antérieurement épargné la vie, en lui rendant la liberté après l'avoir fait prisonnier. Comme ils voyaient que l'ennemi cherchait à tuer Hodjr, ils entrèrent dans sa tente pour le défendre et le prendre sous leur protection. Dans ce moment, Ilbâ el-Kâheli, fils de Harith, et dont Hodjr avait précédemment tué le père, s'approcha, et le frappant à la cuisse d'un coup de lance, le tua au milieu de ses amis. Aussitôt les Benou-Asad s'écrièrent : « O gens de Kinâna et de Kaïs ! vous êtes nos frères « et nos cousins, tandis que cet homme n'était pas plus proche parent de vous « que de nous ; d'ailleurs, vous savez comment lui et son peuple vous ont traités. « Pillez-les donc. » On se jeta aussitôt sur ses chameaux de race, et on se les partagea ; puis on enveloppa le corps de Hodjr dans une pièce de toile blanche, et on le jeta au milieu du chemin. A cette vue les troupes de Kaïs et de Kinâna s'emparèrent de ses dépouilles, pendant qu'Amr, fils de Masaoud, se hâta de rassembler la famille de Hodjr, et s'en déclara le protecteur.

Ebn el-Kelbi dit : Un grand nombre des branches de la grande tribu des Benou-Asad réclament l'honneur d'avoir tué Hodjr, et ils disent que c'était Ilbâ qui avait tramé sa mort et qui avait la réputation d'en être l'auteur [1], bien que ce ne fût pas lui qui l'eût tué.

[Ebn-Habîb fait l'observation suivante : Le mot Khaddân, nom d'une famille des Benou-Asad, d'une autre des Benou-Temîm, et d'une troisième des Benou-Djedîla, se prononce avec un *a* dans la première syllabe. Si on le prononce avec un *o*, il désigne une famille de la tribu d'Azd. Il n'y a, parmi les Arabes, aucune autre tribu qui porte ce nom.]

Abou-Amr el-Shaïbâni contredit le récit précédent, et rapporte que Hodjr, redoutant les Benou-Asad, avait mis sa fille Hind, et les gens de sa maison, sous la protection d'Owaïr, fils de Shidjna, de la famille d'Othârid, fils de Kaab, fils de Saad, fils de Zeïd-Menâh, fils de Temîm. Lorsque les Benou-Asad l'accablèrent de leur nombre, il leur dit : « Puisque c'est ainsi que vous agissez, je « m'en irai de chez vous, et je vous laisserai faire comme bon vous semble. »

---

[1] Nous avons supposé que l'expression وهو صاحب المشهورة était l'équivalent de وله الشهرة فى ذلك, mais peut-être faut-il lire وهو صاحب المشورة.

Sur cela, ils le laissèrent partir tranquillement, et il alla trouver Khaled, fils de Khaddan, un des descendants de Saad, fils de Thalaba, quand Ilbâ, fils de Harith, de la tribu des Benou-Kahil, l'ayant poursuivi et atteint, dit : « O « Khaled ! tue ton compagnon, c'est une action qui nous fera honneur à tous « deux. » Sur le refus de Khaled, Ilbâ avança vers Hodjr avec un tronçon de lance garni de son fer, et le frappant au flanc au moment où il s'y attendait le moins, il le tua. C'est à cela qu'El-Asadi fait allusion dans ce vers :

La lance brisée que tenait Ilbâ, fils de Kaïs, fils de Kahil, fut la mort de Hodjr, pendant qu'il était sous la protection d'Ebn-Khaddân.

El-Haïthem ben-Aadi raconte que Hodjr, après avoir obtenu la protection d'Owaïr, fils de Shidjna, pour sa fille et pour les gens de sa maison, les laissa avec lui et alla demeurer pendant quelque temps chez sa tribu, où il rassembla un grand nombre de ses gens contre les Benou-Asad, et il se mit en marche avec ses troupes et rempli d'orgueil et de confiance[1]. Les Benou-Asad, en apprenant cette nouvelle, tinrent conseil, et ils se dirent les uns aux autres : « Si cet homme « vous subjugue, il vous régira comme ferait un enfant capricieux, et quel serait « l'avantage de la vie qu'on mènerait après avoir été vaincu? Mais, grâces à « Dieu! vous êtes les plus braves parmi les Arabes : mourez donc avec hon- « neur. » Excités par ces paroles, ils allèrent à la rencontre de Hodjr, qui s'était déjà mis en marche vers eux, et ils engagèrent avec lui un combat opiniâtre. Ilbâ, l'âme de leur expédition, chargea Hodjr et le tua d'un coup de lance. La tribu de Kinda fut mise en fuite, et Amro'lkaïs, qui se trouvait ce jour-là parmi eux, se sauva sur le cheval bai qu'il montait, et échappa à leurs poursuites. On fit prisonniers plusieurs individus de la maison de Hodjr, on tua beaucoup de monde, et on fit un grand butin. Les concubines de Hodjr, ses femmes, enfin tout ce qu'il possédait tomba au pouvoir de l'ennemi, qui se le partagea.

Yakoub ben-es-Sikkît dit : Khalid el-Kilâbi m'a raconté que la cause de la mort de Hodjr fut celle-ci. Il était venu visiter son père Harith, fils d'Amr, pendant la maladie dont il mourut, et il resta près de lui jusqu'au moment de sa mort;

---

[1] Cette signification de la quatrième forme du verbe دل, ne se trouve pas dans les lexiques; cependant il est bien certain qu'il est souvent employé avec le sens de *se faire valoir, être orgueilleux et hautain*, de même que les mots دلل et دلال signifient en général l'*orgueil*. Comparez les passages suivants de la *Chrestomathie arabe*: t. I, page ٣١, lig. 1; page ١٢٢, lig. 7; page ١٣٣, lig. 7 et 16; et tome III, page ٦, ligne 5. Voyez aussi *Hamâça*, page ٩٧٢, ligne ١٧.

B.

il se mit ensuite en route pour retourner chez les Benou-Asad, qu'il avait gouvernés d'une manière tyrannique, en portant même atteinte à l'honneur de leurs femmes. Il avait envoyé devant lui une partie de son bagage, en faisant préparer les lieux où il devait s'arrêter, en sorte qu'à chaque station il trouvait prêt ce dont il avait le plus besoin. Après s'y être reposé, il se dirigeait vers la station prochaine, pendant qu'on lui dressait sa tente dans une autre station plus avancée. Quand il fut près des Benou-Asad, ceux-ci, qui avaient appris la mort de son père, conçurent le désir de s'emparer de ses richesses. Lorsqu'il fut arrivé et campé dans leur voisinage, ils se réunirent près de Naufel, fils de Rabia, fils de Khaddân, qui leur adressa ces paroles : « Qui d'entre vous, ô enfants « d'Asad, ira à la rencontre de cet homme et nous délivrera de sa dépendance? « Quant à moi, je suis d'avis que nous devons aller l'attaquer à l'improviste. » On lui répondit : « Tu es le seul à qui une telle entreprise doit être confiée. » Naufel sortit donc à la tête de sa cavalerie, composée de ses parents du côté du père et de la mère [1], et il alla se jeter sur les chameaux qui portaient le bagage, tuant tout ce qui se trouvait avec eux. Il enleva les bagages et s'empara de deux esclaves musiciennes qui appartenaient à Hodjr. Il revint alors à sa tribu, qui, sachant ce qui était arrivé, et voyant le butin qu'il avait amené, sentit bien que Hodjr viendrait les attaquer, et qu'un combat était inévitable. On se rassembla pour cette raison, pendant que Hodjr, informé de leurs intentions, marchait sur eux. Aussitôt qu'il les eut atteints, ils s'élancèrent contre lui et l'attaquèrent dans un endroit de leur territoire situé entre deux terrains inégaux et sablonneux (*Abrek*), auxquels on donne aujourd'hui le nom des *deux Abrek de Hodjr*. Ils ne tardèrent pas à mettre en déroute les troupes qui l'accompagnaient et à s'emparer de sa personne, et ils le gardèrent prisonnier. On tint ensuite conseil sur la nécessité de le mettre à mort, après l'avoir mis en prison, en attendant la décision, quand un de leurs devins dit : « Ô mon peuple ! « ne te hâte pas de faire mourir cet homme avant que j'aie consulté pour vous les présages, » et il les quitta alors pour examiner s'ils devaient le tuer. A cette vue, Ilbâ, craignant que le peuple ne mît de l'hésitation à le faire mourir, appela son neveu, un jeune homme de la tribu des Benou-Kahil, dont Hodjr avait tué le père, beau-frère d'Ilbâ, et il lui dit : « Ô mon cher fils, y a-t-il assez de vertu « en toi pour venger ton père et t'acquérir un honneur éternel? Certes, ton peuple

---

[1] Nous ne sommes pas certain d'avoir bien rendu l'expression arabe; il est possible même que le texte de cet endroit soit altéré.

« ne te fera pas périr. » Il ne cessa d'encourager le jeune homme, et lui ayant monté la tête, il lui offrit un fer qu'il venait d'aiguiser, en disant : « Quand tes « gens entreront chez Hodjr, entre avec eux et frappe-le alors dans un endroit « mortel. » Ce jeune homme prit le fer et le cacha sur lui; puis il entra dans la tente où l'on gardait Hodjr prisonnier, et, épiant le moment où personne ne le gardait, il se jeta sur lui et le tua. On se saisit tout de suite du meurtrier, et les Benou-Kahil s'écrièrent : « C'est lui qui doit éprouver notre vengeance; il « est tombé entre nos mains et il ne nous échappera pas. » Mais on le relâcha sur sa déclaration qu'il n'avait fait que venger son père. Dans ce moment, leur devin, qui consultait les présages, survint et leur dit : « O mon peuple, vous venez de « tuer un homme qui pour un mois était roi, mais qui est maintenant à jamais « déshonoré. Par Dieu ! vous ne serez plus, à l'avenir, en faveur auprès des rois. »

Ebn es-Sikkît raconte que, lorsque ce jeune Asidéen eut frappé Hodjr, sans l'avoir entièrement achevé, celui-ci fit un signe à un homme et lui donna un écrit, en lui disant : « Va trouver mon fils Nafi' » (c'était l'aîné de ses enfants); « et s'il pleure, et s'il s'afflige, laisse-le et va chez les autres, en les éprouvant « successivement [1], jusqu'à ce que tu viennes à Amro'lkaïs » (qui était le cadet), et « donne mes armes, mes chevaux, ma vaisselle et mon testament à celui d'entre « eux qui ne s'affligera pas. » Or, Hodjr mentionnait dans son testament le nom de celui qui l'avait frappé, et y racontait toutes les circonstances de l'affaire. L'homme partit donc avec le testament, et alla trouver Nafi', fils de Hodjr, qui, en apprenant cette nouvelle, se couvrit la tête de poussière en signe de douleur. Le messager les éprouva ainsi un à un, et tous agirent de la même manière; mais quand il vint chez Amro'lkaïs, il le trouva avec un compagnon de débauche, buvant du vin et jouant aux dés. L'homme lui dit : Hodjr a été tué; mais Amro'lkaïs ne fit aucune attention à ces paroles, et comme son compagnon s'était arrêté, il lui dit de jouer. Il joua donc, et, la partie finie, Amro'lkaïs lui dit : « Je n'étais pas un homme à te gâter ta partie. » Il demanda alors au messager le récit de toutes les circonstances de la mort de son père, et les ayant apprises, il s'écria : Je m'interdis le vin et les femmes jusqu'à ce que j'aie tué cent individus des Benou-Asad, et coupé les cheveux du front à une centaine d'entre eux [2]. » C'est à cet évènement qu'il fait allusion dans le vers suivant :

---

[1] Voyez, sur la signification du mot استفل, l'*Anthol. grammat.*, p. 42.

[2] C'est-à-dire, les faire prisonniers et les renvoyer après leur avoir coupé les cheveux du front que l'on gardait ensuite dans son carquois, comme un trophée. Voyez Rasmussen, *Additа-*

14   VIE D'AMRO'LKAÏS.

J'ai veillé, et ma veille n'était pas pour une chose qui me fût avantageuse, et l'amour m'a réveillé des soucis qui viennent de nouveau m'affliger [1].

Ebn el-Kelbi dit que son père tenait d'Ebn el-Kâhin, de la tribu d'Asad, que Hodjr avait chassé Amro'lkaïs de chez lui, en jurant de ne pas habiter le même lieu que lui, parce que sa fierté était blessée de ce que son fils composait des vers; car les rois regardaient cela comme au-dessous d'eux. Amro'lkaïs parcourait donc les tribus arabes, accompagné d'une troupe mêlée de gens sans aveu des tribus de Taï, de Kelb et de Bekr ben-Waïl; et lorsqu'il rencontrait une citerne, une prairie et un lieu propre à la chasse, il s'y arrêtait, et tuait chaque jour des chameaux pour nourrir ceux qui le suivaient. Il allait chasser, et à son retour il se mettait à manger avec ses camarades, et à boire du vin, et à leur en verser, pendant que ses musiciennes chantaient. Il ne cessait ce train de vie que lorsque les eaux de l'étang étaient épuisées, et alors il le quittait pour aller à un autre. Or, la nouvelle de l'assassinat de son père vint le trouver tandis qu'il était à Dammoun, dans le Yemen. Elle lui fut apportée par un homme de la tribu des Benou-Idjl, nommé Aamir el-Awaïr, *le borgne*, frère de Wassâf. Quand il eut instruit Amro'lkaïs de cet événement, celui-ci dit :

La nuit m'a semblé longue, ô Dammoun!
O Dammoun! nous sommes des gens du pays de l'Yemen,
Et nous chérissons notre famille.

Il ajouta ensuite : « Sa sévérité m'a perdu lorsque j'étais petit; et, devenu « grand, il m'impose le devoir de venger son sang. Pas de sobriété aujour- « d'hui, mais, aussi, demain pas d'ivresse. Aujourd'hui le vin, demain les af- « faires. »

[Cette expression est passée en proverbe.]

Ensuite il prononça ce vers :

menta ad historiam Arabum, p. v. et vi; *Hamâça*, p. ۴۴۱; M. le baron Silvestre de Sacy, *Anthol. gramm.*, p. 304; et *Mémoire sur l'origine et les anciens monuments de la littérature arabe*, Paris, 1805, page 141. Amro'lkaïs n'est pas le seul poète arabe qui ait porté la vengeance si loin : Shanfera, qui se crut insulté par les Benou-Salaman, avait fait un vœu semblable et l'avait exécuté. Mahomet, en établissant la loi du strict talion, mit des limites à cette soif de vengeance, si forte chez les Arabes, et il pouvait dire avec raison : « dans cette loi du talion, vous « trouverez la vie. » *Korân*, sur. 2, v. 175; Zamakhschari, *Kesschaf*.

[1] Ce vers ne se trouve dans aucun des manuscrits des poëmes d'Amro'lkaïs.

O mes deux amis! rien ne doit tirer aujourd'hui le buveur de son ivresse; mais aussi demain, quoi qu'il arrive, il ne boira point.

Il but ensuite une semaine, et quand il fut revenu de son ivresse, il fit serment de ne pas manger de viande, de ne pas boire de vin, de ne pas se servir de parfums, de n'avoir commerce avec aucune femme, et de ne se point laver la tête quand elle serait souillée, qu'il n'eût tiré vengeance du meurtrier de son père. Quand la nuit le couvrit de son ombre, il vit un éclair et récita les vers suivants :

Dans une nuit de nouvelle lune, j'ai veillé pour observer un éclair dont l'éclat a illuminé la cime d'une montagne.

Il m'a apporté une nouvelle que je regardais comme fausse, nouvelle d'un événement capable de renverser les collines;

Elle m'annonçait que les Benou-Asad avaient tué leur seigneur; auprès de cela, tout le reste n'est-il pas une bagatelle?

Dans quel lieu donc la tribu de Rabia se tenait-elle éloignée de son maître? Où était celle de Temîm, et où étaient ses serviteurs,

Puisqu'ils ne se trouvèrent pas à sa porte, comme ils avaient coutume de faire quand il allait se mettre à table [1]?

El-Haïthem raconte, sur l'autorité de ses maîtres, qu'Amro'lkaïs, à l'époque de la mort de son père, était un jeune homme déjà développé [2]. Il résidait alors parmi les Benou-Hanzela, parce que sa nourrice était une femme de cette tribu [3]. En apprenant cette nouvelle, il récita les vers suivants :

Que je plains Hind, puisque notre cavalerie a poursuivi inutilement la tribu de Kahil, les assassins du roi, ce chef si noble!

Mais, par Dieu, le sang de ce vieillard chéri ne restera pas sans vengeance! O le plus excellent des vieillards, en considération et en générosité!

Toi qui les surpassais tous en nobles qualités, et ils le savaient bien!.... Ce qui nous porte, ainsi que nos lances altérées de sang,

---

[1] Parce qu'il les invitait alors à manger avec lui.
[2] On lit dans le *Kamous* : ترعرع الصبي تحرّك .ونشأ Le mot تحرّك a la même signification que أهتزّ « monter en sève, germer, pousser. »

[3] M. le baron Silvestre de Sacy lit ici : وكان فى بنى حنظله منها لان ظئره كانت امراة منهم et il ne peut y avoir aucun doute que ce soit là la vraie leçon.

Et ce qui porte la tribu de Saab et leurs lances flexibles, ce sont des chevaux qui, dans leur course rapide, font voler les cailloux jusque sur leurs croupes [1].

Par Saab, le poëte veut désigner le fils d'Ali, fils de Bekr, fils de Waïl [2].

El-Haïthem ben-Adi reprend son récit et dit : A la mort de Hodjr, sa fille Hind, et les gens de sa maison, allèrent se réfugier près d'Owaïr, fils de Shidjna. La famille de celui-ci lui dit : « Prenez donc leur bien, car ce sont « des gens bons à piller [3]. » Il ne voulut pas cependant les écouter, et à l'entrée de la nuit il donna des montures à Hind et à ses gens; et saisissant la bride du chameau qui la portait, il s'avança avec elle au milieu des ténèbres profondes, lorsque la lueur d'un éclair fit voir à Hind les jambes de son conducteur, qui étaient très-maigres. Aussitôt elle s'écria : « Je n'ai jamais si bien vu les jambes « d'un honnête homme que je les vois cette nuit. » En entendant cette observation, il répondit : « O Hind! tu as raison, de telles jambes sont d'ordinaire « les jambes d'un perfide, d'un malfaiteur [4]. » Alors il se dirigea avec elle vers les terres hautes, et, parvenu à un lieu élevé d'où il lui faisait voir la ville de Nedjrân, il dit : « Je ne puis t'être utile après avoir passé cet endroit; voilà « ta tribu, je viens de remplir religieusement envers toi les devoirs d'un pro-« tecteur. » C'est à ce sujet qu'Amro'lkaïs le loue dans plusieurs poëmes, dans un desquels on trouve les vers suivants :

Une tribu qui demeure au delà de vous, ô famille de perfidie! n'a-t-elle pas protégé, hier au soir, les femmes qui cherchaient vainement ton appui ?

Je veux parler d'Owaïr; et qui, plus fidèlement que lui et sa famille, exécute les traités? et qui, mieux qu'eux, s'acquitte du devoir de protéger leurs clients?

Texte ar. p. ١١   Ce sont eux qui ont aidé cette famille malheureuse à joindre sa tribu, et qui l'ont conduite d'Irac jusqu'à Nedjrân.

---

[1] Le lecteur peut comparer ce fragment avec le même morceau, tel qu'il se trouve dans notre *Recueil*, page ٣٤ du texte arabe.

[2] Nous avons omis de traduire la ligne suivante où l'auteur explique la signification du verbe استثفر. On la trouve du reste dans les lexiques.

[3] A la lettre : « mange-les, car ils sont bons à « manger. »

[4] Cette expression passa en proverbe. On la trouve, mais sans explication, dans Meidani, au proverbe اوفى من أبي حنبل. Dans notre traduction, nous avons adopté l'explication que nous en a donnée M. Silvestre de Sacy. Nous devons faire observer que dans le *Hamâça*, page ١٢٧, on a lu le mot هرّ au nominatif, ce qui nous obligerait à l'entendre de cette manière : *Si l'on disait qu'elles étaient les jambes d'un perfide, ce serait bien pis.* Ici la construction serait analogue à celle du proverbe suivant qui se dit d'un poltron :

فرّ اخزاه الله خيرٌ من قُتل رحمه الله

Du reste, on lit dans le *Hamâça* que ce proverbe s'emploie en parlant d'une personne peu à l'aise, mais ayant de bonnes qualités.

Notre poëte dit aussi à ce sujet :

Puisse Dieu défigurer toute la tribu des Beradjim ! Puisse-t-il couper les nez de celle de Yerboua', et abaisser Darim dans la poussière !

Car ils n'ont pas agi comme Owaïr agit et sa famille, quand il se tenait près de la porte de Hind, et qu'il se disposait sérieusement à se charger de l'affaire dont elle était accablée.

Ebn-Kotaïba, dans son récit, fait tenir à Abou-Hanbel Djâria, fils de Morr, cette conduite honorable, qu'on vient d'attribuer à Owaïr. Il fait observer cependant que d'autres représentent Aamir, fils de Djowaïn, de la tribu de Taï, comme la personne qui avait agi si noblement; et que, sa fille lui ayant conseillé de s'emparer des biens de Hodjr et de saisir les gens de sa maison, il se leva aussitôt, et entrant dans la vallée, il s'écria : « N'est-il pas vrai qu'Aamir, fils de Djowaïn, « est un traître? » Et comme l'écho lui répondit ainsi, « Oh, dit-il, que ce mot « est détestable ! » Il prononça ensuite ces paroles : « N'est-il pas vrai qu'Aamir, « fils de Djowaïn, est fidèle à ses promesses? » Et l'écho lui répondant les mêmes mots, « Ah ! s'écria-t-il, que cela est beau ! » Il appela ensuite sa fille, et lui ordonna de choisir parmi son troupeau une brebis de deux ans, et de la lui amener. Quand il l'eut traite et qu'il eut bu le lait, il se coucha sur le dos et dit : « Par Dieu, je n'agirai jamais avec perfidie tant que le lait d'une brebis suffira « à ma nourriture. » Alors il se leva et fit voir ses jambes, qui étaient très-minces, et sa fille disait : « Je n'ai jamais aussi bien vu qu'aujourd'hui les jambes « d'un honnête homme [1] ! » Il répondit : « Et que diriez-vous donc si elles appar« tenaient à un homme perfide? par Dieu, elles seraient encore plus vilaines ! »

Ebn el-Kelbi rapporte ce qui suit sur la foi de son père, de même que Yakoub ben-es-Sikkit sur l'autorité de Khalid el-Kilâbi :

Amro'lkaïs se mit en route et s'arrêta dans les tribus de Bekr et Taghleb, et leur demanda des secours contre les Benou-Asad. On envoya donc des espions pour observer ceux-ci; mais ayant été prévenus qu'on les espionnait, ils se réfugièrent auprès des Benou-Kinâna. C'était Ilbâ, fils de Harith, qui les avait mis sur leurs gardes; et à l'entrée de la nuit il leur adressa ces paroles : « Hommes de la tribu d'Asad, sachez bien que les espions d'Amro'l« kaïs ont été parmi vous, et qu'ils sont retournés près de lui avec des ren-

---

[1] Par ce sarcasme elle donnait à entendre à son père qu'il aurait été plus gras s'il se fût toujours montré moins honnête homme.

« seignements sur votre état : partez donc dans la nuit, à l'insu des Benou-
« Kinâna. » Ils suivirent ses conseils, et Amro'lkaïs s'avança avec ses alliés des
tribus de Bekr et de Taghleb; et arrivé auprès des Benou-Kinâna, qu'il prenait pour les Benou-Asad, il se mit à les passer au fil de l'épée, en criant :
« Accourez venger le roi! accourez venger le chef magnanime! » quand une
vieille femme de la tribu de Kinâna, sortant d'une tente, alla au-devant de
lui et lui dit : « Prince, puisses-tu éviter les malédictions! Nous ne sommes
« pas les objets de ta vengeance; nous sommes de la tribu de Kinâna. Ceux
« que tu dois frapper sont là-bas devant vous; poursuis-les donc[1], car ils sont
« partis hier au soir. » Il se mit aussitôt à la poursuite des Benou-Asad, mais
ils lui échappèrent cette même nuit. C'est à ce sujet qu'il a dit ces vers :

Oh! quelle est la douleur de Hind après la fuite de cette tribu, dont la mort aurait
guéri nos chagrins, mais qui a échappé à nos coups!

La fortune favorable les protégea en plaçant les fils de leur père entre eux et le danger, et notre vengeance est tombée sur ceux qui étaient le plus à plaindre.

Ilbâ, dont la frayeur coupait la respiration, a échappé à nos coursiers! Oh! s'ils
l'eussent atteint, les outres auraient été vidées.

[Par *les fils de leur père*, le poëte veut désigner les Benou-Kinâna. En effet,
Asad et Kinâna, fils de Khozaïma, étaient frères. Abou-Khalîfa m'a appris
que Mohammed ben-Selâm avait dit : J'entendis un homme demander à Younos[2] la signification des mots : *les outres auraient été vidées*; celui-ci répondit
qu'il avait fait la même question à Rouba[3], qui lui avait dit : Le sens est que,
s'ils l'eussent attrapé, ils l'auraient tué et auraient enlevé ses chameaux, de
sorte que ses outres ne se seraient plus remplies de lait. D'autres en donnent
l'explication suivante : Si on l'avait tué, on aurait épuisé le sang de son corps
comme on épuise le lait d'une outre.]

⁴ « Le lendemain, Amro'lkaïs, ayant vu la trace des pieds des fuyards dans le

---

[1] Le mot دونك signifie aussi خُذْ; si on adopte cette signification on pourrait rendre ce passage ainsi : « Tire donc vengeance (de ceux qui l'ont mérité) et poursuis-les. »

[2] Younos ben-Habîb était un grammairien fort célèbre. Voyez *Anth. gramm.*, page 41.

[3] Le lecteur peut consulter sur Rouba l'*Anth. gramm.*, page 125.

⁴ Nous avons rempli la lacune du Kitâb el-aghâni suivant la leçon du man. c qui raconte aussi cette histoire. Nous y lisons : فلما اصبح امرو
القيس راى آثار القوم منطلقين فطلب الاثر
فادركهم ظهــــــرا

sable, se mit à la suivre, et il les atteignit vers l'après-midi, bien que ses chevaux fussent excédés de fatigue, et que ses cavaliers mourussent de soif, et se jetant sur les Benou-Asad, attroupés autour d'un puits, il en blessa ou tua un grand nombre. La nuit sépara les combattants, et les Benou-Asad s'enfuirent. Le lendemain, les tribus de Bekr et de Taghleb refusèrent de les poursuivre, en disant à Amro'lkaïs : « Vous venez d'obtenir vengeance. —Non, « par Dieu! s'écria-t-il, je ne l'ai pas obtenue! Je n'ai pas encore exercé ma « vengeance entière sur les Benou-Kahil, ni sur les autres branches de la tribu « d'Asad. — Si, si, répondirent-ils; mais tu es un homme funeste. » D'ailleurs ils avaient sur le cœur d'avoir tué une partie des Benou-Kinâna, et ils le quittèrent en conséquence. Amro'lkaïs, ainsi abandonné, se sauva en courant au hasard, jusqu'à ce qu'il atteignît la tribu de Himyâr.

Ebn es-Sikkît raconte que Khaled el-Kilâbi lui avait appris ce qui suit : Amro'lkaïs revint de la guerre monté sur son cheval bai, et se réfugia près de son cousin Amr, fils de Mondhir, et dont la mère se nommait Hind, fille d'Amr, fils de Hodjr Aakil el-Morâr. Ceci eut lieu après l'assassinat de son père et de ses oncles, et après la ruine de la puissance de sa maison. Amr régissait alors, au nom de son père Mondhir, la ville de Bekka, située entre Anbâr et Hît. Amro'lkaïs fit son éloge, en lui rappelant les liens du mariage et du sang qui unissaient leurs familles, et en déclarant que son cœur lui était sincèrement attaché. Il se réfugia donc auprès d'Amr, qui le protégea, et il resta avec lui quelque temps, quand Mondhir, ayant appris dans quel lieu il se cachait, le fit chercher; mais Amro'lkaïs, prévenu par son protecteur, se sauva et alla trouver la tribu de Himyâr.

Ebn el-Kelbi, El-Haïthem ben-Adî, Amr ben-Shebba, et Ebn-Kotaïba, continuent le récit de la sorte : Sur le refus de la tribu de Bekr ben-Waïl, et de celle de Taghleb, de poursuivre les Benou-Asad, Amro'lkaïs s'en alla tout de suite dans le Yemen, où il demanda le secours de la tribu d'Azd-Shonoua, qui le lui refusa en disant que ces gens étaient leurs frères et leurs clients. Il s'arrêta ensuite chez un roi nommé Marthed el-Khaïr Himyari, fils de Zou-Djeden; comme un lien de parenté les unissait, Amro'lkaïs lui demanda des secours et des troupes contre les Benou-Asad, et celui-ci mit cinq cents hommes de Himyar sous ses ordres. Marthed mourut cependant avant qu'Amro'lkaïs se fût mis en route avec son armée, et il eut pour successeur un homme de la tribu de Himyar, nommé Kormol, fils de Hemîm et d'une négresse. Celui-ci remit l'affaire d'Amro'lkaïs d'un jour à l'autre, et il la fit traîner tellement en longueur, qu'Amro'lkaïs pensait à s'en aller, et il récita alors ce vers :

Souvenez-vous du temps où nous appelions Marthed el-Khaïr notre seigneur, et lorsque nous n'étions pas nommés esclaves de Kormol.

Kormol, instruit de ses intentions, mit l'armée à sa disposition. Il fut suivi d'un nombre d'Arabes sans aveu, ayant pris en outre à sa solde des hommes de plusieurs tribus. Il marcha aussitôt avec eux vers les Benou-Asad, en passant par Tebâla, où se trouvait une idole nommée Zou'l-Kholosa, très-révérée des Arabes, parce qu'il voulait consulter le sort au moyen des flèches consacrées à cette idole, qui étaient au nombre de trois, et nommées *l'ordre, la défense, et l'attente*. Il les mêla et tira celle de la *défense*. Aussitôt il les rassemble, les brise et les jette à la tête de l'idole, en lui disant : « Puisses-tu être accablé « de mépris[1] ! Si ton père eût été tué, tu ne me défendrais pas de vouloir « venger le mien. » Il marcha ensuite à la rencontre des Benou-Asad. On rapporte qu'on continua de consulter le sort devant Zou'l-Kholosa, au moyen des flèches, jusqu'à ce que l'islamisme nous fût donné, par l'ordre de Dieu : alors Djerir, fils d'Abd-Allah de la tribu de Badjela, détruisit cette idole.

Nos autorités ajoutent que Mondhir poursuivait Amro'lkaïs avec acharnement, et qu'il envoya après lui des troupes tirées des tribus d'Iyad, de Behrâ et de Tenoukh; mais comme il ne se trouvait pas assez fort pour exécuter ses intentions, il obtint d'Anoushirwân de la cavalerie persane, et il dépêcha à la poursuite d'Amro'lkaïs. Alors ceux de Himyar, et les autres qui l'accompagnaient, le quittèrent en se débandant, et lui-même se sauva avec une troupe de la famille d'Aakil el-Morâr, et il alla s'arrêter chez Harith ben-Shehâb, de la tribu de Yerbou', fils de Henzela. Il avait alors avec lui cinq cottes de mailles, qui portaient chacune un nom particulier; elles étaient appelées *la large, l'éclatante, la protectrice, la sans pareille*[2], celle qui est garnie de basques. Elles avaient appartenu aux enfants d'Aakil el-Morâr, qui en avaient hérité de roi en roi.

Suivant nos historiens, à peine sa petite troupe s'était-elle arrêtée chez Harith ben-Shehab, que Mondhir envoya une centaine de ses gens menacer

---

[1] L'expression arabe employée ici est on ne peut plus insultante; elle signifie à la lettre : *suge clitoridem matris tuæ*.

[2] Le nom arabe signifie : « un homme très-généreux, un homme hors du commun, » الذى خرق العادة.

Harith de la guerre, s'il ne lui livrait la famille d'Aakil el-Morâr. Il les livra donc tous, à l'exception d'Amro'lkaïs, qui s'évada avec Yezîd, fils de Moawia, fils de Harith, emmenant sa fille Hind et emportant avec lui les cottes de mailles, les armes et les biens qui lui restaient. Il marcha ensuite à l'aventure, jusqu'à ce qu'il se trouvât dans le territoire de la tribu de Taï. D'autres disent cependant qu'avant cela il s'était arrêté chez Saad, fils de Debâb, dont la mère avait été femme de Hodjr, père d'Amro'lkaïs, qui la répudia, ne sachant pas qu'elle était enceinte; alors Debâb l'épousa, et elle accoucha de Saad dans le lit de celui-ci [1]. C'est pourquoi on l'appelait fils de Debâb. Amro'lkaïs fait allusion à cela dans ces vers :

Saad nous charme par ses entretiens; sa bienfaisance prodigue les dons; au matin, il vient à nous avec des plats et des chameaux afin de pourvoir à notre nourriture.

Tu peux reconnaître en lui les nobles qualités de son père et de son oncle, et de Yezîd et de Hodjr;

La bonté du premier, la piété du second, la probité du troisième, et la générosité du dernier, et cela, soit que le vin lui ait monté la tête ou qu'il soit revenu de son ivresse.

En le quittant, il se rendit dans le pays de la tribu de Taï, et s'arrêta chez un homme des Benou-Djedîla, nommé El-Moalla abou-Temîm. En parlant de cette circonstance, il dit :

Je sens qu'en m'arrêtant chez Moalla, je suis aussi en sûreté que si j'avais établi ma demeure sur la cime du mont Shemâm.

Ni le roi d'Irak ni le roi de Syrie ne peuvent rien faire contre Moalla.

Le calme a été apporté au cœur d'Amro'lkaïs, fils de Hodjr, par les Benou-Taïm, les flambeaux des ténèbres.

Les historiens racontent qu'il resta chez Moalla, et se procura un troupeau de chameaux qu'il gardait là, quand des gens des Benou-Djedîla, nommés les Benou-Zeïd, vinrent un matin les lui enlever. Amro'lkaïs, qui, dans la crainte qu'il ne survînt quelque événement fâcheux, tenait attachés, près des tentes, des chameaux tout équipés pour s'évader sur eux, partit de suite et alla chez les Benou-Nabhân, de la tribu de Taï. Quelques individus de cette tribu montèrent ces chameaux pour aller reprendre ceux qu'on lui avait enle-

---

[1] Par conséquent il était regardé comme fils légitime de Debâb.

22   VIE D'AMRO'LKAÏS.

vés; mais les Benou-Djedîla s'en emparèrent encore, et ils revinrent après avoir tout perdu. Notre poëte dit à cette occasion :

Je m'étonnais de voir ce petit Khalid aller à pas lents, comme une femelle d'onagre qu'on vient d'éloigner des abreuvoirs [1].

Laisse là cette proie qu'on enlève pendant que les environs résonnent des cris des chasseurs, et raconte-moi quelque histoire : l'histoire de mes chameaux, si tu veux.

Alors les Benou-Nabhân mirent à part, pour lui, une troupe de chèvres, ce qui lui donna occasion de réciter ces vers :

Lorsque nous ne nous vîmes plus possesseurs de chameaux, nous reçûmes des chèvres, dont les chefs de troupeau portaient des cornes longues comme des bâtons.

Lorsqu'on les trayait, elles poussaient des cris qui ressemblaient aux lamentations d'une famille qui reçoit subitement, au matin, la nouvelle de la mort d'un de ses membres.

Elles nous fournissaient du lait que nous faisions sécher et du beurre en abondance. Contente-toi donc, en fait de richesses, de ce qui suffit à rassasier ta faim et apaiser ta soif.

Après avoir demeuré chez cette tribu quelque temps, il alla habiter près d'Aamir, fils de Djowaïn, et il se procura un troupeau de chameaux qu'il gardait dans le voisinage d'Aamir, qui se trouvait alors rejeté de sa famille, et qui était un de ces brigands pour lesquels leur famille refuse de se porter caution, à cause de leurs crimes [2]. Amro'lkaïs resta près de lui pendant quelque temps, quand cet homme conçut le dessein de s'emparer des biens de son protégé, et de se saisir de sa famille. Ce fut par les vers suivants, prononcés tout haut par Aamir, qu'Amro'lkaïs devina ses intentions perfides :

Combien y avait-il à Saïd de chameaux de race formant des troupeaux nombreux, et qui se promenaient en sûreté, les uns ayant aux pieds des entraves, les autres libres !

---

[1] Ces deux vers sont le quatrième et le premier du poëme qui se trouve pag. ٣٣ de notre recueil. La leçon du Kitâb el-Aghâni ne vaut rien; ainsi, dans la traduction, nous avons suivi l'autre.

[2] Quand un individu d'une tribu commettait quelque crime contre un membre d'une autre tribu, il rendait la sienne responsable de ses méfaits (جرّ جريرةً على ou حتى جناية على اهله), à moins qu'ils n'eussent fait auparavant, à la grande foire d'Okâz عكاظ, ou autre part, une déclaration publique de leur intention de ne plus être responsable de ses actions, de ne plus vouloir le protéger et d'être prêts à le livrer à la famille qui aurait à se plaindre de lui; cet homme était alors خليع rejeté. Voyez Amro'lkaisi Moallaca, éd. de Hengstenberg, p. ٢٩. Il est vrai qu'il n'y avait que les tribus faibles qui abandonnaient ainsi leur frère, car le premier mérite d'un chef arabe était de protéger, à quelque prix que ce fût, les membres de sa tribu et les malheureux qui venaient se réfugier chez lui.

J'ai voulu tenter un coup contre eux et les saisir, sans être touché de pitié pour leur propriétaire, et je me suis éloigné après avoir mis mon plan à exécution.

Aamir avait aussi récité les vers suivants, dans lesquels il faisait allusion d'une manière détournée à Hind, fille d'Amro'lkaïs :

O tribu de Hind! ô débris des habitations de sa famille! ô voyages de Hind! ô lieux où elle s'arrête [1] !

J'ai eu l'esprit occupé d'une foule de réflexions, et ces pensées d'amour, qui conviennent le mieux à mon âme, sont aussi celles qui s'accordent le mieux avec l'âme de Hind.

Je vais mettre ma personne dans une position qui doit lui être ou désavantageuse ou profitable [2].

C'est ainsi qu'Ebn-abi-Saad a rapporté ces vers, sur l'autorité de Darim, fils d'Ikâl. Il y a cependant des personnes qui les attribuent à Khansâ, et qui disent qu'ils font partie de son poëme, qui commence ainsi :

Qu'ont-ils donc mes yeux; hélas! qu'ont-ils? voilà que leurs larmes ont trempé le vêtement sur lequel elles viennent de tomber.

Nos autorités disent : Amro'lkaïs s'étant aperçu de ses intentions, et craignant sa perfidie pour sa famille, trompa la surveillance d'Aamir et se rendit auprès d'un individu nommé Haritha, fils de Morr, de la tribu des Benou-Thoäl, et il se mit sous sa protection. Ceci fit naître entre Aamir et Haritha une guerre féconde en événements.

Darim, fils d'Ikâl, raconte dans sa narration que, la guerre ayant éclaté entre les branches de la tribu de Taï, au sujet d'Amro'lkaïs, celui-ci quitta leur territoire et s'arrêta chez un homme de la tribu de Fezâra, nommé Amr, fils de Djabir, fils de Mazin, et le pria de lui accorder les droits de client, jusqu'à ce qu'il vît comment tourneraient les choses [3]. Le Fezârite lui répondit : « O fils de Hodjr, je te vois malheureux par l'affaiblissement de

---

[1] Les mots تظعان et تحلال ne se trouvent pas dans les lexiques, mais ils doivent être des noms d'action ou de la première ou de la seconde forme des verbes ظعن et حلّ, car le nom d'action de la forme تَفْعَال, peut appartenir à ces deux formes du verbe trilitère. Voyez la *Grammaire arabe* de M. le baron Silvestre de Sacy, t. I, p. 283, 289. Il est vraisemblable qu'ils appartiennent à la seconde forme du verbe, employée pour exprimer la fréquence de l'action.

[2] Ces deux vers sont très-obscurs dans le texte arabe, et nous ne sommes pas sûr du sens.

[3] A la lettre : « Jusqu'à ce qu'il vît l'essence « de ce qui lui était caché, ou de sa destinée fu- « ture, *essentiam absconditi sui.* »

« ta famille, et je suis plus enclin à protéger une personne dans ta position
« que ne le sont les tribus situées à l'est de nous; car hier soir encore, vous
« faillîtes tout perdre [1] dans la tribu de Taï. Mais les habitants du désert
« (comme moi) font leur séjour dans les plaines, et ils n'ont pas de châteaux
« où ils puissent se mettre à l'abri du danger; d'ailleurs il se trouve entre toi
« et l'Yemen des loups rapaces de la tribu de Kaïs. Ne voudrez-vous donc pas
« que je vous indique un pays [où vous n'aurez rien à craindre]? Je suis allé
« voir l'empereur des Grecs, et j'ai visité Nomân; mais je n'ai vu nulle part
« une demeure qui convînt mieux à l'homme faible et au suppliant que cet
« endroit dont je vous parle, et je n'ai jamais vu un homme qui sache mieux
« protéger les malheureux que son maître. — Qui est-ce donc, dit Amro'lkaïs,
« et où est sa demeure? » L'autre lui répondit : « C'est Samouel de Taïmâ, et
« je vous donnerai une idée de ce qu'il est. C'est un homme qui te protégera
« dans ta faiblesse, jusqu'à ce que tu voies comment tourneront les choses. Il
« habite un château fort, et il jouit d'une grande considération. — Comment
« arriverai-je à lui, dit Amro'lkaïs? » Le Fezârite lui répondit : « Je t'aboucherai
« avec un homme qui te conduira près de lui. » Il le conduisit donc chez un
autre individu de la tribu de Fezâra, nommé Rabia, fils de Dabe', qui était
un de ceux qui approchaient de Samouel; ensuite il lui donna une monture et
lui fit des cadeaux. Quand Amro'lkaïs eut joint le Fezârite, celui-ci lui dit :
« Samouel aime la poésie : viens donc et composons tous deux des poëmes,
« que nous réciterons tour à tour en sa présence. » Amro'lkaïs lui répondit :
« Commence; ensuite je réciterai le mien. » Rabia alors prononça le poëme
qui commence ainsi :

Dis à la mort : Quand est-ce que nous te rencontrerons dans la cour de ta demeure,
au pied du précipice glissant?

Ce poëme est long et renferme le passage suivant :

Je suis allé trouver les Benou-Mosâs pour disputer de gloire avec eux, et j'ai visité
Samouel dans son château d'Ablek;

C'est alors que je suis venu chez la personne la plus capable de se charger d'une
affaire, soit qu'il s'agisse de faire respecter ses droits méconnus ou d'obtenir protection contre l'oppresseur [2].

---

[1] A la lettre : « Vous faillîtes être mangé. » — [2] A la lettre : « Soit qu'il s'agisse de celui qui te doit
« ou du créancier qui t'opprime. »

VIE D'AMRO'LKAÏS. 25

On reconnaît en lui tout genre de supériorité; il possède de nobles qualités, dans lesquelles il surpasse les autres sans être jamais surpassé.

Amro'lkaïs récita ensuite le poëme qui commence par ces vers :

Hind, après avoir montré longtemps de l'éloignement, est venue te visiter à l'heure de minuit, et jamais auparavant elle n'avait visité personne.

Ce poëme est long, et je crois qu'on l'attribue à tort à Amro'lkaïs, parce que le style n'a aucune ressemblance avec le sien, et qu'il renferme des locutions décelant un auteur qui n'était pas d'extraction arabe; d'ailleurs, aucune personne digne de confiance ne l'a inséré dans le dîwan de notre poëte. Pour moi, je crois qu'il fait partie des poëmes composés par Darim; car il était un des fils de Samouel [1], ou bien il doit avoir pour auteur une de ces personnes qui nous ont rapporté les poëmes de Darim. Ainsi nous ne le transcrirons pas ici.

Darim, fils d'Ikâl, reprend son récit et dit : Le Fezârite conduisit Amro'lkaïs vers Samouel, et voilà qu'ils rencontrèrent sur la route une bête fauve blessée d'un trait. A sa vue, ses compagnons accoururent pour l'égorger, et tandis qu'ils étaient occupés à cela, une troupe de chasseurs des Benou-Thoâl survint inopinément. Les amis d'Amrol'kaïs leur ayant demandé qui ils étaient, ces chasseurs déclarèrent le nom de leur père et de leur famille, et on découvrit qu'ils étaient des clients protégés de Samouel. On s'en alla donc ensemble, et Amro'lkaïs dit :

Bien des fois un chasseur de la tribu du Thoâl faisait sortir ses mains hors de la cabane où il se cachait,

En tenant devant lui un arc de bois de neshem, que la corde fortement tendue faisait à peine fléchir [2].

[C'est ainsi qu'Ebn-Darim récite ces vers; mais d'autres, à la place de مع, lisent غير ou تحت].

Et la bête fauve qui allait s'abreuver vint à sa rencontre en s'offrant au coup qu'il tire devant lui.

---

[1] On voit par ceci que l'auteur regardait Samouel comme étant d'extraction juive. Ebn-Doreïd, cité dans une note de Hariri, p. ٢٢١, dit qu'il n'était pas d'origine arabe; voyez cependant Rasmussen, *Hist. Arab. anteislam.*, p. 59, note 3.

[2] Nous avons suivi la leçon indiquée dans l'observation suivante, en lisant غير à la place de مع.

26　　　　　　　　VIE D'AMRO'LKAÏS.

Alors il la frappa à l'épaule pendant qu'elle se tenait près de la rigole qui part de la citerne, ou à l'endroit qui reçoit l'eau dégouttant du seau du voyageur,

En lui lançant une flèche légère tirée de son carquois, une flèche dont la pointe brillait comme un charbon allumé et étincelant,

Et qu'il avait garnie d'une plume d'un jeune oiseau, et ensuite aiguisée sur une pierre.

L'animal frappé par lui ne se traîne pas loin avant de mourir. Qu'a-t-il donc ce chasseur? C'est un homme unique dans sa famille![1].

Darim dit : Ils s'en allèrent ensuite chez Samouel, à qui Amro'lkaïs récita son poëme, et Samouel reconnut leurs droits à sa protection. Il assigna pour demeure à la fille d'Amro'lkaïs une tente couverte de peaux, et aux hommes une de ses salles d'audience[2]. Amro'lkaïs resta avec lui pendant quelque temps, et alors il le pria de lui écrire une lettre pour Harith, fils d'Abou-Shamir, de la tribu de Ghassân, en Syrie, afin que celui-ci le fît conduire près de l'empereur des Grecs. Après avoir obtenu de Samouel une monture, il lui confia sa fille, ses cuirasses[3] et ses richesses, et il fit rester son cousin Yezîd, fils de Harith, fils de Moawia, pour en avoir soin. Il s'en alla ensuite et arriva près de l'empereur des Grecs, qui le reçut favorablement, le traita avec honneur, et qui avait pour lui beaucoup de considération. Quelque temps après, un homme de la tribu d'Asad, nommé Tammâh, dont un des frères avait été tué par Amro'lkaïs, se rendit secrètement dans le pays des Grecs, et s'y tint caché. L'empereur ayant ensuite donné à Amro'lkaïs une armée nombreuse, dans laquelle il se trouvait plusieurs fils de rois, celui-ci partit pour sa destination, quand quelques personnes de la cour dirent au roi : « Les Arabes sont des gens « sans foi, et nous avons à craindre que cet homme, s'il atteint le but qu'il se « propose, n'emploie contre toi les troupes que tu viens de faire partir sous « ses ordres. »

Ebn el-Kelbi, après avoir traité comme peu exact le récit précédent, raconte que Tammâh dit à l'empereur : « Amro'lkaïs est un homme perdu de « réputation, un débauché, qui, après son départ avec les troupes que tu lui « as confiées, dit qu'il avait entretenu une correspondance avec ta fille, et qu'il

---

[1] Ce morceau se trouve parmi les autres poëmes d'Amro'lkaïs, à la page ٢٧ du texte arabe.

[2] Nous n'avons pas rendu, dans notre traduction, le mot براح, ne sachant pas sa signification et soupçonnant qu'il y a ici une faute de copiste.

[3] On trouve dans le t. IV du *Kitâb el-Aghâni*, l'histoire de Samouel et de ce qui arriva au sujet de ses cuirasses qu'il ne voulait jamais livrer qu'à Amro'lkaïs en personne; voyez aussi Rasmussen, *Additamenta ad hist. arab.*, p. ١٢, et Hariri, p. ٢٢١.

« avait eu des liaisons avec elle; il a même composé des vers sur ce sujet,
« dans lesquels il cherche à te déshonorer ainsi que ta fille [1]. »

L'empereur lui envoya donc un manteau empoisonné, peint et brodé d'or, et il lui manda ce qui suit : « Je t'envoie comme une marque d'honneur le « manteau que j'ai porté; ainsi, lorsque tu le recevras, revêts-le, et puisse-t-il « te porter bonheur et prospérité ! Donne-moi de tes nouvelles à chaque station « où tu t'arrêteras. » Amro'lkaïs ayant reçu le manteau, le revêtit avec une grande joie; mais le poison pénétra rapidement dans son corps, et sa peau se détacha : c'est pourquoi on l'a nommé Zou'lkourouh, *l'homme couvert d'ulcères*. Lui-même a fait allusion à cela dans ces vers :

Tammâh a conçu l'espoir, du fond de son pays, de me revêtir d'un manteau plus mauvais que celui qu'il porte lui-même;

Oh! si ma douleur était celle d'une vie qui s'éteint d'un seul coup [2]! Mais hélas! c'est une vie dont une portion s'en va, et ensuite une autre!

Étant parvenu à une des villes du pays des Grecs, nommée Ancyre, il alla y séjourner en disant :

L'homme [3] aux discours étendus, aux coups de lance qui font jaillir le sang,
Aux plats servis avec profusion, vient d'arriver dans le pays d'Ancyre.

---

[1] Les vers en question sont le quatorzième et suivants du premier poème de notre collection. Voyez le commentaire sur le vers 32 du *Makçoura*, d'Ebn-Doreïd, par محمد سليمان بن محمد الكماري الدزى, manuscrit appartenant à M. le baron Silvestre de Sacy. Le savant Reiske avait déjà mentionné qu'Amro'lkaïs eut une intrigue avec une personne de la famille impériale, mais comme on a exprimé des doutes sur cette circonstance, nous transcrirons ici un passage du ms. n° 490, de la Bibliothèque du roi, qui servira à confirmer, s'il est nécessaire, les récits d'Ebn el-Kelbi et du commentateur du *Makçoura*, que nous venons de nommer.

وكان امرو القيس صمج الوجه وكانت لقيصر ابنـة جميلة حسناء فاشرفت يوما من قصر لها فرآهـا امرو القيس فى دخوله الى ابيها فعلقها اى تعلق حبّه بها وراسلها فاجابته الى ما سال فـذلـك

حيث يقول فقلت يمين الله لا وقبل ان اباهـا زوّجه اياها ء

« Amro'lkaïs était beau de figure et l'empereur « avait une fille très-belle. Un jour Amro'lkaïs, en « se rendant chez le père, aperçut cette princesse « qui se trouvait sur la terrasse d'un de ses pa-« lais. Aussitôt il en devint amoureux, il entra en « correspondance épistolaire avec elle, et elle ré-« pondit à sa passion. Il a fait allusion à cela dans « ces vers : *Et je lui disais par la main droite de « Dieu*, etc. » (Voyez p. ۲۱, l. ۸ de notre *Recueil*). « Quelques personnes prétendent que l'empereur « la lui donna en mariage. »

[2] Nous avons suivi la leçon des manuscrits des poëmes d'Amro'lkaïs dans lesquels on lit جميعا à la place de سوية. Ce dernier mot pourrait signifier « d'une manière uniforme. »

[3] A la lettre : « bien des discours étendus, bien « des coups de lance, etc. »

28   VIE D'AMRO'LKAÏS.

Il vit alors le tombeau d'une princesse, morte dans cette ville, et qu'on avait enterrée au pied d'une montagne nommée Asîb. Ayant appris cette circonstance de son histoire, il prononça ces vers :

Texte ar.   O ma voisine! le temps d'aller te visiter est proche; je vais me fixer dans une de-
p. IV   meure que je ne quitterai pas tant qu'Asîb restera debout.

O ma voisine! nous sommes tous deux étrangers en ce lieu, et l'étranger est toujours le parent de l'étranger.

Il mourut ensuite et il fut enterré à côté de cette femme, et son tombeau y est encore [1].

J'ai appris l'anecdote suivante de Mohammed, fils de Kasim, qui la tenait de Khalid ben-Saïd, qui l'avait entendu raconter ainsi à Abd el-Malik, fils d'Omaïr :

Lors de l'arrivée d'Omar, fils de Hobeïra [2], à Koufa, il fit venir dix des personnages marquants de la ville, dans le nombre desquels je me trouvais. On passa la soirée chez lui en conversation, et il dit : « Que chacun d'entre « vous me raconte une histoire, et toi, Abou-Omar, commence. » Je lui répondis : « Puisse Dieu favoriser notre émir! Veut-il entendre une histoire ou un conte? » Sur son désir d'entendre une histoire, je commençai le récit suivant : Amro'lkaïs avait fait serment de ne jamais épouser une femme sans lui avoir demandé auparavant ce qu'étaient huit et quatre, et deux. Il se mit alors à courtiser les femmes; et quand il leur faisait cette demande, elles répondaient : Ce nombre égale quatorze. Il arriva qu'en voyageant, il rencontra, vers minuit, un homme qui portait sa petite fille, belle comme la lune dans la nuit où elle est à son plein. Frappé de sa beauté[3], il lui dit : « Jeune fille, qu'est-ce que huit et quatre, « et deux? » A quoi elle répondit : « Huit est le nombre des mamelles de la « chienne, quatre celui des pis de la femelle du chameau, et deux celui des « seins de la femme. » Satisfait de cette réponse, il la demanda en mariage à son père, qui la lui accorda, et elle convint avec lui que la nuit de la consommation du mariage elle le questionnerait sur trois choses. Il accepta cette condi-

---

[1] L'auteur de la notice sur Amro'lkaïs, ms. ar. de la Bib. du roi, n° 490, dit que plusieurs personnes ont assuré que les Grecs avaient élevé une statue à Amro'lkaïs, selon leur habitude quand ils voulaient honorer quelqu'un. Il rapporte aussi que le khalife Mamoun dit avoir vu cette statue à Ancyre.

[2] Gouverneur de l'Irak, pour le khalife Merwan.

[3] Abd el-Malik ne dit pas comment Amro'lkaïs a pu juger de la beauté de cette jeune fille dans l'obscurité.

tion, et elle exigea aussi qu'il lui amènerait cent chameaux, dix esclaves, dix jeunes garçons pour la servir, et trois chevaux; ce qu'il fit. Il envoya ensuite un esclave pour lui porter en cadeau une outre de beurre, une autre de miel, et un manteau d'étoffe rayée d'Yemen. Cet esclave, s'arrêtant près d'une citerne, déploya le manteau et s'en revêtit; mais il s'accrocha à ses cheveux, et fut déchiré en long. Il ouvrit ensuite les deux outres et en donna à manger aux gens à qui la citerne appartenait, en sorte qu'elles furent en partie vidées. Il arriva ensuite à la tribu de cette femme; et comme les hommes étaient tous sortis, il lui demanda des nouvelles de son père, de sa mère et de son frère, et lui présenta les cadeaux. Elle lui répondit : « Dis à ton maître que mon « père est parti pour rapprocher une chose éloignée et éloigner une chose « proche; que ma mère est allée fendre une âme en deux; que mon frère re- « garde [1] le soleil; que votre ciel s'était fendu et que vos deux vases sont dimi- « nués. » L'esclave, de retour, rapporta ce message à son maître, qui dit : « Quant « à ces paroles : Mon père est allé rapprocher une chose éloignée et éloigner « une chose proche, cela veut dire qu'il est allé contracter une alliance avec une « autre tribu contre la sienne. Les mots : Ma mère est allée fendre une âme en « deux, signifient qu'elle est sortie pour accoucher une femme. Par les mots : Mon « frère regarde le soleil, elle voulait dire que son frère était à garder un trou- « peau au pâturage, et qu'il attendait le coucher du soleil pour le ramener. Par « les mots : Votre ciel s'est fendu, elle indiquait que le manteau que je lui avais « envoyé s'était déchiré; et elle donnait à entendre par : Vos deux vases sont « diminués, qu'on a retiré une partie du contenu des deux outres que je t'ai « envoyé lui porter. Dis-moi donc la vérité. » L'esclave répondit : « Maître, je « me suis arrêté près d'une des citernes qui appartiennent aux Arabes du « désert, et on m'a demandé qui j'étais; à quoi je répondis que j'étais ton « cousin. Je déployai alors le manteau, et il se déchira; et j'ouvris les deux « outres, et je donnai une partie de leur contenu à manger aux gens de cette « citerne. » Amro'lkaïs répondit : « Malheur à toi [2] ! »

Il se mit alors à conduire vers sa femme une centaine de chameaux, ayant avec lui son esclave. Arrivés dans un lieu où l'on s'arrêtait pour se reposer, l'esclave alla tirer de l'eau pour les chameaux, et comme il n'avait pas assez de force, Amro'lkaïs se mit à l'aider. L'esclave alors le jeta dans le puits et

---

[1] Le verbe arabe signifie « regarder, et garder un troupeau. »

[2] On peut consulter sur l'expression اولى l'édition de *Hariri* par M. de Sacy, page ١٢٢.

mena le troupeau chez la femme, en disant aux gens de la tribu qu'il était son mari. On lui annonça donc que son mari était arrivé, et elle répondit : « Par Dieu ! je ne sais si c'est lui ou non [1], mais tuez un chameau pour le fêter, « et donnez-lui l'estomac et la queue, » ce qu'on fit. Alors elle ordonna de lui donner à boire du lait aigre; on lui en donna et il le but. Elle leur dit alors de lui faire un lit près du lieu où étaient le sang et les excréments des entrailles du chameau égorgé. Le lit dressé dans cet endroit, l'esclave s'y coucha et dormit. Le lendemain elle le fit venir et lui dit : « Je veux te faire quelques « questions. » Il répondit : « Demande ce que tu veux. — Pourquoi, dit-elle, « tes lèvres tremblent-elles? » Il répondit : « C'est un signe que je vais t'embras« ser. » Elle demanda ensuite : « Pourquoi tes flancs sont-ils agités ? — Cela est « un signe que je vais te serrer dans mes bras [2]. » Elle s'écria alors : « Saisissez « l'esclave, et qu'il vous aide dans vos travaux ; » ce qui fut fait. Or, des passants ayant retiré Amro'lkaïs du puits, il retourna à sa tribu prendre une centaine de chameaux, et il revint trouver sa femme, à qui on annonçait son arrivée. « Par « Dieu, dit-elle, je ne sais si c'est mon mari ou non; mais, toutefois, tuez pour « lui un chameau, et donnez-lui à manger l'estomac et la queue. » Quand on lui présenta ces morceaux, il dit : « Où est donc le foie, la bosse et les parties de « la croupe [3] ? » et il refusa de manger ce qu'on lui offrit. Quand, d'après l'ordre de sa femme, on lui présenta du lait aigre, il demanda où était le lait frais, encore chaud, et le lait aigre mélangé de lait doux. Elle ordonna ensuite de faire son lit près des entrailles et du sang du chameau; mais il refusa d'y coucher, et il leur dit de le faire sur la colline rouge, et d'y dresser une tente. Elle envoya ensuite le chercher, et lui dit : « Viens donc remplir les conditions « que je t'avais imposées, relativement aux trois questions que je devais te « faire. » Il répondit : « Demande ce que tu veux. » Elle lui dit : « Pourquoi « tes flancs tremblent-ils? — Parce que je vais porter des vêtements de Yemen [4]. » Elle lui demanda ensuite : « Pourquoi tes cuisses tremblent-elles? — Parce que « je vais donner des coups de talon à mes montures. » Tout de suite elle

---

[1] Cependant elle devait bien le savoir, puisqu'elle avait déjà vu Amro'lkaïs quand il l'avait demandée en mariage, et elle avait dû reconnaître l'esclave qui lui avait apporté les cadeaux de la part de son maître.

[2] Dans le texte arabe il y a une troisième question et réponse que nous donnons ici en latin : « Dixit : quare tremunt coxæ tuæ? Respondit : si« gnum est me te illis compressurum fore. »

[3] Ce sont les meilleures parties de l'animal et les plus recherchées.

[4] Cette réponse ne paraît guère claire.

s'écria : « Voilà bien mon mari ; recevez-le comme tel, et tuez l'esclave ; » ce qui fut fait, et Amro'lkaïs consomma son mariage avec cette jeune fille [1].

Quand cette histoire fut terminée, Ebn-Hobaïra dit : « En voilà assez; aucune histoire qu'on nous rapporterait cette nuit ne vaudrait la tienne, ô Abou-Omar! et tu ne saurais nous raconter rien qui nous plaise davantage. » Nous le quittâmes alors pour retourner chez nous, et il ordonna de me porter des cadeaux [2].

[1] Cette histoire, bien qu'assez curieuse, ne nous paraît guère véritable, malgré ce qu'en dit Abd el-Malik.

Il est bon d'observer que Hadgi Khalfa, dans son Dictionnaire bibliographique, parle d'un art nommé علم الاختلاج, par lequel on prétendait deviner, d'après le tremblement involontaire des membres du corps d'un individu, ce qui devait lui arriver. Ce même phénomène a été employé aussi comme moyen diagnostique dans les maladies. On a même composé quelques courts traités sur cet art, dont on attribue l'origine aux Persans, aux habitants de l'Irak et à ceux de l'Inde, et il existe un de ces traités parmi les manuscrits du fonds de Saint-Germain-des-Prés. Il est probable donc que les Arabes l'auraient reçu de la Perse, vu les fréquentes relations qui existaient, dans les temps antérieurs à Mahomet, entre ce pays et les provinces de Bahreïn et de Yemen.

[2] L'auteur du *Kitâb el-Aghâni* dit ensuite que Sibawaih rapportait avoir entendu raconter à Khalîl ben-Ahmed que quelques personnes de la tribu d'Asad s'étaient rendues auprès d'Amro'lkaïs pour tâcher de l'amener à un arrangment. Il les fit traiter avec honneur, et le troisième jour après leur arrivée il se présenta à elles tenant une lance et ayant la chaussure noire et le turban de la même couleur. Or les Arabes ne portaient jamais le turban noir excepté quand ils avaient une vengeance à excercer : وكانت العرب لا تعمّ السواد الا في الترات. Un des membres de cette députation lui fit un discours pour le fléchir, mais tout ce qu'il put dire fut inutile. Nous aurions bien voulu donner le texte de ce discours, dont le style nous paraît généralement être plein d'élégance, et digne de l'attention que Sibawaih et Khalîl ben-Ahmed lui avaient donnée, mais malheureusement il est tellement altéré par le copiste, qu'il aurait été impossible de le rétablir; on ne saurait croire jusqu'à quel point il a été défiguré. Ainsi, à notre grand regret, nous avons renoncé à l'intention de le publier.

FIN DE L'EXTRAIT DU *KITAB EL-AGHANI*.

POEMATA
AMRO'LKAISI.

DIXIT

AMRO'LKAIS KINDITA, HODJRI FILIUS:

Heus! salvete mane, o rudera vetusta! — et felixne est qui fuit *hic* tempore elapso?

Et quisnam felix est nisi fortunatus senex, — cui paucæ curæ, non pernoctans in terroribus?

Et num felix est cui ultimus congressus fuit *cum amica*, — triginta *abhinc* mensibus cum tribus annis?

Hæc sunt habitacula Salmæ deleta in Zou-Khali, — quæ incessanter rigavit quæque nubes atra, abunde pluens;

Tuque existimas Salmam non defuturam conspiciendo hinnuleum— dorcadum aut ova *struthionis* in planitie *viatoribus* frequentata!

Tuque existimas Salmam haud desituram talem esse qualem nos eam vidisse meminimus— in valle Khozama aut apud puteum Awaali

Noctibus *illis cum* Salma *transactis*, cum tibi conspiciendos præberet dentes bene ordinatos, — et collum sicut collum dorcadis, sed non, *ut illud*, monili carens!

Ecce hodie affirmavit Besbasa, me — senescere, et mei similes haud bene persolvere lusum *amoris!*

Mentita es! nam sæpe amorem insanum inspiravi feminæ, detrimento mariti, — dum impediebam ne putaretur cum conjuge mea cælebs *commercium habere.*

O quot diebus jam lusi et noctibus — cum *puella* mansueta simili ductibus statuæ!

Cujus vultus collustrabat lectum concubitori suo, — instar lucernæ oleo *nutritæ* in candelabro opificum.

Quasi esset super pectus ejus pruna foci — corripientis Ghadæ stipitem et *aliis* stipitibus circumdati,

Cui *prunæ* afflavit ventus in colle undequaque perflato, — Eurus *nempe* et Aquilo in stationibus viatorum redeuntium.

Sæpe *puellæ* tuî similis, candidæ dentibus, teneræ, — jocosæ, facientis ut ego obliviscerer, cum assurgerem, tunicæ meæ,

Similis cumulo arenæ super quem *libenter* gradiuntur gemini pueri, — quia eos satisfacit mollities tactus et lenitas *ejus,*

Gracilis flexione lateris, haud ventrosæ — cum recedit motitans se, haud absque odoribus,

Quæ, quoties concubitor denudat eam vestibus suis — inclinat se versus illum molliter, haud nimia crassitudine deformis,

Hujus inquam puellæ ignem *sæpe* conspexi cùm essem in Adraat, dum familia illius *moraretur* — in Yathrib, et regionis quam habitabat pars mihi proxima, locus esset excelsus quem sublatis oculis *a longe vix* conspiciebam.

Adspexi hunc *ignem,* dum stellæ *fulgebant* instar — lucernarum monachi accensarum pro viatoribus reducibus;

Ascendi ad eam, postquam somno correpta fuit familia ejus, — ascensione bullarum aquæ, gradu post gradum :

Et dixit : Procul abducat te Deus! equidem dehonestas me! — nonne vides confabulatores nocturnos et homines circa me?

Et dixi : Per dexteram Dei *non* desinam quin assideam, — etiamsi obtruncarent caput meum coram te et articulos meos!

Juravi ei per Deum, jurejurando perjuri, — *dicens* : Certe dormiunt, nec superest confabulator nec calefaciens se!

Et cum invicem protraxissemus colloquium et facilem se præbuisset, — attraxi *ad me hunc* ramum racemosum, flexilem,

Et devenimus ad summas voluptates et lenia fuere verba nostra, — et mansuefeci, usque ad submissionem, refractariam; qua submissione!

Et fui amatus, et maritus illius evasit—*quasi esset* super eum pulvis, mala mente agitans et æger animo,

Barriens barritu juvenci cameli cujus perstringitur guttur, — me occidere volens; sed vir ille non est occisor!

Num occidet me cui gladius comes lecti, — et *sagittæ* acutæ, cœruleæ, pares dentibus dæmonum,

Et *cum* non sit hastifer ut feriat me, — nec possessor gladii, nec jaculator?

Num occidet me quum affecerim cor *conjugis* ejus — eadem voluptate qua afficit camelam unctam pice homo illinens *eam*?

Et jam novit Salma, licet sit maritus ejus, — hunc virum verbis delirare, non autem agere;

Et quid ad eum pertinet quod ego commemoraverim mansuetas *puellas* — velut dorcades arenarum, in cœnaculis regum?

Sæpe tentorium virginum, die nubiloso, ingressus sum, — quæ circumstabant *matronam* crassam cubitis, languidam,

Virginum (inquam) longis digitis, nasis et dorsi spinis præditarum, — gracilium lateribus, summa perfectione absolutarum;

Mollium, inducentium amorem in vias perditionis, — dicentium sapientibus : *Errate* errore magno.

Averti amorem ab illis ob timorem perditionis, — quamvis non sit ingrata amicitia mea, nec ego sim osor.

Nunc curis confectus, sum velut nunquam conscendissem *equum* velocem ad oblectamentum *venationis*, — nec unquam subegissem puellam periscelide ornatam,

Nec unquam emissem utrem *vini* plenum, nec dixissem — equitibus meis post retrocessionem : Facite impetum!

Nec unquam adfuissem inter equites incursantes, aperto die, — vectus equo magno, alto cruribus, circumgyrante,

Sano suffragine, crasso pedibus, contracto femoris nervo, — cui sunt clunes prominentes super tendonem cruris,

Et *ungulæ* solidæ, duræ, non timentes dolorem attritionis viæ,—cujus dorsi locus ubi alter equitationis comes considet est velut *tergum* struthiocameli.

Sæpe mane venio, avibus *cubantibus* in nidis suis, — ad pascuum imbre veris *rigatum,* ubi pabulator solus *est,*

Quod protegunt cuspides hastarum protectione, — in quo effundit aquas quæque nubes abunde pluens,

Insidens equo valido, cujus carnem induravit cursus, — spadiceo, *cui corpus durum* sicut radius liciatorii,

Quo *incitato,* exterrui gregem dorcadum quarum pura fuit pellis, — et quarum crura variegata sicut panni Yemanenses striati;

Dixisses hunc gregem, cum urgebatur cursus ejus — in Djamaza, *fuisse* equos circumgyrantes *indutos* stragulis *albis.*

Tunc gyravit agmen et se defendit ope maris annosi, — longi dorso et cornibus, resimi, caudam trahentis:

Et insectatus est *equus* continuo cursu marem et feminam *dorcadum,* — et fuit insectatio ferarum mihi cordi;

Quasi ego ope *avis* late expandentis alas, rapidæ, — venatricis, e *genere* aquilarum, acceleravissem agilem meum equum,

Quæ *aquila* rapit lepores Sherabbæ aperto die, — abscondentibus se a conspectu ejus vulpibus Aoural;

Censeres corda volucrum recentia et exsiccata — juxta nidum ejus *esse flores* Ziziphæ *rubros* et dactylos corruptos.

Si operam impenderem ad sola necessaria vitæ, — sufficerent mihi, nec *aliud quidquam* quærerem, paucæ opes;

Sed operam impendo ad gloriam stabilem, — et assequuntur gloriam stabilem consimiles mei :

Et sane vir, quamdiu ei superest ultimus vitæ halitus, — nec assequitur magnarum rerum ultimos fines, nec desinit *ad eos conari.*

ET DIXIT :

O amici gemini mei! transite mecum ad Omm Djondob, — explebimus desideria cordis *mei* cruciati;

Et vos ambo, si expectatis me unam horam — temporis, hoc proderit mihi apud Omm Djondob.

Nonne vidistis me, quoties ivi nocturnus visitator, — invenisse apud eam suavem odorem quanquam ipsa se odoribus non illineat?

Præstantissima sociarum suarum, nec humilis, — et non habens staturam, si *eam* attente consideras, brevem.

O utinam scirem qualis novissimus sit amor ejus, — et quomodo servet amorem *meî* absentis!

An constans fuit in *eo*, qui inter nos fuit, amore — Omaima? anne mentem dedit verbis calumniatoris?

Si discedas ab ea per annum, ita ut eam non videas, — tunc tu, quid novi fecerit, experieris.

Et dixit illa : Quoties avare agitur erga te et prætextus finguntur, — *hoc* te angit; sed si tollatur cura tua, *gratiam meam, tanquam* consuetam, *pro vili* haberes.

Prospice, amice mi, num vides pilento vectas mulieres — progredientes per viam inter binos clivos Sheabab,

Quæ imposuerunt *pilentis* Antiochenses *pannos* super variegata tela, — referentes *colorem* fructus palmæ aut horti Yathribi?

O! fortunati sunt oculi videntis separationem — magis longinquam et remotiorem quam sit separatio *peregrinorum* apud El-Mohasseb!

Sunt duo agmina quorum unum transit vallem Nakhlæ — et alterum secat terram altam Kebkeb :

Ea videntes, oculi tui *fiunt* gemini fontes rivi in planitie, — *et lacrymæ eorum* sicut fluxus rivuli per saxum latum, proclive.

Nullus adeo *indecore* te gloria vicit quam adversarius — debilis, et nullus tam *turpiter* te superavit quam hostis sæpe victus;

Et nunquam *melius* delevisti desiderium amantis — nisi per matutinum iter vespertinumque usque ad noctem productum

Cum *camela* alba, longa, cujus diceres clitellas — *esse* super *onagro* cujus ilia sunt variegata, non albi cilii,

Qui vocem edit in horis matutinis, quaque aurora *adveniente,* — sicut cantus titubantis compotatoris, *vocem* modulantis;

Gracilis, ætate integri, *unius* ex onagris Amayæ, — ejicientis ex ore pabulum viridum in omne aquarium

Situm in flexura *vallis* cujus gramen *altitudine* æquat lotum silvestrem, — quo transeunt agmina præda potitorum et præda carentium.

Sæpe mane proficiscor avibus *adhuc* in nidis suis, — et aqua pluviæ in omni alveo currente,

Cum *equo* glabro, feras prævertente fugaces, quem macrum reddidit — insectatio *cervorum* ducum gregis, cursu frequente, longinquo,

Qui, quanquam defatigatus, effervescit, cujus diceres dorsum, — licet macie et cursu crebro *confectus sit, esse* arborem collis;

Qui cursu contendit cum *onagro* pedes divaricante et cujus alti sunt tarsi, — et tibi videretur corpus ejus esse lignum tripedis;

Cui sunt lumbi dorcadis et crura struthionis — et dorsum asini silvestris stantis super specula,

Gradienti *ungulis fultus* solidis, duris, instar — lapidum rivuli obductorum musco aquatico,

Cui clunes quasi cumulus arenæ quam conglutinavit ros, — *desinentes* in dorsum simile clitellis amplis;

Cui oculus *est* quasi speculum ingeniosæ mulieris quod convertit — ad partem faciei ejus quam non tegit cidaris vitta, mentum velans;

Cui sunt aures ex quibus dignosceres nobile *ejus* genus, — similes auriculis *dorcadis* territæ in medio agmine,

Rotundam habente pone aures cavitatem, cujus habenæ — et capistrum super summo palmæ trunco decorticato *positæ* videntur;

Illi est cauda nigra, cujus os carnosum est, similis — botro dactylorum *provenientium* ex Somaiha, recentium;

Quoties bis currit incitato cursu et desudat latus ejus, — diceres: En susurrus venti transeuntis per *arborem* Athab!

Circumvertit tergum *rotundum* sicut trochlea haustri, — *quod tergum* in dorsum elevatur simile clitellis amplis;

Et vorat avide ad præsepe ita ut censeres — in eo *esse* insaniam *dæmone* suggestam, non intermittentem;

Die uno *ruit* contra agmen *dorcadum* quarum immaculatæ sunt pelles, — altero die contra onagram matrem pulli.

Et dum pascebantur capreæ in arena herbifera, — incedentes tanquam virgines palliis indutæ fimbriatis,

Orta est *inter nos* compellatio mutua, religata est habena *in capite equi*, — et dixerunt socii mei: Jam præverterunt te feræ, insequere igitur!

Et post conatus repetitos, imposuimus puerum nostrum — equo, cujus dorsum forte erat, pedes anteriores divergente,

Et discessit *impetuosus,* sicut nubes vespertina imbrem *profundit,* — et egrediebantur *dorcades* a terra molli cujus pulvis commota fuit in altum;

Tunc *impulsu* cruris *mei elicitus est* ardor *hujus equi* et *ictu* flagelli cursus productus, — et increpationis idem fuit in eum effectus, quem in vecordem, caput in itinere protendentem, producere solet *increpatio;*

Et assecutus est *feras,* sine conatu et sine interruptione cursus sui, — *rapide* pertransiens sicut *gyrat* orbiculus lusorius pueri perforatus;

Vidisses mures in parte depressa campi, currentes — per superficiem duram deserti, *trepidi* ob impetum equi ardentis,

Quos fugavit e latibulis eorum, sicut — expellit eos pluvia vesperis, *imbre* tumultuantis;

Et cucurrit continuo cursu nunc cervum nunc cervam persequens, — et admissarium *candidum* veluti membranea scriptoria, *et* annosum;

Et mares arenarum *incolæ* fremitus dederunt — quos confodit *puer hasta* Samharica nervis *circum* ligata,

Et procubuit unus pronus in medio fronte et defendit se alter — cornu *acuto* referente mucronem terebræ.

Tunc dixi viris nobilibus: Agedum! descendite *equis* — et elevate supra nos vestem quotidianam, funibus instructam,

Cui pro paxillis lorica *est*, et pro columna — *hasta* Rodainica in qua cuspis *est* a Kadeb facta,

Pro funibus capistra camelorum cœlophthalmorum, nobilium, — et pro tecto pannus striatus Yemanensis diversicolor.

Quod tentorium simul ac ingressi fuimus innixi sumus dorsis nostris — contra quamque *sellam* Hiræ factam, novam, striatam;

Dixisses oculos ferarum *occisarum* circum tentoria nostra — et circa clitellas *esse* conchulas non perforatas.

Abstergimus ad jubas velocium equorum manus nostras — cum surgimus *a convivio, devorata* carne assata *prædæ,* haud plane cocta,

Et reversi sumus, quasi ex *urbe* Djowatha, vespere, — dorcadibus ad utrumque latus equi appensis et in dorsum ejus impositis;

Et reversus est *equus* velut hircus *foliis* Rabl pastus, quatiens caput suum — ob molestiam sudoris emanantis;

Credidisses sanguinem *cervorum* ducum gregis in collo ejus — esse expressum succum Hinnæ super canitie tincta *cum eo;*

Cum pone eum stas, opplet interstitia crurum — *cauda* crinita demissa fere ad terram, *et quæ* haud rufo colore *deformis est.*

ET DIXIT :

Ortum est tibi desiderium postquam remissum fuerat, — tunc *temporis quo* Solaima habitavit vallem Kaww et Arar

Tribus Kinanæ filia; discessit *illa* [et in pectore *tuo flagravit* amor ejus] — ut viciniam adiret *gentis* Ghassan aut tribus Yamer.

Coram oculos meos *adhuc habeo* camelos gestantes feminas tribus quo tempore discedebant *contribules,* — *incedentes* prope ripas rivulorum ad latus Taimar,

Quos tunc assimilabam, vapore matutino circumdatos cum properabant *cursu,* — silvis palmarum aut navibus pice obductis,

Aut ad aquam consitis palmis ex palmis filii Yamin, — *sitis* paulo infra Sefa, vicinis *castello* Moshakker,

Altis, proceris, quarum luxuriantur vertices, — in altum gestantibus botros dactylorum rufos,

Quas tuiti sunt filii Rabdæ, e familia Yamin — ensibus suis, ita ut intactæ fuerint et *fructu* abundaverint,

Et gratæ fuerint filiis Rabdæ et perfecti fuerint fructus colore flavescente — et involucra *earum perfecta fuerint;* donec, demissis ramis suis,

Circumiret eas *palmas* gens Djailanica, tempore decerptionis, — sæpe conjiciens in eas oculum donec admiratione stuperet.

Diceres *feminas illas camelis vectas* statuas *esse urbis* Shokf, *sculptas* in superficie marmoris — ornantis vallem spumantem *fluvii* Sadjoum pictura effigiata;

Vacuæ sunt curis, velis *tectæ*, custodia *cinctæ*, in mollitie *educatæ*, — ornatæ hyacintho et bracteolis aureis, articulis invicem ligatis,

Quibus jungunt odorem Senæ in capsula Himyarensi — destinata comminuto moscho fragranti,

Nec non myrobolanum et aloem indicum redolentem — et myrtum cum styrace et agallocho suavi;

Sibi addixerunt pignus amatoris illius quem *olim* sibi vindicavit — Solaima, et *qui* postea *liber* evasit, vinculis *Solaimæ* ruptis,

Cui tamen se, tempore pristino, præbuerat sincerum amantem — respicientem furtivo oculo tentorium velo occlusum;

Quoties eam videbat conturbabatur cor ejus, — eo modo quo conturbat poculum vini matutini virum ebriosum.

Tanquam ebria, cum surgit aliquorsum tendens, vacillat *delicata*, — demulcens cor suum languidum, ne deficiat.

Num Asmæ amor *erga me* tandem mutatur? — Certe *te, Asma!* permutabimus, si amorem tuum *a nobis* in alium quemquam transtuleris.

Recordatus sum familiæ meæ eximiæ, cum jam devenissent — Khamalam cameli cœlophthalmi et ad Audjar.

Cum apparuit *regio* Hauran trans vaporem meridianum, — adspexisti, o *Amro'lkaïs!* sed haud vidisti aspectum oculis *gratum*.

Abrupta fuere vincula desiderii et amoris, — vespere quo transivimus *urbes* Hamah et Shaizar

Cursu, cujus *ob molestiam* gemuit camelus annosus quem defatigavit — *dominus* instanter properans, ita ut se non converteret ad *respiciendum socium* in itinere retromanentem;

Et *mala* quæ expertus sum ne uno unquam die me immemorem reddiderunt feminarum camelis vectarum, — et panni villosi eas *undique tegentis,* pilenti cooperti instar,

Quæ feminæ similes erant tamariscis vallium infra Bisha — et infra Ghomair, cum ipsæ ad Ghadwar tendebant.

Sed dimitte has *cogitationes* et a te propelle sollicitudinem, *conscensa* camela valida, — amplo progrediente passu *etiam* cum in meridie fervet dies,

Transeunte terras depressas *et altas*, quarum vertices, — tempore meridiano, induuntur *vapore simili* pallio *albo* explicato,

Dissitos habente humeros, ita *alacriter procedente* — ac si videret circa eam partem, quæ circumdatur cingulo, felem alligatam,

Late spargente lapillos acutos glareæ pedibus — quorum tendines firmi sunt, et quorum partes tritæ silicibus haud depilantur,

Quorum lapillorum *jaculatio* a tergo et a fronte ejus, — cum pulsat eos pes suus, uti jaculatio *facta* a viro *scæva*;

Et strepitus lapillorum, cum spargit eos, — refert tinnitum nummorum adulterinorum qui *a nummis bonæ notæ* segregantur *a mensario* in *urbe* Abkar;

Dorso ejus *insidet* vir cui similem non fert terra, — *aut* fideliorem in fœdere, aut juris *clientelæ* observantiorem, aut in *ærumnis* patientiorem;

Ille est qui dejecit confœderatos e Djou Naait, — *dicens:* Filii Asad! in terra aspera, salebrosa *sedem ponite!*

Et si voluisset, facta fuisset expeditio e terra Himyarensi, — sed ad regem Græcorum consulto ivit, libentius confugiendo.

Lacrymavit socius meus quando vidit *angustam* viam *quæ ad Græcorum regiones ducit* sibi oppositam, — et certe scivit nos Cæsari obvios fore;

Tunc illi dixi: Ne lacrymetur oculus tuus, *nam aut* — imperium adipiscemur, nisi eveniat ut moriamur et tunc excusati simus!

Et *tibi* spondeo, si revertar rex constitutus, — *nos* cursum *acturos fore* propter cujus *rapiditatem* videbis veredarium in latus inclinantem,

Per viam attritam, cippis carentem quibus diriguntur *viatores*, — quam odorans camelus Nabatæus annosus, vagitos tollit,

Nos, inquam, vectos super quoque equo decurtato cauda, assueto — cursui itineris nocturni, e numero equorum Berberæ,

Gracili lateribus, sicut lupus *in sylvis arborum* Ghadæ, proruente celeriter, — e cujus lateribus videbis sudorem defluentem;

Quando habena flexa incitas illum ab utroque latere ipsius, — incedit cursu celeri, ad latus tendens, et frænum mandens.

POEMATA AMRO'LKAISI. 45

Cùm dixissem : Quiescamus! *tunc* veredarius *subsistens* cantabat, — equo vectus valido, cujus crurum tendones remissi et cauda decurtata.

Haud noverat me *urbs* Baalbek nec incolæ ejus, — imo filius Djoraidj in pagis Emessæ haud *me* noverat.

Observabamus fulgura nubis *ut sciremus* quo loco *ipsa* funderet imbrem, — sed amoris erga te nullum est remedium, o filia Afzar!

Est hæc e numero feminarum quæ aspectum *præ pudore* demittunt; si reperet parvula unius anni — formicula super colobium ejus, certe *in cute tenera* imprimeret vestigia.

Infelix *Amro'lkaïs!* quoniam Omm Hashim non *amplius* ei est — vicina, nec Besbasa filia Yashkor.

Video lacrymas matris Amri manantes — ob fletum propter Amrum, et quam insignis fuit *antea* patientia ejus!

Cum nunc peregimus iter quindecim noctium, — arenis trajectis quæ loca pars sunt finium quos protegit Cæsar.

Cum dico : Hic est amicus quem gratum habeo, — et cujus præsentia gaudent oculi mei, tunc alium, loco ejus, accipere cogor.

Hæc est fortuna mea, me nullum in amicum habere — inter homines quin me fallat aut alienus fiat.

Et eramus viri ante expeditionem Kormol, — *qui hæredes* fueramus divitiarum et gloriæ *nobis* a patribus *transmissarum;*

Et non ignave egerunt equi mei, sed recordati sunt — præsepiorum suorum *sitorum* apud Berbais et Maiser.

O! quantos dies gratos duxi — in Taduf, quo in loco collis est, supra Tartar!

Sed non alius est par diei quem in Kodharan transegi — quasi ego et socii mei in extremitate cornu *rupicapris* fusci *fuissemus;*

Bibimus usque dum censuimus palmas circa nos — oviculas esse, et equum nigrum rufum censuimus.

ET DIXIT :

Adjuva me ad *observandum* fulgur quod video, micans — et illuminans nubem in verticibus nudis montium!

Cessat interdum splendor ejus et interdum — in altum *lente* tollitur, imitans claudicationem cruris de novo fracti post sanationem.

Ex ea *nube* erumpunt coruscationes, *rapide se moventes sicut* — manus *illius* qui bonam sortem adeptus est, *sedens* prope *sociam* sagittas aleatorias versantem.

Sedi eam *respiciens*, amicis meis inter Daridj — et rivulos Yathleth et Arid *commorantibus*.

Percussit *nubes pluvia* sua *bina loca* Ketat, ita ut defluxerint colles eorum arenacei, — deinde *percussit* vallem Bedii, postremo tetendit ad Arid.

Patebant ante oculos meos regiones latæ, terra bonis abundans, — alvei pluvia excavati in campo spatioso,

Et continuo profundebat *nubes* aquam, *denuo incipiens* post quamque intermissionem, — congregans, *impetu torrentium*, lacertos in planities herbis carentes.

O utinam ego possem eadem *pluvia* irrigare sororem meam Daifam, quoniam *a me* longe abest, — et quoniam tempus eam invisendi remotum est, nisi carmine *eam visitare velim!*

Sæpe in specula, hastam *altitudine* æquante, steti, — circumvertens oculos meos per campum patentem,

Et mansi, equo prope me stante sella instructo, — *cujus curam gerebam* eodem modo quo a *malo* defenderem membrum fractum;

Et cum sol mihi abderetur propter occasum ejus, — descendebam ad equum stantem ad pedem collis,

Cujus gena macilenta æmulabatur mucronem hastæ, — *quæ gena similis erat planæ parti cuspidis politæ, attenuatæ.*

Ubi illum conscendi impetum ejus poppysmate lenio, — et tollit oculum nec ferocem, nec demissum.

Sæpe mane exeo, avibus *cubantibus adhuc* in nidis suis, — *mecum* habens equum glabrum, crassis pedibus anterioribus præditum, velocem,

Cui sunt lumbi onagri, crura struthionis, — admissario e camelis generosis similem inclinantem se ut mordeat;

Novas acquirentem vires cruribus suis post fatigationem, — eodem modo quo implentur putei in terra glareosa postquam *frustra in illis demissa situla* commota fuerit;

Illius *equi* ope terrui agmen caprearum quarum pelles immaculatæ erant, — sicut terrorem injicit lupus loco ubi quiescunt oves.

Insectatus est cursu continuo tres aut duas aut quatuor *capreas*, — et alteram reliquit cum hasta in corpore fracta,

Tunc reversus est haud avarus *cursus sui*, nec segnis, — substituens sudorem sudori profuso.

Sæpe antilopem marem altitudine et celsitate saxum durum referentem — terrui, ope equi valde currentis tempore æstus meridiani, se rectum tollentis.

Video possessorem camelorum *ætate* imbellem evadere, — sicut juvencus camelus ægrotus in tentoriis macer fit.

Perinde est ac si vir spatium horæ inter homines haud vixisset, — quando agitabuntur maxillæ ejus tempore præfocationis mortis.

ET DIXIT :

Incidi in habitationes tribus apud Bekerat — et apud Aarima et desertum onagrorum,

Et apud Gaul et Hillit et Nefi et Manidj, — usque ad *montem* Aakil et El-Djobb in quo loco sunt signa viam indicantia.

Per diem sedens mansi, pallio meo super capite *imposito*, — lapillos *præ stupore* numerans *et* haud desinentibus lacrymis meis.

Adjuva me, *o amice!* ut sustineam curam et recordationes — *mecum* sollicitudinibus oppresso noctem agentes, catervatim accedentes

Mihique afferentes noctem anni longissimam aut a simili *nocte* concomitatæ, — quarum *sollicitudinum* dies *noctes* adæquant molestiis.

Diceres me et illum qui sedet post me et ensis thecam et pulvinum *meum* — *vehi* in dorso onagri aquatum euntis ad loca ubi crescunt loti,

Clamantis ad onagras quæ nondum conceperunt, admissario maturas, — similes agmini quatuor camelorum protervorum conductoris;

POEMATA AMRO'LKAISI.

Onagri asperi quando congreditur cum feminis suis, atrocis, — horrendi veluti mucro cuspidis, *illas* sæpe increpantis

Dum edunt *herbam* Bohma densam, *propter vigorem* nigrescentem, — et bibunt aquam gelidam matutinis temporibus frigidis;

Tunc adduxit eas ad aquam raro ab hominibus visitatam, — sibi providentes contra *venatorem* Amr, dominum latibulorum *in quibus se abscondere solet,*

Conterentes glaream *pedibus* fuscis, gravibus, — duris, haud curtis nec pilis denudatis,

Demittentes caudas quarum capilli similes sunt — ansis thecarum *quibus reconduntur enses,* pictis *et* plexis.

Sæpe camelam validam sicut tabula feretri propuli, — in via panno striato Yemanensi simili,

Et eam reliqui, post pinguedinem *suam,* emaciatam, — *sed* strenue properantem pedibus suis fultam crassis.

Sæpe ensis *levis,* baculi lusorii instar, aciem probavi, — et modum quo crura et cervices præcidere valeret.

ET DIXIT:

Profecto tribus, quæ hesterno die remotior a nobis fuit ac tu esses, — protexit clientes tuas, o gens perfidiæ!

Eas protexit Owaïr; et quis similis est Owaïr et familiæ ejus? — et opem tulit, *vertente* nocte sollicitudinum, Safwan.

Vestes filiorum Auf sunt puræ, mundæ, — et facies eorum in concionibus splendidæ!

Sunt illi qui adduxerunt familiam errabundam ad gentem ejus, — et qui, eam comitantes, ab Iraka ad Nedjran iter fecere;

Præbuerunt se (quapropter eos eligat Deus!) — in fœdere religiosissimos, et *jurum* clientium observantissimos.

ET DIXIT:

Cui *pertinent* rudera quæ conspicio, et mœrore afficior, — *quæ fere deleta sunt* sicut scriptura libri in palmæ folio Yemanensi?

Hæc olim fuere habitationes Hind et Rebab et Fertena, — quando noctes nostras transigebamus apud clivum Bedelan,

Noctes, *inquam*, quibus me vocabat amor et ei respondebam, — et oculi amatæ meæ in me intenti erant.

Et si modo dolore opprimor, *haud semper animus meus prostratus fuit;* nam, quoties malum grave — scrutatus sum dum nigrescebat *ob timorem* facies ignavi!

Si dolore opprimor, *haud semper dolore oppressus fui!* nam, quoties cantatrix — delicata chelyn pulsavit me jubente,

Cui *fuit* lyra sonitu suo strepitum exercitus superans, — canora cum eam movebant manus *ejus!*

Et si dolore opprimor, *haud semper debilis fui!* nam quoties incursionibus in hostes — interfui, *equo* vectus gracili, pectore laxo,

Equo vectus agili, gradum sine labore accelerante cum curreret, — cursum longum præbente, ungulis crebris *terram* quatiente, incitato passu progrediente;

Velociter currente *ungulis* solidis, duris, glaream contundentibus, — quarum articuli firmi, flexiles, fortes!

Sæpe in medium pascuum pluvia primi veris rigatum, cujus rivuli *herba* nigrescebant *luxuriante*, — intravi, insidens equo magno, glabro,

Tam ad aggressionem quam ad fugam apto, æqualiter ad impetum et receptum parato, — *gracili* instar maris dorcadum *herba* Hulleb *pastarum*, celeriter currentis;

Quoties eum manu ducimus flectitur dorsum ejus, *spina minime vigescente*, — sicut radix *plantæ* Rokhamæ, imbre quassatæ.

Vita præsente utere quia mortalis es, — *fruere nempe* vinis, feminis pulchris,

E numero illarum quæ candidæ sunt veluti dorcades, et albæ sicut statuæ; — *fruere* pudicis et faciem ostendentibus quæ oculos in homines defigunt.

An propter memoriam filiæ tribus Nebhan cujus familia sedem fixit — ad anfractum Melæ, certatim profundunt *lacrymas* oculi tui,

Ita ut lacrymæ eorum *sint* profluvium, imber, pluvia continua, — aspergo et stillatio et in fletum *abunde* solvantur *oculi tui*

Ac si forent utres gemini festinantis *aquarii,* — qui bene confecti sunt sed nondum adipe inuncti?

ET DIXIT :

Consistite, amici duo! ut ploremus propter memoriam puellæ amatæ et agnitionem *hujus loci* — et vestigia *habitationis* quorum signa dudum obliterata sunt.

Post discessum meum illa deleverunt anni, et facta sunt — similia scripturæ psalmorum in libris monachi.

Ea *videns* recordatus sum tribus totius et *illa* accenderunt — *scintillas* superstites morbi *vix sanati,* cogitationes nempe et dolores;

Et manarunt lacrymæ meæ super pallium veluti — *oculi mei essent* assumenta utris aquarii diffluentis et stillantis.

Homo qui linguam suam sibi custodire nescit — nil aliud custodire potest.

Si me nunc vides in vehiculo Djabir *recubantem,* — super feretro clitellis simili, dum *vento* agitantur vestes quibus involvor; *me semper debilem fuisse credere nolito;*

Nam sæpe pone infelicem, *fugientem coram hostibus, incedens,* reversus sum *ut eos fugarem,* — sæpe captivo jugum solvi ita ut animam suam pro mea devoveret;

Sæpe viros strenuos *in pugna* mane expergefeci — et surrexerunt omnes, tam *hostibus* noxam inferre parati quam ebrii.

Sæpe per medium desertum vastum transii, — *camela* vectus forti, levi in incessu, domita.

Sæpe in pascua colores solani referentia descendi, — quæ alternis vicibus irrigavit omnis nubes fimbriata, sonum *tonitru* edens,

Equo insidens magno qui jussum tuum prævertens, tibi præbet — varia cursus genera haud parcus nec segnis,

Veloci sicut mas dorcadum fulvus in quem irruit — aquila descendens e cacuminibus *montis* Tehlan.

Sæpe per desertum vacuum ut vallis Aïr, aqua et herba expers, in quo aberrant viatores — transii, conscenso equo alto, cujus facies macilenta et natura optima,

Qui percutiebat latera camelorum humero suo *cum ad latus eorum habena duceretur, — se ultro citroque movens* sicut flectitur ramus tener in medio ramorum.

Sæpe exercitum *densum* sicut saltus *vallis* Onaïem, tendentem — ad hostium habitationes, copiis et viribus pollentem

Equitans comitavi, donec defatigati fuerint cameli eorum — et equi generosi haud *longius* capistro duci potuerint,

Et usque dum videres super corpus equi antea carnosi — hospites famelicos e genere vulturum et aquilarum.

ET DIXIT :

Relinque prædam in regionibus suis clamoribus *actam*, — et *narra* historiam quamlibet, *imo* historiam camelorum *meorum*.

Accidit velut si camelas lactantes, *quas pascebat servus meus* Dithar, rapuisset gyros in aere agens — aquila *montis* Tenoufæ, non aquila *collium* Kewaïl.

In ludibrium habuit Baëth fœdus Khalid, — et mortuus est Isam in eventibus præteritis.

Miratus sum incessum *hujusce* pusilli Khalid *lente progredientis* — sicut onagra quæ ab aquariis depulsa fuit.

Mons Adja clientem suum tradere, hoc anno recusavit, — itaque contra illum exsurgat hostis, cui animus est!

Camelæ meæ lactantes in Korayya incolumes pernoctant, — et eas diebus alternis libere dimitto in regiones Hail,

Dum filii Thoal sunt earum vicini et defensores — et securæ sunt a jaculatoribus *tribuum* Saad et Nabil,

Ludunt hinnulei rupicaprorum cum illarum *camelarum* pullis verno tempore natis, — paulo infra cœlum, in verticibus montium

Nube rubra coronatorum, quibus sunt semitæ — et viæ, lineas in pannis striatis imitantes.

ET DIXIT:

Video nos esse ad mortem cito gressu actos — et cibo et potu, *futuri improvidos*, fascinatos;

Debiles sumus ut passeres, muscæ, vermes, — *attamen ad malum sumus* audaciores lupo prædam insectante.

Ad præclaras generosæ indolis virtutes tetendit — animus meus, et eas assequi studui;

Mitte igitur aliquantulum reprehensionis tuæ, o femina me vituperans! — me satis monebunt quæ expertus sum et recordatio patrum meorum.

Cum radice terræ, *Adam nempe*, intextæ sunt radices meæ, — mors vero præsens juventutem meam rapit,

Et animam meam et corpus rapiet — et me in pulverem prompte agens resolvet.

Nonne camelum extenuavi per omne desertum — vastum, longum, in quo refulget vapor fallax, aquæ speciem præbens?

Nonne exercitu numeroso cinctus equitavi, ut — fructus periculorum ingentium consequerer?

Et jam regiones obivi ita ut — loco prædæ, reditu *incolumi* contentus fuerim.

Num post mortem regis Harith, filii Amr, — aut post optimum illum Hodjr, dominum tentoriorum,

Speranda est mihi remissio casuum fortunæ — quum *illi vel* colles solidos *delere* haud neglexerint?

Et scio in me mox — infigendam esse aciem unguium et dentium *mortis*,

Quod etiam passi sunt pater meus Hodjr et avus meus, — *avunculo meo* haud prætermisso, qui ad *fontem* Kolab occisus fuit.

ET DIXIT:

Estne locus considendi apud vos, o Mawyya! post iter *meum* nocturnum, — anne potius optas separationem nostram ita ut de conjunctione *prorsus* desperemus?

Palam nobis ostende mentem tuam, nam ipsa separatio requiem *nobis* præbebit — a dubio incerto, obscuro.

Ita me habeo quasi ego et sella mea dorso veheremur onagri annosi — in Shorba, aut *dorso* cervi in Irnan, *ob formidinem* aures præbentis,

Qui, vespere modico sumpto cibo, adhibitis deinde ungulis, — terram cubilis *sui* et latibuli in auras disjecit,

Humum profundens et spargens et illam in altum jaciens, — instar fossoris, hora diei fervente, post quinque dies aquatum accedentis, e *puteo oppleto* terram rejicientis;

Et pernoctavit, genæ nigræ et humero recumbens, — et recubavit instar *hominis* vinculis ligati, cui corpus contractum in unum,

Et pernoctavit ad pedes *arboris* Artha in arenis *crescentis*, — quæ imbre tenui madefacta, *odore* refert tentorium nuptiale;

Et in illum irruerunt mane, oriente sole, — canes filii Morr aut canes filii Sinbis

Fame pressi, oculis cæsiis, speciem præbentibus — propter instigationis et impulsionis ardorem, florum *rubrorum* plantæ Adres,

Et fugiens retrocessit, canes terra, *quam præcipiti cursu rejicit* operiens, similis *propter candorem*, — cum per colles et cumulos transiret, prunæ quam præbet homo ad ignem accendendum,

Et certo scivit, si illum assecuti fuissent, diem suum — apud Zou'l-Rimth, si certamine lethali eum adorti fuissent, diem esse animas *a corporibus segregantem*.

Postremo illum attingentes canes, crus et suffraginem corripuerunt, *cutem concidentes*, — sicut vestem monachi discindunt pueri *in reliquias sacras;*

Deinde sub umbram *arboris* Ghadæ intravere *ad quiescendum*, illum relinquentes — *adhuc vigore plenum*, similem camelo admissario generoso, a coitu cohibito, indomito.

G.

ET DIXIT :

Amici duo! accedite ad mansionem vernalem in Asas *sitam!* — *eam alloquor, sed idem est* ac si mutum inclamarem aut alloquerer.

Si hujus habitationis incolæ adhuc in ea *subsisterent,* sicut *olim* vidimus, — invenirem apud illos locum ubi in meridie dormiam et post iter nocturnum requiescam!

Rudera deserta! me agnoscere ne recusetis; sum ille quem cognovistis — noctibus quibus constitit tribus in Gaul et in Alas.

Si me vides *hodie* ne una quidem hora noctis somno indulgentem, — sed tantummodo caput demittentem ut, *si fieri potest,* dormiam,

Et ad me venientem morbum meum pristinum, in fine noctis adventantem, — et me timentem ne morbus meus, recidivus factus, recrudescat, *scito me non semper debilitatum fuisse;*

Nam quoties infelicem, *hostibus pressum videns,* ad illum reversus sum *eos adoriens,* — et equites hasta mea ab eo repuli, ita ut ipse animos reciperet!

Et quoties vespere exii, bene pectinatus, — gratus puellis albis, cute levis!

Redibant *illæ* ad vocem meam, cum eam audirent, — uti deflectunt camelæ haud prægnantes ad vocem admissarii albi.

Scio eas haud illum amare cui sunt opes parvæ, — nec illum in quo vident canitiem aut qui ætate incurvatur.

Haud timebam talem vitæ afflictionem qualem nunc experior, — nempe ad hunc imbecillitatis gradum redactus ut nec surgere queam, nec vestes induere.

Utinam anima mea talis esset ut tota una vice extingueretur! — sed anima est quæ paulatim decidit,

Et datum mihi est ulcus sanguineum pro sanitate qua *gaudebam prius,* — forsan mors nostra *quam putamus imminentem,* convertetur *tantummodo* in infortunia *leviora.*

Jam surrexit Tammah e terra sua longinqua, — ut me indueret partem mali quo ipse indutus est.

Utique, *aliquando fit* ut post inopiam ad virum veniant opes, — et post canitiem vita longa et fruitio.

ET DIXIT :

Per vitam tuam *juro!* cor meum, *desiderio* in familiam suam *flagrans*, haud integrum esse, — et *a mœrore* nunquam cohiberi, adeo ut mihi solamen afferat.

Agedum! tempus nil aliud est præter noctes et sæcula, — et nulli rei bene se habenti stabile se præbet.

Noctes *peractæ* apud Zat el-Talh prope Mohaddjar — mihi sunt gratiores noctibus transactis apud Okor.

Mane accedebam quæritans poculum matutinum apud Hirr et Fertena — *adhuc* juvenis; et quis juventutem meam perdidit nisi Hirr?

Os ejus gustans dicebam : Vinum sapit — antiquum, quod advehunt *e terra longinqua* mercatores!

Sunt illæ duo capreæ e numero caprearum Tebalæ, — prope pullos *suos* gemellos *adstantes*, aut sunt sicut quædam statuæ in *urbe* Hakir.

Cum surgunt, diffunditur ex illis moschi odor, — sicut halitus Euri fragrantiam agallochi afferentis.

Eas suavians, me subibat imago mercatorum qui vinum secum portantes ascendunt, — el-Khoss relicto, usque ad Osor ubi illud deponunt;

Et cum aquam dulcem inveniunt, infunditur *vinum* usque ad crateræ dimidium, — et aqua miscetur, nec fimo nec cœno corrupta,

Aqua nubis, defluente e superficie saxi — ad vallem Okhra quæ aquam bonam et frigidam præbet.

Per vitam tuam *juro!* nil mihi nocuisse in medio *tribus* Himyar — et *in medio* regum ejus, nisi superbiam meam et ebrietatem,

Et nisi miseriam *meam* manifestam; utinam — linguam meam illo die dividisset aliquis!

Per vitam tuam *juro!* Saad non esse amicum perfidum — et illum haud debilem esse die prælii, nec avarum!

POEMATA AMRO'LKAISI.

54

Per vitam meam *juro!* gentem, apud quam heri vidimus — stabula *des*tinata ad equorum pullos et camelorum agmina numerosa *continenda*; Mihi cariorem esse quibusdam hominibus in montis cacumine de*gen*tibus, — et quorum ovium vestigia prosequitur vespere pardus.

Jocabatur nobiscum Saad et ad catervam nostram mane afferebat — ut*res* duos vini *plenos* et camelos mactandos.

*P*er vitam meam! locus ubi posita fuere tentoria Saad — mihi carior est *te*, o os equi fœtidum!

In Saad agnoscis virtutes patris ejus — et avunculi et Yezid et Hoc*ajr*,

*Illi*us beneficentiam, alterius pietatem, tertii fidem, — ultimi munificen*tiam* sive sobrius sive ebrius sit.

ET DIXIT:

Ad quosnam pertinent habitationes in quas incidimus apud Soham; — *et* Amayetan et collem Zou-Akdam,

Et *S*aa'l-Atit et Sahatan et Ghadir — ubi incedunt capreæ et dorcades?

F*uit* mansio Hind et Rebab et Fertenæ — et Lamis ante casus adverso*s* dierum.

E *vi*a deflectite, *socii duo!* ut ad vestigia domorum in quas jam unus ann*us* vim suam exercuit *transeamus*, fortasse — super eas lugebimus sicut *l*uxit Hadham filius.

No*mn*e vides feminas illius tribus, camelis vectas, mane discedentes, — sp*ec*iem palmarum Shoukan, tempore decerptionis, præbentes,

Oc*ul*is magnis præditas, quarum cutis croci odoramento iterum iterum*que* uncta est, — quibus facies alba, corpus tenerum?

In*terd*iu apud tuguriorum reliquias mansi, *vacillans* sicut — ebrius cui poculum vini matutinum præbitum est;

Vini, inquam, primitiarum seriæ, *rubri* ut color sanguinis dorcadum, peran*tiqui*, — vini quod præbet *urbs* Aana vel vites Shebam;

Censeres linguam potatoris ejus affici — paralysi per corpus ægritudinem diffundente.

Sæpe camelam in itinere alacrem propuli ut festinaret — sicut passibus crebris currit struthiocamelus in semita *sole* usta,

Quæ properabat, quamvis incommoda sustinens, caput in altum extollens, — meticulosa, pede *silicibus* vulnerato, cruento;

In utrumque latus gyrans ut me in terram dejiceret, et illi dixi : Desine, — quia homo sum quem in terram dejicere tibi interdictum est!

Sit tibi optima remuneratio quæ camelæ *domini* cujusvis tribui potest! — et redeas, *opto*, dorso illæso, bene valens!

Propter ejus rapiditatem arbitrareris Bedr attingere Kotaifam — et Arsam in ditionibus Aakil esse.

Abstine a minis, *tu qui me increpas*, nam homo sum — cui propter negotia occurrentia non est opus *equum* cingulo substringendi.

Sum qui expergefacio *socios* cum somno sopiti sunt, — sum qui intueor vultus *hostium* dormientium,

Sum ille cujus præstantiam agnovit *ipsa tribus* Maadd, — et qui memoriam Hodjr, filii Omm-Katham, revocavi!

Avunculus meus Kabshæ filius est, et quantus vir fuerit bene nosti ; — Abou-Yezid et familia ejus mei patrui sunt.

Regioni in qua injuriam patior valedico, — neque in habitatione ad degendum incommoda, commoror.

Ad certamen provoco heroëm congressu horrendum, — et quando telis pugno, haud aberrant sagittæ meæ.

ET DIXIT :

O! mansio Mawyyæ apud Hail — et apud planitiem et campos binos depressos ad *montem* Aakil *pertinentes!*

Heu! surda est echo ejus et deleta sunt vestigia, — et nullum reddit responsum verbo interrogantis!

Amici duo! dicite tribui Doudan : O servi baculi! — quinam error vos audaces reddidit in fortem leonem?

POEMATA AMRO'LKAISI.

58 Oculis meis solamen attulere *ærumnæ tribus* Malek — et filiorum Amr et Kahil,

Et filiorum Ganm, filii Daudan quum — eos funditus evertimus.

Confodiebamus eos *ictu* in frontem directo aut oblique in latus, — velocitate eadem qua tu duas sagittas *in te emissas* remitteres in jaculatorem.

Ecce! in turmas sparsi sunt veluti locustarum agmen, — aut *veluti aves* Kata, Kazamæ *degentes*, aquam adeuntes,

Donec eos reliquimus in pugnæ campo — cruribus *in altum protensis*, stipitum prominentium instar.

Mihi nunc licitum factum est vinum qui fui *antea* vir — a potatione ejus maximis curis impeditus.

Et hodie bibo haud committens — crimen coram Deo, nec alienis impensis bibens.

ET DIXIT:

Saepe jaculatori tribus Thoal, — qui manus suas domunculæ venatoriæ *ut laterent* immittebat,

Transversum tenenti *arcum* curvum ex ligno *arboris* Neshem, — cujus medium haud a chorda sua distabat,

Occurrit fera ad aquam contendens, — et se ictui exponit frontem ejus confossuro;

Et illam percussit in humero, — *stantem* prope canalem cisternæ aut prope receptaculum ejus,

Sagitta tenui e pharetra sua, — *rapida sicut* accensio prunarum dum scintillas emittunt,

Sagitta, *inquam*, cui plumam pulli avis aptavit — et quam acuit cote sua,

Et præda quam ipse percutit haud fugit *moritura* longe *a venatore*, — o quantus vir! certe unicus est in gente sua!

Venatione *sola* sustentatur, et ei nulla — alia est ars ad victum comparandum, etsi ætate provectus sit.

Sæpe ab amico discedo — nec tamen vestigia ejus relegens ploro, *quoniam animo firmus sum;* .

Sæpe patrueli reliqui — aquam claram piscinæ, loco aquæ turbidæ *mihi datæ;*

Et mihi gratus est familiaris sermo cum sociis camelis vectis die jucundo, — *imo* sermo quilibet etsi brevis sit.

ET DIXIT :

O! Hind, stolido nubere noli — cui capilli nunquam a nativitate detonsi, cæsariem rufam habenti,

Ad cujus malleolos amuletum alligatur, — *stolido, inquam,* loripedi, quærenti leporem

Ut hujus talum volæ manus imponat,—ob timorem mortis, *et* ne pereat.

Non sedeo in loco meo illepidus, — non sum fatuus nec longurio,

Nec podager, imbecillis, — qui cum invitus ducitur, sequitur *ducem.*

Et dixit illa : Animæ meæ *præsens est* juventus quæ illius fuit, — et coma ejus *qualis fuit* antequam periret *ista juventus,*

Quo tempore nigra erat ad instar carbonis, — interscapiliumque et humeros tegebat.

ET DIXIT :

Dehonestet Deus, precor, tribum totam Beradjim! — et tribui Yerboua nasum amputet, et Darim in pulverem conjiciat,

Et dedecore notet Modjashæ gentem, *vilem sicut* — ancillarum mancipia medicamenta adhibentium ut muliebria coarctent!

Nam haud pugnaverunt, quo dominum et alumnum tuerentur, — et haud annuntiavere clienti *eorum periculum ingruens,* ut incolumis proficisci posset;

Et haud egerunt sicut egit Owaïr erga clientem suum — ad Hindæ portam, cum ipse summam operam navaret *pro ejus salute.*

ET DIXIT:

Filii Auf bonum nomen sibi ædificarunt — quod, cum perfide egerint, destruxerunt familiares *mei*.

Præsidium clienti debitum præstiterunt, — et haud periit, *quanquam* in loco *ab eis* remoto, ille *quem* adjuvarunt.

Haud egerunt sicut gens Henzelæ — qui certe pessime sibi consuluerunt!

Haud fidem persolvit Himyaræus nec Odes — nec *vilis ille* podex asini, postilena sellæ defrictus.

Sed fidem *clienti debitam* persolvit Owaïr — *ille* quem dedecoravit nec oculi defectus nec *corporis* brevitas.

ET DIXIT:

Per Deum! *patris* mei senis sanguis haud inultus manebit, — quin Malek et Kahil occidam,

Regis nobilis peremptores, — *e progenie* Maadd præstantissimos existimatione et largitate.

Proh! Hindæ dolor, cum *equæ nostræ* Kahil haud assecutæ sunt. — Equas quinquennes et graciles excitavimus,

Quæ nos et hastas *sanguine* sitientes portabant, — glaream *ungulis* usque ad caudæ radicem projicientes, cursu celeres,

Quarum ultimæ primarum postilenas attingebant.

ET DIXIT:

Agedum! si haud *amplius* tibi sunt cameli nec capræ — quarum præcipuæ cornua habeant fustibus similia,

Ad quas *nutriendas* ver pluvias præstet in Wakesat — et Aaram et quas pluvia posterior riget,

Quæ, cum mulgentur ubera eorum, vocem edant — quam existimaveris esse nuntium mortis tribui primo mane superveniens,

Et quæ dominis copiam magnam lactis desiccati et butyri præbeant; — tunc tibi sufficiat loco divitiarum famem satiare et sitim explere.

ET DIXIT :

Oh! dolor Hindæ post evasionem gentis — quorum *mors angori ejus* remedium fuisset! sed haud deprehensi fuere.

Eos protexit ipsorum fortuna, objectis periculo fratribus eorum, — et commiseratione digniores obruit pœna.

Ab *equabus nostris* evasit Ilba angore præfocatus, — et si eum attigissent, vacuæ fuissent utres.

ET DIXIT :

Mihi visum est, apud Moallam divertenti, — in cacuminibus *montis* Shemam sedem fixisse;

Nam nec Irakæ rex contra Moallam — aliquid potest, nec rex Syriæ.

Nubem elatam a Zou'lkarnaïn emissam ipse avertit, ita ut — recederet nubes a rege gravia in animo moliente excitata.

Placaverunt præcordia Amro'lkaisi, filii Hodjr — gentes Taim, tenebrarum lucernæ.

ET DIXIT :

Quam præclarus est vir, ad cujus ignis splendorem accedis, — *dico*, Malek filium, nocte inediæ et frigoris,

Nocte qua camela robusta, gibbosa vespere redit, — se recipiens ad arborem *ut a frigore in tuto sit*, voci mulgentium inobsequens!

ET DIXIT :

An post *mortem regis* Harith, filii Amr, — cui fuit Irakæ regnum et Oman,

Clientelam filiorum Shemadjæ, filii Djerm, *quærere debet familia mea* — abjectionem *ei a fato* destinatam *patiens,*

H.

60 POEMATA AMRO'LKAISI.

Text. ar. Ut *ei* mutuo dent filii Shemadjæ, filii Djerm, — capellas suas?
pag. ᵽ₁ *absit! quinimo* misericordiam tuam, o misericors *Deus*, *quærimus!*

ET DIXIT:

Nubes continuo stillans, cui lacinia pendula, — terram operiens, consistit et *aquæ* copiam effundit,
Tentorii palum detegens cum minuitur *fluxus ejus*, — occultans eum, cum affatim pluit;
Et vides lacertam agilem et solertem se præbentem — et *dum natat*, ungues incurvantem, terram haud attingentem,.
Et vides arboreta, in *ipso* pluviæ principio — esse uti capita truncata, calanticas servantia,
Hocque per horam; deinde ad eam *nubem* accedit nimbosa *nubes —* cujus oræ pendent, disrupta, aquam fundens,
Superveniens vespere, Euro impulsa, deinceps sese inclinavit — versus hanc nubem imber quem affert Auster, profuse fluens.
Large manavit ita ut fluxui ejus impar esset — amplitudo vallium Khaïm et Khofaf et Yosor.
Mane asportaverat me, pluvia inchoante, — *equus* lumbis gracilis, fortis, robustus.

DIXIT ASMÆUS,

Retulisse Abou-Amr ben el-Ala sequentia: Fuit Amro'lkaïs vir difficilis et errabundus, cum quocunque sibi donum poeseos vindicante de præstantia contendere solitus. Itaque certamen cum El-Towam e tribu Yeshkor iniyit, illi dicens: Si poeta es, finem impone hemistichiis quæ proferam. Respondit alter: Esto! Et recitavit Amro'lkaïs:
O Harith! videsne nubem fulgurantem concitatam sub media nocte,
Et dixit El-Towam: ut ignis Magi accensus?
Amro'lkaïs: Evigilavi ut eam observarem, Abou-Shoraih dormiente,

POEMATA AMRO'LKAISI.

El-Towam : Et quoties dicebam : En! cessat *fulgur,* diffundebatur;

Amro'lkaïs : Censeres fragorem ejus in loco ab oculis remoto

El-Towam : *Strepitum* esse camelorum, ob pullos amissos mente perculsorum, cum alteris camelis convenientium;

Amro'lkaïs : Cum ad tergum regionis Odakh propinquavit,

El-Towam : Posteriores partes prioris vis illius debiles evaserunt, et huc illuc impulsa fuit.

Amrolkaïs : Tunc haud reliquit in Zat es-Sirr dorcadem,

El-Towam : Nec in tractu vallis ejus onagrum.

Dixit Abou-Amr : Cum vidisset Amro'lkaïs ipsi parem esse El-Towam, cum hactenus nullum sibi parem comperisset poetam, se obstrixit jurejurando, se nunquam cum alio postea versibus disputaturum.

Dixit Abou-Hatim : Hoc est ultimum poema Amro'lkaïsi quod authenticum habuit Asmæus; illi quidem attribuuntur poemata multa quæ non fecit, sed tribuenda sunt prædonibus qui eum comitabantur.

FINIS
POEMATUM QUÆ RETULIT ABOU-HATIM EX ASMÆO.

Dixit Abou'l-Hedjjadj Yousof, Soleiman filius : Audivimus poemata selecta quæ haud meminit Abou-Hatim, e quibus est poema illud Amro'lkaïsi quod retulerunt Abou-Amr, El-Mofaddel et alii; sed affirmavit Asmæus hujus *Kasidæ* auctorem fuisse virum e tribu Nimr ben-Kasit cui nomen fuit Rebia ben Djaashem. Sic incipit, prout ex Asmæo traditur :

O Harith! fili Amr, sum quasi ebrius, — et in auctorem recidunt *mala* quæ mente molitur!

62 POEMATA AMROLKAISI.

Non, per patrem tuum! o filia Ameræi, — non dicunt homines me fugere,

(*Tribus scilicet* Temim ben-Morr et asseclæ eorum), — quando universa gens *mea* Kindita circa me hosti strenue obsistunt!

Gens, inquam, propter cujus ardorem, cum equas conscendunt et loricis induuntur, — flagrat terra etsi frigidus sit dies.

Venisne, tribu vespere aut mane relicta? — Quid tibi est ut expectes?

Illisne *arbores montanæ* March tabernacula *præstant,* aut *vallium arbores* Oshor? — debetne cor meum vestigia eorum, *etiam num. deserta peragrantium,* prosequere?

Manetne *amata mea* Hirr inter contribules sedem fixam tenentes? — *Vehuntne* eam jumenta vectaria inter illos qui longum iter susceperunt?

Venatione prosequitur Hirr hominum corda, — sed eam effugit Hodjr, Amr filius:

Text. ar. pag. ۱۳۴. Me petivit sagitta cor attingente, — tempore matutino discedens et victor non fui;

Et manaverunt lacrymæ meæ sicut defluunt margaritæ, *monili disrupto,* — aut sicut sphærularum nitor vacillans ad terram dilabens.

En! incedit *pede incerto,* ebrii instar, — quem prostrat in arenarum tumulo anhelatio intercepta;

Tenera est cute, delicata, mollis, — *flexilis* sicut ramus myrobolani fissus;

Cum surgit, languida; cum loquitur, intermittens; — denudans in ridendo *dentes* fulgore præditos et frigore;

Os dulce habens, ita ac si a vino et a nubis fluxu — et a violarum odore et agallochi suffitu

Haud semel rigatus fuerit dentium ejus nitor, — tempore quo summo diluculo cantat gallus.

Noctem longissimam toleravi — corde horrescente præ timore *familiæ illius.*

Ad illam accedens, cum ea congressus sum, — et tunc vestis unius oblitus sum et *alteram* vestem per humum trahebam,

Et non vidit nos speculator odium in corde celans, — et non divulgatum fuit prope tentorium secretum nostrum;

Et *mentem* meam perturbaverat dictum ejus : O ! tu, — væ tibi, malum malo addidisti.

Sæpe mane exeo duobus venatoribus comitatus, — et unusquisque *nostrûm*, stans super speculam, *ferarum vestigia considerat*,

Et nos assequitur *canis* prædæ inhærere solitus, in tentorio educatus, — bene audiens, bene videns, diligenter indagans, immanis,

Dentes propinquos habens, costas incurvas, — insequens, indagans, præceps, alacer,

Qui tunc ungulas suas in tendone cruris *prædæ infixit*, — et *equo meo* dixi : Filiis orbatus esto! an non *cursu* te superiorem præbebis?

Tunc *cervus*, in canem cornu suum acutum convertens, *corpus ejus discindebat*, — eodem modo quo superficiem linguæ *pulli camelini cultro* discindit homo *ut eum a matris lacte depellat*;

Et toto die huc illuc in sylva cucurrit stupefactus, — onagro similis qui œstro percitus circumgyrat.

Et medio in *pugnæ* terrore, super *equa* vehor agili — cujus frontem antiæ tegunt sparsæ,

Cui ungula *parva* sicut poculum infantis — in qua, commissura mutua, tibia crassa infixa est;

Pedum pilos demissos habente, plumis alarum aquilæ similes, — nigros, densos cum horrescunt;

Cui duo sunt crura quorum tali parvi — et quorum musculorum caro *prominens, quasi a reliqua corporis carne divisa*;

Cui tergum læve, sicut saxum super quod fluit rivulus, — a torrente denudatum omnia abripiente;

Cui cauda longa sicut syrma sponsæ, — qua opplet crurum interstitium a tergo;

Cui dorsi latera carnosa sicut — cubiti pardi cum procumbit illis innixus;

Cui capronæ sicut feminarum cincinni — quos intricavit dies venti et frigoris;

Et collum *protensum et rufum* sicut palmæ longæ truncus — in quo accensit maleficus ignem;

Cui frons *ampla* veluti dorsum clypei — ab opifice callido bene confecti;

Cui naris *patula* sicut ferarum antrum, — per quam ventum attrahit ubi *præ lassitudine* gravate anhelat.

Cui oculus magnus, acutus, — quorum *oculorum* hirqui *patentes*, a parte posteriore fissi sunt;

Cum tibi partem anteriorem convertit *hæc equa mea, adeo glabra est, ut eam* dixeris cucurbitam esse — e numero *cucurbitarum* virentium in stagnis demersarum;

Si tibi partem posteriorem convertit dixeris *eam esse lapidem*, sustentaculum ollæ, — compactum, in quo non est rimæ vestigium;

Et si tibi latus convertit dixeris *eam* locustam esse, — cui cauda *retrorsum* protensa.

Ex ea elicit scutica cursum rapidum, *productum* sicut — nubis fluxus in qua inest grando quæ copiose profunditur.

Subsilit sicut capreæ, — habet modum *incedendi*, passus *nempe*, et modum *alterum* cursum rapidum præbentem.

Currit ad instar dorcadis velocis — quam *sagitta sua* haud tetigit venator solers, callidus.

ET DIXIT :

O! mansio vernalis, tibi sit salutatio matutina! loquere — et narra, si velis, historiam tribus discedentis et verum dic!

Narra discessisse nocte camelos eorum, pilentis mulierum instructos, — *altos* sicut palmi vallium, ordine dispositi,

In quorum dorsis strata imponebant *feminæ illæ* et jumenta conscendebant, — *clitellas* undique operientes pannis e textura Irakæ, pictis;

Stratis illis insidebant dorcades hinnuleis comitantibus — moscho perfusæ fragrante et jasmini oleo;

Eas oculis sequebar quanquam jam intercessissent me inter et eas — vertices arenarum *arboribus* Ala et Shibrik consitarum,

Vestigia premens tribus ad terminum *sibi* propositum contendentis, — quæ postea apud Akik aut clivum *vallis* Motrik diversata est.

Tunc mentis solatium quæsivi, quum ipsi discederent, conscensa camela valida, — firmo pede gradiente, *alta* sicut *Samouelis* Judæi ædificium, agili,

Quam cum propellitur, inveneris velocem, — altitudine superantem palmam e numero earum quas plantavit Mobik filius;

Ipsa vespere egreditur tanquam nubes pluviæ expers, — quæ *aliam* nubem sequitur vento propulsam, disjectam;

Ac si ipsa ad latus haberet felem, *eam unguibus lacerantem,* quam secum trahit — per quamcumque viam aut semitam angustam ei obviam.

Equidem dixeris me et sellam meam et ensis thecam et pulvinar meum — in dorso vehi struthiocameli territi, ungulas longas habentis, glocitantis,

E regione in alteram regionem dissitam vespere euntis, — quoniam recordatur putaminis rupti circa ova *adhuc in nido,*

Et qui per tractus terrarum circumvagatur ad locum remotum contendens, — Euro in longinquum raptus, violenti raptu.

Sæpe tentorium, odorem moschi omni ex latere diffundens, — defectuum expers, velo haud occlusum,

Intravi ad *feminam* candidam, cui ossa *in carne* depressa, — delentem extremitate indusii sui *vestigia* accessus mei,

Et hoc, stellis jam medio cœlo quiescentibus — sicut quiescit cervorum agmen, foliis pastum.

Sæpe mane exeo ante diluculum, *equo* vectus magno, — cujus latus firmiter corpori assutum, cui amplus venter loco quo cingulo substringitur;

Et antea miseramus speculatorem se occultantem, — instar lupi *qui abscondit se ad radicem arboris* Ghadæ, clam incedentem, caventem *ne videretur;*

Qui mansit, pullo dorcadis similis, caput elevans, — reliquo corpore terræ in pulverem redactæ *colore* similis;

Et occulte progressus est solum ventre radens, — ita ut videres terram, *pondere* ejus *pressam,* firmiter compingi,

Tunc dixit : Nonne hoc est agmen cervorum et onagrorum — et caterva struthionum pascens dispersa?

Et surgentes accessimus, fræni loris assumptis, *ad equum* (nec *illum ad nos adduci jussimus*), — *accessimus, inquam,* ad *collum ejus, simile* ramo myrobalani succi pleno, haud igne usto,

Arte illum tractantes ut imponeremus puerum nostrum, — dorso *hujus equi,* impetuosi, *gracilis* sicut ligna bina sellæ attenuata;

Dixisses puerum meum, medio dorso equi insidentem, — in dorso vehi accipitris in cœlo circumgyrantis,

Qui, lepore viso, in illum descendit præceps ruens, — eum intuens oculo vibrante;

Tunc illi dixi : Sine equum ultro currere, eumque ne urgeas, — ne te a summo dorso dejiciat labentem;

Et retrocedebant *cervi diversicolores* uti conchulæ *balthei, sphæralis aureis* distinctæ, — in collo juvenis tunica et monili induti;

Et eos assecutus est equus fræni impatiens, — *impetuosus* ut imber vespertinus, fuscus, affatim pluens,

Et pro nobis venando cepit onagrum et cervum et struthionis pullum, — cursu haud abrupto, nec maduit ita ut sudore perfunderetur;

Et per totam diem direxit circa se puer meus hastam depressam, — *eam convertens* in quamcunque dorcadem aut onagrum altum;

Et stabat *equus* altus corpore, cum eum sanguine *prædæ* illinebant, — more *superbo* quo erectus stat princeps Persa zona cinctus.

Tunc diximus : Ohe! jam satis est prædæ venatori, — itaque erigite super nos tabernaculum, adhibito quocunque panno, in modum tecti expanso :

Et per totam diem socii mei, commodorum vitæ fruentes, assavere *carnes*, — ordine disponentes ofellas magnas, sole siccatas in cavo *terræ*;

Et reversi sumus vespere quasi ex *oppido* Djowatha *venissemus*, — dorcadibus suspensis ad utrumque latus jumentorum et tergo impositis.

Reversi sumus, in medio nostrum ducentes *equum collo longo* similem grui, — in cujus partes inferiores modo convertitur oculus *admirantis,* modo in partes superiores.

Et glaber mansit adeo ut puerum nostrum dilabi faceret, — *lævis sicut sagitta inter manus lusoris, cuspidis expers, crenata;*

Dixisses sanguinem *ferarum* ducum gregis jugulo ejus *illitum* — *esse* succum expressum Hinnæ in canitie quæ a vertice capitis utrinque per latus divisa est.

ET DIXIT :

Declinabisne a recordatione Salmæ quia te reliquit, — ita ut ab illa passus *tuos* cohibeas? aut *ad eam accedes?*

Et quot deserta et loca periculosa citra eam sunt! — et quot terræ steriles citra eam! et *quot* latrones!

Illa nobis visa est, die quadam, in latere *collis* Onaizæ, — tempore discessus sui et profectionis jam adventante,

Decora capillis nigris, quorum cincinni intricati, demissis, — et rictu oris dentibus acutis prædito, quos polibat et defricabat,

Cujus *gingivæ coloris fusci sunt* veluti epomis, et cujus *dentium* color — similis est spinis *arboris* Sialæ, et suave est et fulgens.

Potestne sollicitudinem tuam depellere *camela* agilis, — valida, ossibus duris, robusta,

In cujus corpore adeps impacta est, quæ non est juvenca, — fræno haud inobsequens nec pedes anteriores simul attollens,

Pedes celeriter movens, caput in cursu jactans, cujus impetus haud remittitur — cum dicitur : incessus viatorum in principio noctis incitatissimus *esse debet?*

Censueris me et sellam meam et ensis thecam et pulvinar meum, — cum in glarea comminuta accenditur ardor *meridiei*,

Dorso vehi *strathionis* glocitantis, corpore alto, cui et fœmellæ ejus — in flexura *regionis* sabulosæ sunt ova congregata;

Et qui vespere ad nidum rediens propellit eam, — concursum ejus evitantem et *ab eo* secedentem.

An cum illo *struthione comparanda est camela mea* aut cum *onagro* nigro qui fœmellas prosequitur — gravidas, quarum fœturæ pars quæ prima concepta est, *non* sunt *adhuc nisi* fœtus parvuli?

Onagro, inquam, cujus corpus contraxit macies e cursu *frequente* producta, adeo ut venter ejus gracilis evaserit — *et* ad utrumque latus dorsi attollitur, quamvis ipse fame collapsus sit,

In cujus fronte est cicatrix plagæ cuticula obducta — et cujus interscapilium a morsu *rivalium* depilatum,

Veluti si tergum ejus et dorsi stria — pharetræ essent aqua aurea perfusæ,

Cujus fœmellæ pascuntur *regionis* Koww herbam nascentem aut in æstatis fine residuam — quæ depasta regerminat, folia explicans,

E corpore spargentes pilos deciduos, *colore* similes — epomidi quam sustollunt venti, et palmæ foliis;

Quibuscum *onager ille* æstatem egit donec, cum illis non jam grata esset — *herba* Heli et Kasis in verticibus *montis* Haïl,

Et cum diu in illo *loco* carpsissent gramen viride sitim extinguens, (nisi meridie fervente, — *propter* cujus *ardorem* locustæ, humi prostratæ stridorem emittunt),

Illas inclamavit, aquatum vadens, et ad illum contendit — *onagra* tibiis longis, haud prægnans.

Tunc illas adduxit in fine noctis ad aquarium, — stagna *nempe, musco aquatico* virentia quorum aqua ad marginem elata est,

Et biberunt per intervalla, *venatores* timentes, — renibus eorum et axillarum musculis trementibus,

Et reduxit illas vespere terras altas conscendentes — extenuatus ventre, *levis* sicut baculum lusorium pueri, corpore altus;

Et post illas *cursu rapido recedentes,* relictus est hinnuleus, — et hinnuleus *alius,* cervice fracta, in via per quam *ab aquario* reversæ sunt;

Et illas reduxit *mas* dentes denudans, quinquennis, — ventre gracilis, *firmus* sicut funis quo utitur frumenti triturator, validus.

ET DIXIT:

Nox tua longa fuit apud Ithmid, — et dormivit *ille qui curis* vacuus *erat,* sed tu non dormisti!

Pernoctavit et illi *producta* fuit nox, — sicut nox *hominis* festucas in oculis habentis, lippi.

Hoc *accidit* propter nuntium quod mihi advenit — et quod percepi de Abou'l-Aswad.

Et si alterius nuntium mihi advenisset, — (et vulnus lingua factum, *grave* est sicut vulnus *factum* manu,)

Dixissem verba quæ perpetuo — in *hominum* memoria conservata fuissent tanquam a me prolata, usque ad extremum temporis.

Quodnam *est* officium nobis *sacrum*, quod in vos suscipere recusatis? — *Recusatis*ne *vindictam sumere* sanguinis Amr a Morthed?

Si malum occultaveritis, haud illud manifestabimus, — sed si bellum concitaveritis, haud *ab illo alieni* sedebimus;

Si nostros occideritis, strage graviori vestros occidemus, — si *a nobis* sanguinis *pretium* expetieritis, *nos etiam* a vobis expetemus,

Hocque quamdiu nobis consuetudo *erit* cataphractos confodere, — laudem, gloriam et imperium *consequi,*

Tabernacula *hospitibus* struere, lances *illis* implere, — ignem *ad dirigendos viatores* et ligna rutabulo commota, accendere.

Ad bellum paratam habeo *equam* subsilientem, — cursum longum præbentem sive incitetur sive leniter procedat,

Rapidam, acrem, *sonitu* cursus sui — crepitum ramorum palmæ accensorum referentem;

Et *paratam habeo loricam* cujus hami firmiter contexti sunt, duplicatis annulis consertam, — quæ, complicata, tenuis est veluti lima,

Cujus manicæ præ amplitudine ultra *virum* qui illa induitur defluunt — sicut copia torrentis in superficiem planitiei;

Et *hastam* longam sicut funis putei profundi, — e fibris palmæ glabræ factus;

Et *gladium* striis notatum quo vulnus infligitur profundum, — qui quum ossa attingit haud inflectitur.

ET DIXIT:

Valedic camelis *amatae meae* clitellis instructis, *qui transeunt* prope Azl, — quia indoles ejus cum indole mea haud congruit!

Quid est in illis pilentis *quod te molestia afficiat?* — *Nihil*, nisi tuus amor juvenilis et insipientia *tua*.

Nobis de die in diem *felicitatem sperare dixisti*; *o femina*, — usque dum *in nos avare egisti sicut pessimi avarorum*!

Quot feminarum pulchrarum vincula rupi — et incedebam leniter, commodo meo,

Haud me ductilem praebens ei quae me ad amorem invitabat — vi *oblectamentorum*, nec dolo capi patiens.

Quot deserta nuda, fatalia, — permeavi cum camelis generosis, quorum cubiti divaricati!

Quae noctem transigebant herbas carpentes in superficie hujus *deserti* — et *dum ego* pernoctabam cubito innixus in sella mea,

Pro cervicali habens ensem, cujus acies acuta, — et in cujus facie videntur veluti *vestigia* reptationis formicarum,

Quem politum appellant, sed haud illi est — memoria ullius anteactae in eum politionis et laevigationis.

Eheu! obliteratae sunt mansiones *tribus*, nec *amplius* in illis est familia mea, — et *heu!* negavit *amata mea* Shamous dona laetifica, a me postulata!

Ipsa in te oculum convertit, oculum dorcadis — pupillas nigras habentis, se versus pullum flectentis;

Illi *quidem* sunt dorcadis collum et pupillae, — sed speciem dorcadum *ipsa* praecellit nobilitate *naturae*.

Incedi recta via postquam me ab amore revocavit — prudentia mea, et ad Dei timorem directi sunt actus mei.

Deus est cujus ope id quod peto melius succedit, — et pietas est optima mantica sellaria.

Sunt quidam qui a via deflectunt et a directione — in semitam rectam, et a via deflectit fraudulentus.

Illius amicitiam discindo qui meam discindit, — et renovo conjunctionem cum eo qui conjunctionem meam desiderat.

Sæpe *cum* fratre sincero, observantia *juris fraternitatis* prædito, — facili ingenio, origine nobili,

Jucundo, qui mihi advenienti dicebat: Ohe! — in loco amplo *sede*, et in statione commoda!

Alternis vicibus hausi poculum matutinum, nec — recusavi enixas hujusmodi viri excusationes *pro satis habere, si aliqui in me per ebrietatem peccavisset.*

Vinculo tuo vinculum meum conjungo, — et instar pennæ sagittæ tuæ, sagittæ meæ pennam apto;

Hocque faciam quamdiu non inveniam, in vestigia tua incedens, — exploratorem *alterum* qui persecutus fuerit tramitem tuum ante me;

Dotes meæ jam tibi notæ sunt, et nunquam — allatravere canes tui viatori noctu advenienti, mihi simili.

ET DIXIT:

Angore laboravi, sed propter discessum *amatæ meæ* laboravi angore inutili, — et cor *meum* puellis deditum solatus sum;

Et hodie amori valedixi, de nihilo alio — sollicitus nisi de quatuor vitæ rebus:

Quarum *prima* est colloquium cum compotatoribus, qui, surgentes, — callide exhauriunt *utrem* bullientem, vini plenum;

Altera, equos concitare *terram* pulsantes *cruribus longis sicut* hastæ, — *cursu* certantes cum agmine *caprearum antea* a metu securo;

Tertia, incessus rapidus camelorum, nocte jam *omnia* comprehendente, — contendentium ad *terram* incognitam, vacuam,

A deserto exeuntium, urbem petentium, — ad conjunctionem *amantium* renovandam aut ad rem speratam propius adducendam;

Quarta, fragrantiam percipere puellæ venustæ, liquidis perfusæ *odoribus,* — respicientis ad *infantem* amuletis ornatum, lactantem,

Quæ propter molestias quas perfero, angitur, et quam mœrore afficit — infantis ploratus, et quæ collum reflectit, *timens ne se in fletu contorqueat* puer.

Ad illam nuntium misi, Pleiadibus orientibus, — metuens *tamen* ne, cum surgeret *a lecto*, audiretur, *sonus incessus illius.*

Et advenit lente incedens formidine tremens in accessu *suo* nocturno, — puellis quatuor nixa, quas lateribus suis *vacillantibus* collidebat,

Quæ eam leniter impellebant *ita ut videretur incedere* incessu ebrii, diffusis adhuc, — per medullas ejus, reliquiis somni qui mox interruptus fuerat.

Dicebat illa, postquam eam vestibus exueram, — *et facta fuerat* similis dorcadi, oculis nigris, collo longo, quem *tu* terreas :

Per fortunam tuam! si alterius *viri* nuntius ad nos venisset.... — sed haud invenimus modum quo te a nobis depelleremus!

Et Pernoctavimus, feris a nobis retrocedentibus, — *humi jacentes*, ac si duo occisi essemus de quibus nemo novit quo loco prostrati sunt.

Summo studio vitabat verba facere de eo quod inter nos factum fuerat, — et mihi admovebat vestem *suam* tenuem, striatam;

Quando eam corripiebat agitatio timoris, arripiens, — *quo fulciretur*, humerum viri audaciter ad terrores accedentis, formosi.

FINIS POEMATUM OMNIUM AMRO'LKAISI,

NOBIS TRADITORUM SECUNDUM RELATIONUM AUTHENTICARUM AUCTORITATEM.

Sit Deo laus frequens, merito ejus conveniens!

NOTES.

Texte arabe, page ٣, vers ١. On lit dans le *Kamous* que le mot عِمْ, dans ces expressions, عِمْ ظَلَامًا et عِمْ عَشَاءً, عِمْ صَبَاحًا, est la seconde personne de l'impératif du verbe وَعَمْ يَعِمْ. Djewhari le fait venir du verbe نعم ينعم. Voyez aussi l'édition des Séances de Hariri par M. le baron Silvestre de Sacy, p. ٢٨, et le commentaire de Zouzeni sur la moallaka de Zohaïr, éd. Rosenmüller, 1826, p. 6 et 7; mais il faut observer que dans la première ligne de la page 7 de ce dernier ouvrage on doit lire ولم يأت, au lieu de وامريات.

Les mots الْبَالِ et الْخَالِ sont mis pour الْبَالِي et الْخَالِي, en vertu d'une licence poétique dont les poëmes suivants offrent de nombreux exemples. Dans le ms. B on lit la scolie suivante sur ce vers :

دعا الظلل بالنعيم وان يكون سالما من الافات وهادا من عادتهم وكانهم يعنون بذالك اهل الطلل وقوله وهل يعمن يقول قد تفرق اهلك عنك وذهبوا فتغيرت بعدهم كا كنت عليه فكيف تعنم بعدهم وكانه يعنى بذالك نفسه فضرب المثل بوصف الطلل وهو يعنى نفسه يقال وعمر يعمر فى معنى نعم يـــلــــعـــــم

Dans cette glose le pronom affixe هم dans عادتهم se rapporte au mot العرب, *les Arabes du désert*, sous-entendu. On sait qu'ils parlaient leur langue avec pureté et élégance et qu'ils faisaient autorité dans cette matière. Ce pronom, employé ainsi sans antécédent auquel il se rapporte, et servant à désigner les Bédouins ou habitants du désert, est d'un usage très-fréquent chez les commentateurs et les scoliastes.

Vers ٢. Le mot مخلّد signifie *qui jouit d'une verte vieillesse*.

Vers ٣. Le commentateur fait observer que la préposition ف, dans ce vers, a le sens de مع; il dit aussi : احدث عهده اى اقرب عهده بالنعم.

Vers ٤. Le Dictionnaire géographique attribué à Soyouthi et intitulé كتاب مراصد الاطّلاع, et le Dictionnaire des noms de lieux mentionnés dans les anciens poëtes arabes, lequel a été composé par le célèbre Zamakhschari, ne parlent aucunement de l'endroit nommé Zou Khali; l'auteur des scolies du man. B n'en dit rien non plus. Ceci nou-

K

donne occasion de remarquer que la plupart des lieux cités dans les anciennes poésies arabes nous sont inconnus, et que les scoliastes eux-mêmes, le plus souvent, ne fournissent aucun renseignement à ce sujet. Ce silence, du reste, n'a rien qui doive nous étonner, quand on considère que les Arabes nomades changeaient continuellement de demeure, et quelquefois même ne retournaient plus aux stations qu'ils avaient fréquentées auparavant. Ainsi une citerne ou un puits disparaît, comblé par les sables; les vents et les pluies renversent en peu de temps les faibles cabanes qui servaient à abriter quelques familles de pasteurs; la sécheresse détruit jusqu'aux derniers vestiges de végétation; et un lieu autrefois habité, se confondant bientôt avec l'uniformité du désert, disparaît et ne laisse pas même un souvenir.

Le mot ديار est au nominatif, comme faisant la fonction d'énonciatif à l'inchoatif هذه sous-entendu.

VERS ٥. On lit dans le Kamous المِيثَاء الارض السهلة. Le man. B donne du mot حَلال l'explication suivante: الحلال الذى يحلّ عليه كثيرًا اى ينزل. La forme مِفْعال est une de celles qui ont la signification fréquentative ou énergique. Voyez la Grammaire arabe de M. le baron S. de Sacy, 2ᵉ éd. t. I, p. 323.

VERS ٦. Le mot كمهدى signifie telle que nous nous souvenons de l'avoir vue. On dit عهدى به سقيمًا « quand je l'ai vu, il était malade; » عهدى به قريب « je viens de le voir ». Un poëte cité dans Hamáça, p. ٢٦٨, dit en parlant d'une brebis qu'on venait d'égorger: « Et la dernière chose qu'elle avait vue, وآخر عهد لها, était un lac agréable et « un vallon verdoyant. » Voyez aussi Hariri, p. ٣٧٢.

On lit dans le commentaire du man. B que اوعال est le nom d'une colline, laquelle est appelée aussi ذات اوعال. Nous n'avons trouvé aucun renseignement sur le lieu nommé وادى الغزال, la vallée des violettes. On lit seulement dans le Kitâb merâsid el-Ittilâ - خزام واد بنجد.

VERS ٧. Le mot ليالى est ici à l'accusatif, comme faisant la fonction de ظرف, terme circonstantiel de temps, et il est en dépendance avec le nom d'action عهد, dans le vers précédent. Une glose interlinéaire du man. A rend منقب par ثغر, et on en trouve, dans le man. B, l'explication suivante : المنقب الثغر المستوى النبت او النبتة يريد همّة. نبت الاصمنان

Le Kamous en dit à peu près de même.

VERS ٨. Le kesra, dans le mot امثالِ, remplace le pronom affixe de la première personne.

VERS ٩. عربسة المرء على اصبى; c'est comme on dit غلبه على منزلته. Le mot خالى peut être pris ici dans le sens ou de مختال ou de الذى لا زوج له. Les mots ان يزن sont pour من ان يزن.

NOTES. 75

VERS ١٠. On lit dans le man. B : قوله خطّ غمثال اى نقش صورة والغمثال والمثال كل ما مثلته.

VERS ١١. Le commentateur explique le mot دبّال par صانعون للفتائل.

VERS ١٢. Le mot لبّاة est employé par notre poëte dans le sens de صدر, *poitrine*, et telle est la signification que lui donnent les scoliastes. Dans ce vers Amro'lkaïs compare l'éclat du collier de sa maîtresse à celui d'un charbon enflammé. Le bois de l'espèce d'arbre nommée غضا *ghada* est souvent mentionné par les poëtes arabes à cause de sa propriété de conserver longtemps le feu et de jeter un grand éclat en brûlant. Voyez le *Makçoura* d'Ebn-Doreïd, vers 3, avec les commentaires.

VERS ١٣. Dans le man. B on trouve l'explication suivante du premier hémistiche de ce vers : قوله وهبّت له اى للجمر والصوى الاكام الصغار واحدها صوّة يقول هذا الجمر اوقد بموضع مرتفع تختلف عليه الربح فيشتدّ لهبه.

Il est bon d'observer que l'expression مختلف الصوى est équivalente à celle-ci : صوّة من الصوى تختلف عليها الريح. Les mots صبا et شمال sont au nominatif, comme بدل, *permutatif* de ريح.

VERS ١۴. Le sens de ce vers est suspendu, et ce n'est que dans le quatrième vers de la page suivante qu'il est complété par le verbe تنوّرتها; tout ce qui se trouve entre ces deux vers ne doit être considéré que comme un qualificatif virtuel et indispensable de l'antécédent dans مثلك, qui est au génitif par l'influence de la particule رُبَّ sous-entendue. On pourrait objecter que مثل est ici déterminé comme étant l'antécédent d'un rapport d'annexion dont le conséquent est déterminé; or رب ne peut régir qu'un nom indéterminé. La réponse à cela se trouve dans l'observation suivante d'un grammairien arabe :

الاسماء المتوغلة فى الابهام لا تفيد اضافتها تعريفا ولو كانت الاضافة معنوية وهى مثل وغير وشبه وسوى وما فى معناها لذلك ان قلت مررت برجل مثلك لا يعلم من هو ذلك الرجل ولهذا ساغ وقوعها صفة للنكرة

Voyez aussi la Grammaire arabe de M. de Sacy, t. II, p. 133, 145.

Le poëte indique dans le second hémistiche que les charmes de sa maîtresse lui firent perdre la tête, en sorte qu'il oublia de s'habiller.

PAGE ٧١, VERS ١. Il ne sera pas inutile de transcrire ici la glose du man. B.

الحقف ما استدار من الرمل والنقا ايضا من الرمل ومعنى احتسبا اكتفيا اكتسبا جسم هاذه المراة وهجرتها كهاذا النقا فى لينه وامتلائه وهو مع لينه صلب شديد ليس بمنهال متناثر والوليدان يلعبان عليه وقد اكتفيا بلين مسّه وسهولته وخصّ الوليدين لانه لا يلعب اقلّ من اثنين ولم يجعلهم اكثر من اثنين لانهم اذ كثروا افسدوا للحقف

76 NOTES.

VERS ٢. Le mot مرتجّة signifie plus exactement *clunes suos pingues commovens*. Il est ici à l'accusatif, comme حال, *terme circonstantiel d'état*, se rapportant au pronom renfermé dans le verbe انفتلت.

VERS ٣. Dans les gloses le mot هونة est expliqué par سهلة et لطيفة et خفيفة.

VERS ٤. Le commentateur fait les observations suivantes sur ce vers :

قوله تنويرتها اى انهلت (امتلئت .ا.) دارها وتودّها (وتوقّتها .ا.) ولم يرد نظر العين لانّ أذرعات من حدود الشام ويثرب مدينة الرسول صلى الله عليه وسلم وبينهما مسافة بعيدة وقصد بيّن ذالك بقوله ادنى دارها نظر عالٍ اى مرتفع بعيد

Consultez, sur Adraat, *Abulfedæ Tabula Syriæ*, éd. Kœhler, p. 97.

VERS ٥. Le commentateur rapporte le pronom, dans البها, au mot نار, *feu*, qui est du genre féminin.

VERS ٦. Le commentateur dit : حالا على حالٍ اى شيئًا بعد شىءٍ حتى صرت الى الذى اردت

VERS ٧. L'ellipse de la négation, dans les formules de serment, est très-fréquent dans la langue arabe. Voyez la Grammaire arabe de M. le baron S. de Sacy, 2ᵉ éd. t. II, p. 473 et suiv., et l'Anthologie grammaticale arabe, par le même, p. 91 et suiv.

VERS ٨. Le mot الصالي signifie, d'après les scoliastes, الذى يصطلي بالنار ou المتحنى بالنار. Consultez, sur la particule ان jointe à l'adverbe négatif ما, la Grammaire arabe, t. I, p. 519.

VERS ١٠. On lit dans le ms. B : قوله فها تنازعنا للحديث اى حدثتني وحدثتها واصله من النزع بالدلو وهو جذبه

Dans ce vers le poête emploie, par métaphore, le mot غصن, *branche*, pour désigner la taille mince et flexible de sa maîtresse.

VERS ١١. On trouve une observation grammaticale sur le dernier hémistiche de ce vers dans le *Hamâça*, p. ٧١١.

VERS ١٢. L'expression عليه القتام, *ayant sur lui la poussière*, signifie que la figure de l'individu est toute défaite et que sa couleur naturelle est changée, soit à cause de la fatigue d'un long voyage, soit par l'effet du chagrin, de la jalousie ou de la misère. Le mot غبار, *poussière*, et les verbes de la même racine, renferment cette même signification ; c'est ainsi qu'un poête cité dans le *Hamâça*, p. ٧١١, emploie la neuvième forme du verbe غبر dans le vers suivant :

واذا النسوة اغبررنَ من المحل وكانت مهداؤهنّ غفيرا

Et lorsque les visages des femmes sont changés de couleur à cause de la disette, et que les dons qu'ils reçoivent sont abondants.

NOTES. 77

La scolie du man. B indique, mais non pas d'une manière bien précise, que telle est la signification des mots عليه القتام. Nous la reproduisons ici :

وقوله واصبح بعلها سيء الظن اى ساءه ما راى من ميلها الى ولم تظهر عليه بهجة الرضا بذالك بل اصبح مغيرًا (مغيرًا ل) كاسف الحال والقتام الغبار

VERS 13. Le mot خطيط signifie les cris entrecoupés que pousse un jeune chameau quand on lui serre le cou avec une corde; on fait cela pour le dompter et le rendre obéissant à la voix du conducteur : tant qu'il se laisse mener, on tient le bout de la corde assez lâche; mais, quand il résiste, on la tire violemment, en sorte qu'il en est presque suffoqué.

Le poète veut dire que le mari de cette femme pousse des cris impuissants de rage, mais qu'il ne peut rien contre un homme tel que lui.

VERS 14. Nous transcrivons ici une partie de la glose sur ce vers :

المهرة سيف نسب الى قرى بالهاجر يقال لها المهارن واراد بالمسنونة الرزق سهاما محددة الازجّة صافية

Voyez, sur le mot المهرى, la Chrestomathie arabe, t. III, p. 53.

VERS 17. On trouve sur ce vers la glose suivante dans le ms. B :

قوله ايقتلنى وقد شغفت فؤادها اى بلغ حبّى شغاف قلبها كما بلغ القطران شغف المهنوءة وهى المطلية بالقطران وهى تستلذّه حتى يكاد يغشى عليها ويروى شعفت بالعين غير معجمة وهى من شعفات الجبال وهى رؤوسها واعاليها والمعنى بلغتُ الغاية حتى علتها على فؤادها كما يبلغ القطران من الناقة المهنوءة يقول وقد بلغت منها هاذا المبلغ فكيف يقتلنى اى لو اقدم على قتلى كان ذالك سبب القطيعة بينه وبين سلمى لمحبّتها فى وميلها الى

La dernière partie de cette glose n'est pas très-satisfaisante pour l'explication de ce vers; il est beaucoup plus raisonnable de le regarder comme renfermant l'expression d'une ironie très-amère de la part du poète.

VERS 18. اوانسا est ici une licence poétique pour اوانس. Le sens de ce vers est : « Que lui importe que je me sois vanté d'avoir trouvé jusque dans les gynécées des «rois, des beautés complaisantes, des beautés semblables aux antilopes des plaines «sablonneuses?»

VERS 19. Les mots جماء المرافق signifient à la lettre *une femme dont les os du coude ne sont pas saillants*, ou, dans d'autres termes, *une femme qui a des bras potelés*.

Dans ce vers on a imprimé غذارى, mais il faut lire عذارى.

Le poète dit : « Dans un jour où le ciel est couvert de nuages,» parce que les Arabes visitaient leurs maîtresses dans les moments de loisir, quand la pluie les empêchait de sortir pour aller à la chasse ou à la guerre.

NOTES.

Vers [1]. Le mot هوى, *amorem*, a ici le sens de صاحب الهوى ou ذا الهوى, *amantem*. Le commentateur fait l'observation suivante sur les mots صلّا بتضلال :

اى يعدلن أهل الحلم والنهى عن الصبا ويضلّلن قولهم وفعلهم. ويجعل ان يكون هاذا معتمدا وله يقلن شيئًا اى من نظر اليهنّ هواهنّ وصلّ فيهنّ فكانهنّ دعونه الى ذالك

Le mot صلّا est à l'accusatif, comme nom d'action du verbe صلّوا *soyez égarés*, sous-entendu. La préposition ب, dans بتضلال, paraît avoir le sens de مع et être le باء المصاحبة. Voyez *Grammaire arabe*, t. I, p. 470. Le mot بتضلال sera alors employé ici comme corroboratif de صلّا.

Page 27, vers 1. Le mot قالٍ est pour قالي, participe actif du verbe قلي. On voit par les scolies que الخلال est employé ici dans le sens de المصادقة.

Vers 2. On lit dans le commentaire :

يقول ذهب عني الشباب وتغيرت فى الحال فكانى لم

اللذة الصيد. Le mot اللذة signifie ici الصيد. استلذّ بالكواعب

Vers 3. Les scolies rendent الروىّ par المروىّ ou حجرًا. الحلو. Dans les temps du paganisme, les Arabes tiraient leur vin de l'étranger, et les difficultés de transport le rendaient très-rare et fort cher. Ainsi c'était un indice d'un caractère généreux d'en acheter pour le partager avec ses amis.

Vers 5. Voici la glose sur ce vers :

قوله سلم الشظى هو عظم صغير فى يد الفرس فاذا تحرّك شظىَ الفرس والشوى القوآئم والنسى عرق ووصله بالشىّ لانه اصلب له والجنبات رءوس الاوراك وقوله على الحال يريد على الفتآئل وهو عرق عن يمين مجبو (مجب .1) الذنب ويساره والمعنى انه مشرف على الفتآئل بمجنباته (مجنباته .1) مشرفة لاتّصالها بالفتآئل

Vers 6. Les mots وصم صلاب sont pour وله حوافر صم صلاب. Le second hémistiche signifie à la lettre : « c'est comme si le lieu où le second cavalier se tient assis derrière « le premier (c'est-à-dire *la croupe*) fût placé sur le dos d'une jeune autruche (c'est-à-« dire *faisait partie du dos d'une jeune autruche*). »

Vers 7. Le commentateur fait ici les observations suivantes :

الغيث هنا النبت والبقل اذا ما انبته الغيث ورآئده يرتآده اى بطلبه لاهله وخالٍ من الخلوق اى ليس فيه غيره اى هو بين حيّين متعاديين فهاذا يحميه وهاذا يحميه فهو خالٍ لا يقربه احد وذالك اخصب لمن حلّ به

Vers 8. On lit dans le commentaire l'observation suivante :

والمعنى ان هاذا الموضع تتابعت عليه الامطار ومنعت منه الرماح فهو كامل للخصب وافر النبت

NOTES. 79

Vers ٩. Voici la glose du man. B sur ce vers :

قوله بجهلزة اى بفرس صلبة اللحم ومعنى انرز ابجى (ايبس ا.) يعنى انها ضامرة شديدة ولذلك شبّهها بالهراوة لا تتخذ الا من اصلب العود واشدّه وحضّ الكميت لانها اصلب حافرًا واشدّ خلقًا والهراوة العصا وهى هاهنا من آلات للتّآبّك واصابتها (اضافتها ا.) الى المنوال

Vers ١٠. Le dernier hémistiche signifie littéralement : « Et quarum crura pictura « sunt pannorum Yemanensium striatorum. »

Vers ١١. On lit dans les deux manuscrits جرا موضع. Ce nom ne se trouve pas dans le Dictionnaire géographique nommé كتاب مراصد الاطّلاع. Voyez la note sur le quatrième vers de ce poëme.

Vers ١٢. Dans le man. A ce vers ne vient qu'après celui qui commence par كأن بختآم. L'ordre de ces vers, dans le man. B, nous ayant paru préférable, nous l'avons adopté.

Vers ١٣. بقر الوحش est le nom générique d'une espèce de cerf ou gazelle. Les poëtes emploient le mot ثور pour désigner le mâle de cet animal, et بقرة et نجمة pour la femelle. Voyez la Chrestomathie arabe, t. II, p. 435; t. III, p. 491.

Vers ١٣. On lit dans le *Kamous* العقاب السريعة اللقوة ; et c'est ainsi que les gloses des deux manuscrits expliquent ce mot. Dans ce vers le poëte se compare lui-même à cet oiseau de proie dont il parle.

Vers ١٥. Un des endroits les plus froids du Nedjd se nomme شربة ; nous ne savons si c'est le même dont il s'agit ici. On lit, dans le Dictionnaire géographique cité précédemment, l'article suivant : اورال اجبل ثلثة سود فى جوف الرمل حدادهن ماء لبنى عبد الله بن دارم

Vers ١٦. Le commentateur, dans son explication de ce vers, dit :

اشار بقوله رطبا ويابسا الى كثرة ما ثاق به من القلوب حتى تفضل عن الفراخ وقد قيل ان الجوارح لا تأكل قلوب الطير ولا سائر جشوة بطونها

Vers ١٧. La particule ما, dans ce vers, est explétive ; les grammairiens arabes la nomment alors حرف صلة ou حرف زآئد. Voyez l'Anthologie grammaticale arabe de M. le baron S. de Sacy, p. 221.

Vers ١٩. On lit dans les gloses du man. B :

يقول الانسان ما دام حيًّا فانه لا يدرك اواخر الامور ولا ينال غاية الآمال ولا يثاق له كل ما يريد فهو مع ذلك لا يألو اى لا يترك جهدًا فى الطلبــــة

Page ٣٣, vers ١. Le commentateur raconte, d'après Asmaï, qu'Amro'lkaïs, en fuyant Mondhir, fils de Mâ-es-Semâ, passa chez la tribu de Taï, qui habitait les montagnes Adja et Salma, et qu'il prit en mariage une fille de cette tribu nommée Omm Djon-

NOTES.

80 dob **ou** Djondab (car on prononce ce mot des deux manières). Un certain jour le poëte Alkama vint chez lui, et ils se mirent à parler de la poésie, chacun se disant meilleur poëte que l'autre. Pour mettre leurs talents respectifs à l'épreuve, ils convinrent de réciter chacun sur-le-champ un poëme, et ils firent Omm Djondob juge entre eux. Amro'lkaïs alors récita ce poëme, et Alkama prononça celui qui commence par ces mots : ذهبت من الحجران في غير مذهب. Omm Djondob ayant donné la préférence à celui-ci, Amro'lkaïs en fut si fâché, qu'il la répudia, et Alkama s'empressa de l'épouser. S'il faut en croire une note du man. c, ce fut à la suite de cette aventure que notre poëte composa sa moallaka.

Nous joignons ici le texte arabe de cette anecdote, en prévenant le lecteur que dans l'entretien d'Amro'lkaïs avec sa femme, celle-ci fait une observation peu flatteuse pour son mari, et qui ne saurait être traduite en français.

1. حدّث الاصمعى ان امرا القيس حين هرب من المنذر بن ماء السماء صار الى جبل (جبلين) من طيّ اجا وسلمى فاجاروه فتزوّج بها امّ جنـدب وكان امرو القيس مغـركـا فبيـنـا هـو ذات ليلة نائم معها اذ قالت له قم يا خير الفتيان فقد اصبحت فلم يقم فكررت عليه فقام فوجد الجر لم يطلع بعدُ فقال لها ما حملك على ما صنعت بعد فسكتت عنه ساعة ثمّ علیـها فقالت حملى انك ثقيل الصدرة خفيف الحجرة سريع الهراقة بطّن الافاقة فعرف من نفسه تصديق قولها فسكت عليها فلمّا اصبح اتاه علقة بن عبدة التميمى وهو قاعد فى فناية وخلفه امّ جنـدب فتذاكرا الشعر فقال امرو القيس انا اشعر منك وقال علقة بل انا اشعر منك فقال قل واقـول وتحاكما الى امّ جنـدب فقال امرو القيس ، خليليّ مرّا بي على امّ جنـدب ، القصيدة وقال عـلـقـة ، ذهبت من الحجران في غير مذهب ، حتى فرغ منها ففضّلته امّ جنـدب على امرى القيس فقال لها بما فضّلته عليّ فقالت ، فرس ابى عبيدة اجود من فرسك قال وما ذا قالت سمعتـك زجـرت وضربت وحرّكت وهو قولك ، والساق الهوب والمسوط درّة ، وللزجر منه وقع اهوج منعب ، ودرا (درّ ل) فرس علقة ثانيا من عنانه وهو قوله ، فاقبل يهوى ثانيا من عنانه ، يمرّ كرّ الرّائح المتحلّب ، فغضب عليها وطلّقها لخلف عليها علقة فسمّى علقة الفحل

Nous pensons qu'au lieu de بعد, dans l'expression ما صنعت بعد, il faut lire بي. Le vers d'Alkama cité par la femme d'Amro'lkaïs ne se trouve pas dans son poëme tel que le présentent nos manuscrits. Il est aussi digne de remarque que dans le poëme d'Alkama il y a plusieurs vers presque identiques avec quelques-uns de ceux du poëme d'Amro'lkaïs.

Les commentateurs rendent لبانة par حاجة ; il signifie « le besoin, le désir ardent « qu'on a de jouir de la société d'un ami ou d'une maîtresse. »

Vers ٢. On peut aussi lire ينفعنى. Le sujet du verbe sera alors ذلك. Si l'on lit تنفعنى, le sujet en est ساعة. Le man. A indique les deux leçons.

Vers ٣. Dans le man. c le mot جانب est expliqué par القصير العني ; mais il faut lire, avec le *Kamous*, القصير التمى, *petit et méprisable*. Une glose interlinéaire du man. A rend ce même mot par قصير ; le man. B, au contraire, l'explique par الظلعمة المخم, et on y lit immédiatement après le passage suivant :

يقول واذا تأملتها رأيتها غير دميمة تزدريها العين ولا جافية تشقّ على النظر اى فى بين بين

Cette dernière explication nous paraît plus naturelle, mais nous préférons ne pas nous écarter de la signification que les gloses de deux manuscrits donnent à ce mot et qui est confirmée par le *Kamous*. Nous devons cependant ajouter qu'en général il faut donner la préférence aux bons scoliastes sur les lexicographes, car ces derniers n'ont fait que copier et rassembler les explications des mots données par les premiers.

Vers ٦. Dans ce vers on a imprimé مُوِدَّة par erreur; il faut lire مَوِدَّة.

Vers ٧. Le man. A permet aussi de lire بالجَرَب, avec un *fatha* sur le *ra*. Voyez l'observation de Tebrizi sur ce vers, dans le *Hamáça*, p. ١٨٥.

On lit dans le man. B : الجرب التجربة والبآء بمعنى فى.

Vers ٨. Le passage suivant se trouve dans le man. B :

يريد انها كانت لا تقطع وصاله كل قطع فيصمده ذالك على الياس والسلو (او السلو ا.) ولا تصله كل الوصل فيتعود ذالك ويستكثر منه حتى يدعوه الى الملال

Vers ٩. ظعآنٌ est une licence poétique pour ظعانٌ. On lit dans le *Kitâb merâsid el-Ittilâ* que شعبعب est le nom d'une source dans le Yemama, appartenant à la tribu de Koshair تشير. Dans ce vers corrigez et lisez سوالك.

Vers ١٠. Il ne sera pas inutile de transcrire ici la glose du man. B :

قولد علون بانطاكية اى علون للحرور بثياب حملت بانطاكية وتلك الثياب فوق عقبة وهى ضرب من الوهى وتولد كحرمة محمل هو ما يصرم من البسر فشبّه ما على الهوادج من الوان الوهى بالوان البسر الاحمر والاصفر مع خضرة النخل وللجنة البستان وحض يشرب لانها كثيرة النخل

Dans cette glose il faut lire للحدور à la place de للحرور; consultez le commentaire de Zouzeni sur le vers 8 de la moallaka de Zohair.

Vers ١١. Le poëte veut dire : « Oh! combien il est rare de voir une troupe se sépa-«rer, et dont les différents membres se rendent dans des régions plus éloignées que «celles vers lesquelles se dirigent les pèlerins de la Mecque après l'accomplissement «du pèlerinage! tel cependant est le spectacle qui s'est offert à mes yeux, lorsque ma «tribu et celle de ma maîtresse ont quitté les lieux de pâturage où elles s'étaient ren-«contrées, pour retourner dans leurs quartiers d'hiver. »

L

NOTES.

La locution الله عيناه signifie : « Oh! combien ses yeux sont heureux en voyant une chose si rare ! » C'est de la même manière qu'on dit : لله دره, pour exprimer combien il est rare de trouver une éloquence égale à celle de l'individu dont on parle.

Vers ١٢. Le commentateur, après avoir dit qu'*el-Mohasseb* est le nom de l'endroit de la vallée de Mina où les pèlerins jettent un certain nombre de cailloux, à l'imitation d'Abraham, ajoute :

وقوله جازع بطن محلة يعنى بستان ابن معمر والعامّة تقول بستان ابن عامر والنجد الطريق لـلجبل وكبكب اسم جبل يقول لتفرّق القوم فرقتين منهم آخذ سفلى ومنهم آخذ عليا وإنما يعنى افتراق الحبيبين بعد انقضاء المرتبع الذى كان يجمعهم فيلحق به من يجب ورجوع كلّ الى مائه وموضع اقامته.

On lit dans le *Kitâb merâsid el-Ittilâ* : كبكب جبل خلف عرفات مشرف عليه قبل

.للجبل الآخر الذى جعله الواقف على عرفات فى ظهره

Consultez, sur المحصب, la Géographie d'Aboulféda, texte arabe, p. ٨٠, et sur محلة, le même ouvrage, p. ٤٠, n° ٣٩.

Vers ١٣. Le commentateur explique الصفيح par الواسعة et الارض الواسعة par الحجارة الواسعة ; il ajoute : المصوّب والمصوّب واحد وهو المحدر.

Vers ١٤. Voici comment le scoliaste explique ce vers :

يقول ان لفخر عليك ذو الخطر العظيم عظم عليك فخره واشتد واما ذا (اذا .l) غلبك المغلوب فغلبته غلبة سوء لأن النفوس تأنف من ان يغلبها من هو دونها

Voyez aussi le *Hamâça*, p. ٧٨٢. Le commentateur ajoute ensuite que le poëte veut dire que cette femme, malgré qu'elle soit un être faible, l'a subjugué au dernier point. La construction de ce vers est analogue à celle du vers suivant, tiré du poëme d'Ascha :

لا ينتهون ولن ينهى ذوى شطط كالطعن يهلك فيه الزيت والفتل

Voyez la Chrestomathie arabe de M. le baron S. de Sacy, t. II, p. ١٥٧ du texte arabe. Le mot مثل est employé, dans ce vers et dans le suivant, de la même manière que la particule ك.

Vers ١٥. Ce vers signifie à la lettre : « Ce n'est pas par une chose semblable à un voyage « au matin et au soir que tu puisses faire oublier à un amant sa passion, » c'est-à-dire, il n'y a que le voyage même qui ait cet effet. On lit une expression semblable dans le Koran, sur. 35, v. 15 : لا ينبئك مثل خبير, « Personne ne peut vous faire des prophé- « ties mieux que celui qui sait (ce qui doit arriver). » Le savant Zamakhschari explique cette phrase ainsi :

لا يجيبك بالامر مخبّر هو مثل خبير عالم بالامر يريد ان المخبر بالامر وحده هو الذى يجيبك بالحقيقة

NOTES. 85

دون سائر المخبرين به وللمعنى ان هذا الذى اخبرتكم به من حال الاوثان هو لحق لان خبيرهما اخــبـــــــــروت

On trouve encore un exemple de cet emploi du mot مثل dans l'hémistiche suivant cité par Ebn-Khaldoun : ما ادرك المأمول مثل صبور. A la lettre : « Ce n'est pas celui qui « ressemble à l'homme patient qui puisse atteindre ses souhaits, » c'est-à-dire, ce n'est que l'homme patient lui-même qui atteint ses souhaits. Voyez *Chrestomathie arabe*, t. II, p. ١٣١ du texte arabe.

Vers ١٢. On lit dans le commentaire :
الادماء الناقة البيضاء ولخرجوج الطويلة على الارض شبه الناقة لنشاطها وسرعتها بحمار الوحش فكان رحلها عليه والمغرب الابيض الوجه والاشفار وهو عيب

Vers ١٨. On lit dans le man. B :
قوله من حبير غماية وهو جبل بناحية نجد ويقال ان جهيره اشد عدوا وقوله يجي لعاع البقل اى يخرج من له خضرة ما يأكل من البقل اذا هو شرب وانما اراد انه لى خصب اذا شرب تساقط من فيه بقية ما اكل من العشب

Vers ١٩. Nous transcrivons ici une partie du commentaire sur ce vers :
بجنبة حميت ينحنى الوادى وهو اخصب موضع فيه ومعنى الزرى يساوى يقال الزر الغلام اباه اذا لحق به لى طوله وقيل الزر بلغ منها موضع الازار وقوله بجر جبوش اى هاده الحنية لى موضع نمز فيه لجيوش من بين غانم وجالب (خانب ا.) فلا ينزلها احد ليرعاها خوفا فذالك اوفر لخصبها وات‍ـــــــــــمر لــــــــــكلاها

Page ٢٣, vers ٢. On lit dans le man. B, fol. 6 r. :
والاوابد الوحش وجعله قيدا لها لانه يسبقها فيمنعها من الموت (الفوت ا.)
Les gloses rendent شاو par طلق.

Vers ٣. Nous transcrivons le passage suivant du man. B :
للفنون هو من وصف لحمار الوحش والرباع لذوات الظلف واستعارها هاهنا لشعر الرسغ وجعلها مستقلة لان ذالك اسرع له واكس واذا كانت تمس الارض وكان (كان ا.) ذالك عيبا وقوله ترى تخصصه وصف الفرس بالسلابة والاملاس والعسر فشبهها بالختيب لذالك

Une glose interlinéaire du man. A explique المستقل par المرفع.

Vers ٥. Il est digne de remarque que le même mot qui termine ce vers se trouve aussi à la fin du vers ٣ de cette page. Comme cette espèce de répétition, dans des limites si étroites, est condamnée par les auteurs qui ont écrit sur la prosodie arabe, il faut supposer qu'il y a ici un dérangement dans l'ordre des vers.

L.

NOTES.

Vers 4. Consultez, sur la plante nommée طلح, la Description de l'Égypte, par Abdallatif, p. 343.

Vers 7. On lit dans le man. B : الغبيط قتب الهودج وهو مضمرن والمذاب الموسّع لخارك به ى ارتفاعه وسعــــتـــه

Vers 8. Dans le man. B on lit la glose suivante : الصناع لخادقة بالعمل الصانعة بيدها لا تتكل على غيرها لمراتها ابدًا مجلوة نظيفة

Comparez *Chrest. ar.* t. III, p. 225.

Vers 10. Voici un extrait de la glose du man. B : يقول كانّ عنان هادا الفرس ى راس جدع لطول عنقه واشرافه وخصّ المهذب اشارة الى ان الفرس قصير الشعر مـــــنـــجـــــرد

Vers 11. On lit dans le commentaire : الريان المتلئ الناعمر والعسيب عظم الذنب ويجد ى الفرس يمس العسيب ومى الناقة امتلاؤه ونعمته وقد غلط امرو القيس ى هادا وسميحة اسم بئر

On lit dans le *Kitâb el-Merâsid* : سميحة موضع وقيل بئر بالمدينة.

Vers 13. Nous lisons dans le commentaire le passage suivant : وقوله الى سنــــد اى اشرفت هاده القطاة الى كفل مشرفة كالسند وهو صلح جبل

Dans le man. A le mot سند est expliqué par ظهر.

Ce vers se termine par les mêmes mots que le septième vers de cette page. Ces mots étant très-rapprochés l'un de l'autre, cette répétition, comme nous l'avons déjà dit, est une faute, selon les auteurs qui ont traité de la prosodie arabe. Voyez la Grammaire arabe, t. II, p. 658.

Vers 14. On lit dans le man. B : يجهد بشدّ المضغ واصل لخضد القطع والعرة لجنون والطائف طائف الشيطان وقوله غير معقب اى ملازم

Vers 15. Dans ce vers le verbe يحل est sous-entendu : cela est permis, puisque le sens est suffisamment indiqué par la suite de la phrase, ويجوز ذلك لان الكلام يدلّ عليه.

Vers 18. Le commentateur explique بلايا par جهدًا بعد جهد, *après des efforts répétés*; et il ajoute : المضب الذى ى يديه وصليه الصدّاّ ويستحبّ دالك وهو مى علامة لجياد

La particule ما, employée comme elle l'est dans ce vers, est nommée par les grammairiens, ما خاصّة. Voy. *Gramm ar.* t. I, p. 539.

Vers 19. On lit dans le commentaire : لجعد الشديد الندوة والمنصب المرتفع وصله بذالك لشدّة وقع حوافرهن فيثرن ما لا يكدن يثرن

NOTES. 85

Vers ٣٠. Le scoliaste explique ce vers ainsi.

يقول اذا حركه بساقه الهب لجرى اى يجرى شديد (شديدًا ا.) كالتهاب النار واذا ضربه بالسوط در بالجرى واذا زجر وقع الزجر منه موقعه من الاهوج الذى ما عقل معه والمنعب الذى يستعصى بعنقه فى المجرى ويمده

Vers ٢١. On lit dans le man. B : قوله فادرك لم يجهد اى ادرك الفرس الوحشى دون مشقة وتعب لم يعنى شأوه اى ادركها فى طلق واحد دون ان يثنيه لسرعته

PAGE ٢٥, VERS ١. Le mot فار, *mus*, est employé par les Arabes pour désigner plusieurs espèces d'animaux rongeurs. Il est probable que le poëte veut parler ici des gerboises يرابيع. Domairi, dans son Histoire naturelle, classe ces derniers dans la famille فار.

Vers ٣. On lit dans la scolie : شبوب اى ثور مسنّ وانما خصّه بالذكر بعد ان قال بعن ثور ونهمة لفضله على الثيران والنعاج لسّنه وقوته وانه محلها (لحلها ا.) الدابّ عنها

Vers ٤. Samhar était un fabricant de lances très-célèbre. Les lances de Samhar sont souvent mentionnées par les anciens poëtes. Voyez le *Hamáça*, page ٣٢٧; et la Chrestomathie arabe, t. III, p. 53.

On trouve la note suivante dans le man. B :

المعلب المشدود بالعلبآء وهى عصبة من العما (القفا ا.) كانوا يشدّون بها الرماح وهى طرية رطبة ثم تيبس عليها فيوس بعضها (تقضقضها ا.) عند المطاعنة بها

Vers ٥. La glose explique le mot حرّ par وسط, et مشعب par به يشعب مخزز ; كتاب est فنها كاب pour.

Vers ٦. Voyez, sur le mot فضل, le commentaire de Zouzeni sur le 24° vers de la moallaka d'Amro'lkais. Le scoliaste rend اطناب par مطنب المشدود بالاطناب وهى حبال الخبآء.

Vers ٧. On lit dans les manuscrits A et B, اوتاده, où le pied فعولن est changé en عولن. Voyez la Grammaire arabe de M. de Sacy, 2° éd. t. II, p. 629; le man. C porte واوتاده. Consultez, sur Rodaina, le *Hamáça*, p. ٣٢٧.

La glose du man. B renferme le passage suivant : وتعضب رجل كان يعمل الاسنّة من بنى قُشَير ويقال هو زوج ردينة

Vers ٨. Dans les deux manuscrits le mot مشرعب est expliqué par مصنف.

Vers ٩. On lit dans le man. B :

يقول لما دخلنا هاذا البيت املنا ظهورنا الى كل رحل حارى منسوب الى الحيرة وهى مدينة النعمان والرحال تنسب اليها وقبل اراد بذالك الاحتباء بحمآئل السيون للحيرة والمشطب الذى فيه خطوط وطرآئق كسدارج النخل

NOTES.

Consultez, sur حبوة et احتباء, *Hariri*, p. ١٣٧.

Vers ١٠. Nous lisons dans le man. B :

وقوله لجزع الذى لم يثقب شبّه عيون الوحش لما فيها من السواد والبياض بالخرز وجعلهم غير مثقب لان ذالك اصفا له واتمّ لحسنه وانما شبه عيونها وهى سود كلها لا يرى فيها بياض بالجزع وهو اسود يجزع بالبياض لانه اراد عيونها وهى ميتة وقد انقلبت فيرى فيها البياض والسواد

Vers ١١. On lit dans le commentaire le passage suivant :

المهمه الذى لم يدرك نعمه يصف انهم شووا من صيدهم ولم يبلغوا به النضج لما كانوا فيه من الجهلة وقيل ان ذالك مستحبّ عندهم فى لحم الصيد

Vers ١٢. Le poëte veut dire : « Nous sommes revenus le soir avec nos chevaux « tellement chargés des produits de la chasse, qu'on nous aurait pris pour une caravane « arrivant de Djowatha avec une provision de dattes. »

On lit dans le commentaire : جواثا قرية بالبحرين يمتار منها التمر. Dans le *Kitâb el-Merâsid* on trouve :

جواثا مدّة وتقصر حصن لعبد القيس وهو اول موضع جمّعت فيه الجمعة بعد المدينة

Les derniers mots de ce passage signifient : « C'est le premier endroit après Médine « où l'on a dit la prière de vendredi. »

Vers ١٣. Le man. A porte en marge la note suivante :

الربل نبت ينبت فى آخر الصيف واستقبال الشتاء فى اصول النهمى وانما ينبت ببرد الهواء لا بالمطر الصآئك العرق البعيد (البعيد ا.) الرجع واصله بالعبرانية يقول ان : On lit dans le man. B

هذا الفرس راح عشيا ــــ (بياض) ــــ ونشاطه ينفض راسه من العرق وهو يعادى هرج عرقه

Vers ١٤. Les Arabes, en revenant de la chasse, avaient coutume de frotter le cou de leurs chevaux avec du sang, pour indiquer qu'ils avaient tué beaucoup de gibier. Voyez Rasmussen, *Addit. ad hist. Arab.* p. ٧ du texte arabe.

Vers ١٥. Dans le man. B on trouve le passage suivant :

ليس باصهب اى هو اسود لا تشويه حمرة وذلك اتمّ لوصفه

Vers ١٦. Dans ce poëme Amro'lkaïs fait allusion aux circonstances de son voyage à Constantinople. Nous avons déjà cité, et nous citerons encore le dictionnaire géographique intitulé *Kitâb merâsid el-Ittilâ*, mais il est fort à regretter que le manuscrit dont nous nous sommes servi soit déparé par un grand nombre de fautes. Nous y lisons :

قو منزل للقاصدى الى المدينة من البصرة بعد السماح (النباج ا.) وهو واد يقطع الطريق تدخله المياه ولا تخرج (منه و) عليه قنطرة يعبر القفول عليها (و) يقال لها بطن قو   عرعر موضع فى شعر الاخطل قيل انه واد وقيل واد بنعمان قرب عرفة

Vers iv. Le passage suivant est tiré du commentaire du man. b :

وصف انها من كنانة من مضر وانما جاورت غسان وحسان من اليمن اشار الى ان حيّها ليس من حيّه فذاك اشدّ عليه وابعد لاجتماعه بها ويعمر من بني كنانة يريد انها مرّة تجاور في هاذا الحى من كنانته ومسرّة تجساور في الـــــــــــــــــــــــى

Dans ce vers, لحى est pour حيها.

Vers ١٣. Le commentateur explique le premier hémistiche ainsi : بقول تجلّدت عنهم نظرى لما تحمّلوا حرّا لافتراقهم. Cette explication étant très-forcée, nous en avons adopté une autre, qui nous paraît plus naturelle. Le mot ظعن est le pluriel de ظعينة, et il signifie « des femmes portées dans les litières sur le dos des chameaux. » On l'emploie aussi pour désigner *les femmes* seulement, ou bien *les litières* ou *les chameaux*.

On lit dans le *Merâsid* : نجر قرية بالشام وقيل من شق الحجاز.

Vers 14. Le mot سفين étant un nom collectif, nous l'avons rendu par *navires*, au pluriel; le poëte a mis le qualificatif مقيرا au singulier, parce que سفين n'est pas une forme de pluriel. Un grammairien arabe dirait dans ce cas : جعل الماهر مقيرا مذكّرا حملا على اللفظ لا على المعنى.

Page ٣٩, vers ١. On lit dans le commentaire :

شبهّهم بالمكرعات لطولها واراد ايضا اختلاف الالوان في الهوادج مع علوها وارتفاعها وابن يامن قوم من نجر لهم حصل وسفين الصفا والمشقر نصران بناحية اليمامة

On lit dans le *Merâsid* :

مشقر حصن بين نجران والبحرين يقال انه من بنا طسم وهو على تل عال يقابله حصن بني سدوس ويقال انه بنى (مى بنا ا.) سليمان بن داؤد وقيل هو حصن بالبحرين لعبد الشمس يلي حصنا آخر لهم يقال له الصفا وقيل مدينة نجر الخ

Le pays de Hedjr, nommé dans la glose précédente, est cette région qu'on nomme aussi Bahhrein.

Vers ٢. Le commentateur fait ici l'observation suivante :

وانما تصد الى تشبيه ما على الهوادج من الصوف الاحمر والاصفر مع ارتفاعها بهاذه النخل الطوال وما فيها من اختلاف الالوان واحمر منصوب على الحال من البسر

Le poëte dit فروعه, avec le pronom affixe de la troisième personne du singulier; dans les vers suivants il emploie partout ce même pronom au lieu de ها, et il met les verbes à la troisième personne masculine du singulier. Il a sans doute rapporté ce pronom et ces verbes au mot نخيل, qui doit être regardé comme nom collectif. Cette substitution du masculin au féminin, bien que digne de remarque, n'a pas attiré l'attention du commentateur.

NOTES.

VERS ٣. Une glose interlinéaire du man. A explique اقرع par ترك; celle du man. B dit : منعته من ان يوصل اليه حتى اقرع على حاله وكل سجد.

VERS ٤. Le commentateur dit : الاكام فى هاذا الموضع آقاع البسر.

VERS ٥. On lit dans le man. B :
قوله اطافت به جبلان هاؤلاء قوم اتخذوهم كسرى عمالاً بفضل البحرين ليبصروا به (ا. له) النخل
On peut lire aussi حيلان à la place de جيلان.

Les deux manuscrits permettent de lire de la manière suivante le second hémistiche de ce vers : تَرَدُّدُ فيها العينُ حتى تَحَيُّرا, dont la signification est ainsi expliquée dans le commentaire :
قوله تردد فيه العين يريد عين المآء اى يتعاهد بالسقي ليكمل ادراكه وقوله حتى تحيرا اى يجرى المآء بين هاذا النخل ينتهى (وينتهى ا.) الى آخره فلا يجد منفدا فيستوى وتحتم

VERS ٦. Ce vers est très-obscur, et les commentateurs ne sont pas d'accord sur son sens. Le man. B en donne deux explications, dont la première est celle d'Abou-Hatim, qui le rapporte au vers précédent, et dit qu'il s'agit des palmiers qui y sont mentionnés; le sens en serait, d'après lui : «On dirait que ces palmiers sont les statues «de Shokf qui sont taillées sur la superficie d'un bloc de marbre, quand ils revêtent le «vallon blanchissant d'écume du torrent Shadjoum d'une parure de dattes parfaitement «formées et coloriées.» L'autre explication, que l'auteur du commentaire regarde comme meilleure, a été suivie par nous, dans la traduction latine, parce qu'en effet elle paraît plus naturelle. Nous transcrivons ici l'analyse du vers dans les deux cas.

يحتمل البيت من الاعراب على اشارة الى حاتم ان يكون دما نصب بكان وخبرها محذوف تقديره هاذا النخل المتقدم ذكره ومريد مفعول بكسا مضمر فيه عائد على النخل فــوضــع كــســا على هاذا النصب كانه قال كاساة وعلى تفسيرنا يكون المنصوب بكان محذوفــا ودما خبر كان ولاكنه مقصور لا يستبين فيه رفع ولا نصب ولا جر ايضا وتقدير المحذوف كان ما وُصِفَ ونُعِتَ دمًا والفاعل بكسا عائد على المرمر وكسا فى موضع نعت للمرمر تقديره مرمر كاس

Zamakhschari place l'endroit nommé شقف dans le territoire d'Oman. Voyez son lexique géographique intitulé كتاب الجبال والامكنة والمياه.

Nous avons rendu كسا par *ornantis*, mais, plus littéralement, il faudrait dire *induentis*.

VERS ٧. Le commentateur explique غرائر par غوافل من الدهر لصبابتهن وتنعمهن, et il ajoute : المفقر المصنوع على هيئة مقار للجرادة وهو مرتفع (مربع ا.)

Le man. A indique qu'on peut lire نعمة et كُنّ.

VERS ٨. Nous avons consulté le Dictionnaire botanique d'Ebn-Beithar sur les usages auxquels on emploie la plante nommée *sena*. Il en parle assez longuement, mais il ne dit pas qu'on s'en soit jamais servi comme parfum. Nous sommes porté à croire que par ce mot le poëte veut désigner quelque plante ou composition aromatique qui nous est inconnue.

Vers 9. Dans le man. B nous lisons : اجود الطيب واطيبه الالوبا. La glose du man. A rend ce mot par عود.

Vers 10. Le commentaire rend غلقى برهن par دهبى بقلبه واستولى عليه.

Vers 11. On peut lire خلةً au nominatif, et le verbe تسارق au féminin. On lit dans le' man. B :

المستعير اكثير الاستعار يقول كان ذلك الحبيب لسلمى فيها خلا من الدهر خليلا يعنى نفسه ووصف انه كان يختلس النظر الى خباياها مخافة الرقباء وجعل خباءها مستعرا لانها كريمة

Vers 12. Le man. A rend للخبر par مخبر. Dans le man. B on lit :

شبه جرعه عند النظر اليها بجرع الخمر وهو الجعل اذا نظر الى الخمر فاستعظمها مع محبته فيها وحرصه على التلذذ بسكره منها

Vers 13. Nous lisons dans le manuscrit B :

الوجه ما توجه لها ان تفعله من الامور وقوله الا تفترا اى تدارى فوادها ليهتك عند المشى ولا يفتر وينقطع

Vers 14. Le commentateur explique ainsi le dernier hémistiche de ce vers :

ان قطعت ما بينى وبينك لبعدى عنك ووصلت غيرى فلى العذر ان استبدلت غيرك واميل بهوآى الى سواك

Vers 15. Les endroits nommés *Khamala* et *Audjar* doivent être situés dans la Syrie; mais les lexiques géographiques de Soyouthi et de Zamakhschari n'en font pas mention.

Vers 16. On lit dans le man. A : حوران مدينة, et dans le man. B : حوران مدينة بالشام. Comme les commentateurs ne sont pas en général de très-habiles géographes, nous aimons mieux croire qu'il s'agit de la contrée ainsi nommée, l'ancienne Auranitis. On lit de plus dans ce dernier manuscrit : يقول لما جاوزت حوران فمرت (نجدت) فى الال ثم لم ار شيا اسرّ به.

L'affixe, dans دولها, se rapporte à حوران. Une glose du man. A explique la fin de ce vers par لم تر اشياءً تسرّك. Dans le man. C, au lieu de فى الال, on lit والالال.

Vers 17. Hamah, l'ancienne Épiphanie, est une ville de la Syrie située sur l'Oronte. Shaizar est sur le même fleuve, à peu de distance de Hamah.

Vers 18. Le *Kamous* rend تعذّر par تأخّر. Le commentateur explique ainsi les derniers mots de ce vers :

قوله لا يلوى على من تعذرا اى لا يحتبس ولا يتربص على من نأبسه عذر يصف انهم يسيرون

متساهلين في تخلف منهم لهيه اصابه لم يتربص عليه حتى يدرك ويروى تغدرا اى تخلف
وبقى ومنه الغدير لان السيل غادره اى تركه

Vers ١٩. Nous transcrivons ici la glose sur ce vers:

يقول لم ينسى ما قد لقيت من عناء السفر وبعد المشقة نساء في الهوادج وخــلا قد خف
(حف ا.) به حولهن لجعل كالقر وهو من مراكب النساء على الابل وقوله مخدرا اى قد جعل
في هيئة للخدر وللخدر الهودج ومخدرا من وصف للجمل. ويوما متعلق بـينسى

Le sujet du verbe ينسى est ما قد لقيت, le complément en est ظعائنا; le mot يوما est à l'accusatif comme ظرف, et le ظـرف devant dépendre nécessairement d'un verbe, le commentateur a ajouté avec raison ويوما متعلق بينسى. Voy. Gramm. ar. t. II, p. 591. Le ظرف se nomme même المتعلق. Si ce mot était le complément du verbe, le commentateur aurait dit: ويوما نصب بـينسى.

Vers ٣. On lit dans le Kamous: بيش وبيشة بكسرها واد بطريق الصمامة ماسدة وتهمر الثانية

Le Merâsid nous fournit les renseignements suivants:

بيشة بالهاء اسم قرية بمخا في واد كثير الاهل من بلاد اليمن   نمير موضع بين ذات عـرق
والبستان وقرية بميلين من قبر اى رجال وغير ايضا موضع في ديار بنى الملبوب غضور ماء على يسار
رمان ورمان جبل في طرق سلمى احد جبلى طى وقيل هو موضع فيما بين المدينة الى بلاد خزاعة

On peut consulter, sur Bisha ou Beishe, Burckhardt's Travels in Arabia, t. II, p. 383 et suiv.

Vers ٢١. On lit dans le commentaire: معنى صام النهار قام واعتدل, et on trouve dans le Kamous: صام النهار قم قائم الظهيرة.

Page ٢٧, vers ١. Le commentateur fait l'observation suivante:

لم يقصد لانها تقطع الغيطان خاصة بل اراد لانها تقطع السهل والوعر وقد بتى ذالك كان متونها
وفي ما ارتفع من الارض وصف [انها لما] قطعت الغيطان قطعت متونها لانها مـــتصلة بالغيطان
وشبّه ما يبدو من السراب عليها وقت – (بياض) – يجر لجرى الملاحف (وقت الـــهــواجــر
بالمـــلاحف ا.) البيض المنشورة

Vers ٢. Voici comment le commentateur explique ce vers:

وصفها بالنشاط حتى كانها ترى هرّا قد ربط الى حزامها فهم يجددشها وينفرها وانما خصّ الهر
لانهم كانوا لا يتخذونها في البوادى حيث تكون الابل الا تليلا فكادت ابلهم لا تعرفها فذالك
اشد لنفارها وجزعـــهــا

Comparez la moallaka d'Antara, vers ٢٩ et ٣٠, et la note sur le cinquième vers de la page ٣٥ de ce recueil.

Les deux manuscrits expliquent مربوطا par مخيّرا.

Vers ٣. Le man. A porte ضرّان, mais c'est une faute d'orthographe.

Vers ٤. On lit dans la glose:

شبه فعلها ذالك يرى الاعسر وهو يرى بيده اليسرى وخصمه لان رميه لا يذهب مستقيما وللخذن الرى بالحصى وصوبها فان كان بالحصى وشبهها فهو للخذن بالحصآء غير معجمة

Vers ٥. Le mot عبقر n'est expliqué dans aucune des gloses, mais nous lisons dans le Merâsid:

عبقر بفتح اوله وسكون ثانيه وفتح القاف ورآء موضع بالبادية كثير الجن يقال جن عبقر وعبقر موضع بالجزيرة كان يعمل به الوشى وعبقر موضع بنواحى اليمامة

Voy. aussi Hariri, p. ٣٣٤. Nous croyons qu'il s'agit dans ce vers du dernier endroit mentionné par l'auteur du Merâsid.

Vers ٧. La glose renferme les observations suivantes sur ce vers:

قوله هو المنزل الالان مى جو ناعط يحضر على بنى اسد وبخوفهم منه وناعط حصن بارض عذان وجو ارض باليمامة وقوله حرما من الارض اى عليكم يا بنى اسد بالنزول مما غلظ من الارض وخشن والخصص بالجبال وهاذا منه وعيد واستطالة وبنى اسد منادى مضاف وحرما منصوب على الاغرآء اى عليكم حرما او اطلبوا حرما

Vers ٨. Nous transcrivons ici la glose du man. B:

قوله ولو شآء الخ كانه يقيم العذر لنفسه في استجارة ملك الروم واستغاثته به على بنى اسد دون ان يغزوهم من اليمن فيقول لو عشت لغزوتهم من ارض حمير بقوى ولاكنى اردت التشنيع عليهم وقوله جحدا اى تصدا وهو منصوب على معنى ولاكنه يعمد جحدا وللخبر فى قوله الى الروم انفر خبركان تقديره لو شآء الغزو نفيرا اى تجتفلا ويجوز ان يكون انفرا حالا وخبر كان فى قوله من ارض حمير

C'est cette dernière analyse que nous avons admise comme la plus naturelle. On voit que انفرا est l'adjectif comparatif mis à l'accusatif. Le lecteur trouvera dans la vie d'Amro'lkais, p. ١٢, les circonstances auxquelles le poëte paraît faire allusion dans ce vers.

Vers ٩. On lit dans le man. B:

صاحبه هادا عمرو بن قميّة اليشكرى وكان قد مرّ بنى يشكر فى سيره الى قيصر فسالهم هل فيكم شاعر فذكروا له عمرو بن قميّة فدعاه ثمر استنشده فانشده واعجبه فاستصحبه امرو القيس فاجابه الى مصاحبته

On trouve dans le Hamâça quelques fragments des poésies d'Amr, fils de Kamiya; car tel est son véritable nom, et non pas قميلة Komaïla, comme on le trouve écrit dans une glose du manuscrit de Gotha. Voy. Catal. Mœlleri, n° 547. La vie d'Amr, fils de Kamiya, se trouve dans le Kitâb el-Aghâni, t. IV, fol. 69. et suiv.

M.

Le man. A porte لاحقان avec un *fatha* sur le *noun*, mais c'est évidemment une faute. Nous lisons dans le *Merâsid*:

الدرب هو الطريق الذى يسلك ----- واذا اطلق لفظ الدرب يراد به ما بين طرسوس وبلاد الروم لانه مضيق كالـــــــــــــــدرب

Voyez Freytag, *Selecta ex hist. Halebi*, p. 47, 152.

On trouve ce vers cité dans le man. de la Bibliothèque du roi, n° 490, où l'auteur fait l'observation suivante:

دونه اى لما راى الدرب من وراء ظهوره بكا خوفا من الروم وبعد المشقة وكان امرو القيس طوى هــــــذا الخـــبـــر عـــنــــه

VERS 10. Dans ce vers il faut lire او نموت au subjonctif.

VERS 11. Le commentateur dit:

يقول انا كفيل ---- (بياض) --- نسير (كفيل انّا نسير .1.) سيرا شديدا ترى منه الفرائق مآئلا الى جهة من شدّته ان رجعت من عند قيصر ملكا على قوى

VERS 12. Le mot لاحب *chemin*, dérivé du verbe لحب *fouler aux pieds*, est de la forme فاعل, mais avec la signification de la forme مفعول. Les gloses n'expliquent pas pour quelle raison le chameau pousse des cris lorsqu'il flaire le chemin ; c'est probablement pour appeler les autres chameaux qui l'ont précédé sur la route, ayant reconnu, par l'odeur, qu'ils avaient passé par là. Le poëte veut donc dire : « Nous traverserons « un désert uni, où rien ne sert à diriger les voyageurs, si ce n'est l'odeur que les « chameaux de nos devanciers ont communiquée au sable, et que le chameau âgé, « et habitué à voyager, peut seul sentir. »

VERS 13. *Berbera* بربرا est le nom d'un pays de l'Afrique, qui s'étend depuis le détroit de Bab el-Mandeb jusqu'au cap de Guardafui. Encore aujourd'hui on exporte de ce pays en Arabie, des esclaves, des chameaux, des chevaux et des mulets. La ville capitale se nomme aussi *Berbera*.

Ce vers nous offre un exemple de l'emploi pléonastique du verbe سرى avec الليل semblable à celui qu'on trouve dans le Koran, sur. 17, vers 1.

VERS 14. Le scoliaste rend منهطر par السابق الماضى على جهته.

VERS 15. On lit dans le man. B:

يقول اذا عطفته زاملته (وزاملته .1.) بالركض وبالرجر من جانبيه كليهما تضعر في مشيته ومال في احد جانبيه ثم حرّك بالجام عبثا ونشاطا والهيدبا بالدال غير معجمة مشية فـــيـــها تضعر واشعاقها من الثوب ذى الهدب لانه (يضطرب فى التضعر .1.) والهيذبا بالذال معجمة هو من اهذب فى سيره اذا اســـــرع

Il y a une lacune بياض dans la glose précédente ; nous l'avons remplie par conjecture.

On lit quelquefois dans ce vers ترقرا, au lieu de فرمرا; mais l'auteur des gloses condamne cette leçon, attendu que ce verbe ne s'emploie pas en parlant des chevaux.

Vers ١٩. Le man. в nous fournit l'observation suivante :

قوله واي الاباجل يريد لين العروق والمفاصل فيتسع لذالك في العدو والاباجل عروق في الرجل

Vers ١٧. Le poëte veut dire que Baalbek et Émesse étaient tellement éloignés de son pays, que leurs habitants ne le connaissaient pas même de réputation.

Vers ١٨. Les pluies d'orage contribuent beaucoup à la fertilité de plusieurs régions de l'Arabie. Ainsi, quand un nuage se levait à l'horizon, en jetant des éclairs, tout le monde le regardait avec anxiété et joie, dans l'espoir qu'il verserait ses eaux sur leur territoire. Amro'lkaïs veut donc dire dans ce vers : « En contemplant les « éclairs, j'espère trouver ce bonheur que j'ai éprouvé autrefois à leur aspect ; mais, « hélas ! rien ne peut soulager les peines d'amour que tu m'as causées, ô fille « d'Afzar ! » L'auteur du commentaire explique ce vers ainsi :

قوله نهم بروق المزن اى ننظر المها لنعلم اين مصاب المطر اى وقعه ومصبه طمعا في ان يكون في ديارنا محب فيشتسلى (فيستسلى) بذالك ثم اخبر ان كل ما يتسلى به لا يهقيه من الشوق الا (الى ل.) ابنة عفرر وللعنين الـيــمـهـــا

Vers ١٩. Le commentateur fait sur ce vers l'observation suivante : يقول لو مشى اللوق من الذر فوق ثوبها لاثر في جلدها لميامها ولعستها ورقة بشرتها

Vers ٢٠. On lit dans la glose ce qui suit :

قوله له الويل يعنى لنفسه وانما قال له الويل ان امسى فاى بحرف الشرط وهو يقتضى الاستقبال وقد امسى هو ناآتنا من امر هاشم اتساعا ومجازا وايهاما للمبالغة

Le commentateur a donc lu اِنْ avec un kesra, cependant il paraît préférable de le prononcer avec un fatha, et alors il forme, avec le verbe qui le suit, l'équivalent d'un nom d'action, faisant ici la fonction d'inchoatif précédé de son énonciatif. La proposition ولا امر هاشم قريب sera alors virtuellement un qualificatif de cet inchoatif.

Il est nécessaire d'observer que ce mot ان, dans le man. A, ne porte pas de motions, quoique en général chaque lettre y soit accompagnée de celle qui lui convient. Ceci donne à croire qu'on a laissé au lecteur l'option des deux leçons.

Vers ٢١. Le poëte parle ici de la mère de son compagnon de voyage, Amr-ben-Kamiya. Le commentateur analyse les derniers mots de ce vers des deux manières suivantes :

قوله وما كان اصبرا ط التجب اى ما كان اصبرها قبل فراقها لعمرو ابنها وحذذن ضميرهـــا المنصوب والتجب (المنصوب للتجب منه ل.) لان ما قبله قد دل عليه وقيل المعنى ما كان عمرو اصبر من امه حتى بكى لما راى الدرب دونه فاذا تقدرت ما نفيا لما نصب اسما معمرا (فاصبر اسم

94 NOTES.

منصوب ـ ١) خط خبر كان فاذا تقدّرتها تكهيبا فاصبر فعلا ماضيا مبنيا على الفتح (فاصبر فعل ماض مبنى على الفتح ـ ١) ولى الكلام على الوجهين حذن (فاذا كان على التعجب. ins) فكانه قال وما كان اصبرها واذا كان على النفى (كان المعنى. ins) ما كان هو اصبر منها وبكا مصدر ى موضع للحال تقديره ما راى (تقديره ارى ـ ١) ام عمرو باكيا وقيل هو مصدر معنى (معنوى ـ ١) لان ما قبله ى معناه فكانه قال ارى ام عمرو تبكى بكا

Page ٢٨, vers ١. Le mot حسمآء est le pluriel de حسى, qui signifie « une couche « de sable qui couvre un fond d'argile imperméable à l'eau. » Il paraît être employé ici comme nom de lieu; il y avait même plusieurs endroits de l'Arabie qui portaient ce nom. Voy. la Géographie d'Abou'lfeda, texte arabe, p. ٩٨, n° ٣٨, et la Chrestomathie arabe de M. le baron Silvestre de Sacy, t. II, p. 123.

On lit dans le man. b : مدافع تيصر اجالم وما اتصل ببلاده لها (وما ـ ١) يدفع عنه وحميه.

Vers ٣. L'expression اكبر اكبر a la même signification que كبيرا بعد كبيرا. On pourrait la rendre par *de père en fils*. Voyez *Hamáça*, p. ٧٣٣.

On trouvera dans la vie d'Amro'lkaïs l'histoire de l'expédition à laquelle le poëte fait ici allusion.

Vers ٥. Le commentateur fait observer que par *ses chevaux* le poëte veut désigner ses cavaliers, et que le sens du vers est : « Mes cavaliers n'ont pas montré de lâcheté « dans le combat, mais ils se sont éloignés à cause de leur désir de revoir leur pays. »

Nos autorités ne nous fournissent aucun renseignement précis sur les endroits nommés Berbaïs et Maïsar; si l'interprétation de ce vers, telle qu'elle est donnée par le commentateur, est exacte, nous devrions croire qu'ils étaient situés en Arabie; cependant l'auteur du *Kamous* place le premier près d'Émesse et le second en Syrie, et dans la glose du man. c on lit : موضحان بالشام. Il est vrai que dans ce manuscrit l'ordre des vers du poëme diffère considérablement de celui que nous offrent les manuscrits a et b, et que ce vers suit immédiatement le dix-septième de la page ٢٧ de notre recueil. Si l'on admet cet ordre, ces deux lieux devaient, en effet, se trouver en Syrie et être des stations de chevaux de poste.

Vers ٦ et ٧. Le poëte, après s'être plaint des malheurs qui l'accablent, rappelle dans ces vers le souvenir des moments heureux dont il avait joui autrefois, et il cite d'une manière spéciale le jour qu'il avait passé à Kodhâran, quand lui et ses amis s'abandonnèrent aux plaisirs, quoique menacés d'un danger imminent.

Le commentateur explique ainsi le dernier hémistiche du vers ٧ :

وصف انه كان على حذر وقلّة طمانينة وان كان قد اصاب حاجته. وادرك طلبته فقال كان وامحاب على قرن اعفرا والاعفر الظبى الابياض يخالط بياضه حمرة

On lit dans les manuscrits B et C تأذن, et dans le Merâsid : تأذن الذال مهمة مكسورة
من قرى حلب من ناحية براعة. Consultez sur براعة ou براعها Abulfedæ Tab. Syriæ, edit. Kœhler, p. 129. Le *Kamous* place طرطر en Syrie.

Vers 8. Les manuscrits expliquent le mot نقاد par غنم صغار. La ville de تذاران ou تذاران est située près d'Alep. Voyez le *Merâsid*.

Vers 9. Le commentateur, après avoir observé que quelques-uns attribuent le poème suivant à Abou-Dawoud, de la tribu de Iyâd ابو داوود الايادى, explique ainsi ce vers :

الشماريخ ما ارتفع من اعالي هذا الجبل وقيل في الجبال المشرفة والبيض من وصف الشماريخ فان كانت اعالي الحصاب فهو يصفها بالبياض وان كانت لجبال فيريد انها لا نبات فيها

Vers 10. On lit dans le commentaire l'explication suivante du dernier hémistiche :

قوله كتعتاب هو ان يمشى البعير او غيره على ثلاث قوائم وذلك ابطى للمهيد والمهيهى الذى كسر بعد ان جبر من كسر وذالك اشد عليه فلا يطيق المشى الاعلى عناء ومشقة وانما وصف البرق بثقل للحركة عند الهبوب فشبهه يمشى كسير

Vers 11. Une glose du man. A rend الفوز par الظفر, et telle est la signification que nous avons adoptée; dans le man. B, cependant, le dernier hémistiche de ce vers est expliqué ainsi :

الفوز هاهنا القمر فيقول كان هاذا البرق لى هاذا الحصاب لسرعته وانتشاره اكف تتسابق طمعا في القمر والفوز ما خطا القداح والمغيض الذى ضرب بالقداح لى الميسر فلاكف تتلق الامسه تتسابـــق الـيـــمــهــــــا

Dans cette glose les mots ما خطا nous paraissent altérés.

Vers 12. Le mot تلاع est expliqué par مجارى الماء الى الارض.

On lit dans le *Kitâb el-Merâsid* :

صارج موضع بين اليمن والمدينة وليه خبر مشهور وصارج ارض سجضة مشرفة على بارق وهو قرب اكونة وقبل صارج من النقا ماء واحل لسعد بن زيد مناة وفي الان لغيرهم

Aucun des lexiques, non plus que l'ouvrage que nous venons de citer, ne donnent de renseignement positif sur يثلث. Quant à عريض, on lit dans le *Merâsid* : عريض فيه ; et dans le Dictionnaire des noms de lieux mentionnés dans les poëtes, par Zamakschari, on trouve عريض قبة منقادة بطرن النير نير ماضره. Ces deux derniers passages sont évidemment altérés, et nous n'avons pu les rétablir.

Vers 13. On ne trouve rien de certain sur les lieux nommés قطاعان et اريض. Dans le *Merâsid* nous lisons :

البدى واد لبنى عامر بنجد وقرية من قرى بجر بين الرزآنـــب والـصـوضى وقد جـاء فى الشعر والمــــراد بــــه الـــمــــنــــاديـــــــــة

On lit dans ce même ouvrage : الرزآنب بليد فى اوآئل بلد اليمـن من ناحية زبيـــد.

Quant à l'autre lieu cité dans l'extrait du *Merâsid*, nous n'en avons trouvé aucun renseignement.

VERS 10. On peut consulter sur l'espèce de lézard nommée ضبّ, Bochart, *Hierozoïcon*, t. I, p. 1044, et Burckhard, *Notes on the Bedouins*, t. I, p. 222. Le commentateur donne, du mot صفاصف, l'explication suivante : الصفاصف جمع صفصف وهو المستوى من الارض غير المنخفض ولا المرتـــفــــع.

VERS 14. Nous avons suivi l'explication du commentateur, qui dit :

فاسلى اى ادعو لها بالسلق اذ بات عنى وبعد مرارها متى فلا اصل الى لقائها غيران اقرض الشعر واهـــديــــه الــــيــــــهـــــا

VERS 17. On lit dans le man. B : مرهبة كالزج اى طويلة مرتفعة صعبة.

VERS 18. La glose du man. A explique اعدى par اصرف ; ce verbe doit avoir un complément sous-entendu, tel que الشرّ. Le man. B. explique ainsi ce vers :

قوله كان اعدى اى اتقى عليه كا للجناح الكسير على جناحه وانما قال هاذا للرط حـــــدة الفرس ونشاطه كانه يداريه (يداريه ا. ل.) ويسكنه

VERS 19. Dans les deux manuscrits, le mot خيارها est rendu par مغيبها et par غيوبـــــهـــــا.

PAGE 19, VERS 1. On lit dans le man. B la glose suivante : قوله يجارى شبـــاة الـــريم (اى يجارض .mss) حدّ هاذا الفرس الريم فى طوله ورقته وقة لحمه

VERS 5. Dans le man. B on lit :

قوله يجم مط الساقين اى اذا حرّك بالساقين واستحثبها (واستحثهما ا.) شعر جريه ولحم الكثير من كل هى وقوله جموم عيون للحسى اى يكثر جريه ككثرة عيون الحسى اذا استخرج ماءه والحسى موضع قريب الماء باليد وكلها استخرج ماؤه كثر وتم والمخيض ان يحض اى يستخرج ماؤه فضربه مثلا للـــفـــرس

Le mot مخيض est l'équivalent de تحريك, et plus spécialement de تحريك الدلو فى البئر.

VERS 7. On lit dans les deux manuscrits, رفيض مكسورة. Le poëte aurait dû dire : بها قناة رفيض ; وعادر اخرى فيها ; mais la mesure l'a contraint à supprimer le pronom affixe, quoiqu'il en résulte un contre-sens. Les Arabes cependant admettent des formes d'expressions semblables, et ils nomment la phrase ainsi construite, كلام مقلوب.

NOTES.

Voyez la Chrestomathie arabe de M. de Sacy, t. II, p. 399. Le commentateur rend cet hémistiche ainsi : وغادر اخرى اى ترك بقرة اخرى والربع منكس فــيــهــا.

VERS 9. Le man. B porte la glose suivante :

السن الثور الوحشى والسنيق الصخرة الصلبة وقيل هو جبل شبه الثور به لصلابتـه وشدتــه وارتفاعه والسنآء الارتفاع وكذلك السنّم وقوله يحدلاج الجيرى اى بفرس يسبرى الجير

Dans le man. A le mot سنّما est expliqué par بقرة; et en effet telle est la signification que le *Kamous* assigne à ce mot. Mais on doit remarquer que سنّما étant à l'accusatif ne peut pas être معطون على سنّ, et doit au contraire être معطون على سنآء; ainsi il faut croire que ce mot veut dire *hauteur, élévation*, signification que la glose du man. B lui assigne. Dans le man. C le mot سنّم est au génitif, et une glose marginale le rend par بقرة : cette leçon est peut-être préférable.

On lit dans le *Kamous*, السنيق كقنبيط بيت مجصص, c'est-à-dire, «le mot *sonnaîk* «prononcé comme *kobbaît*, signifie *une maison plâtrée*;» mais comme les deux manuscrits s'accordent dans l'explication de ce mot, nous avons préféré suivre leur autorité. Dans le man. C on lit السنيق جبل, « *Sonnaîk* est le nom d'une montagne.»

VERS 10. La glose suivante se trouve dans le man. B :

المحرض الذى احرضه المرض واكبرى اى اصل جسمه واذهب قوته وشيمه فى ذالك بالبكر للحريض وانما خصّ البكر وهو الفتى من الابل لانه اقلّ احتمالا واسرع بعيرا لقباسنه ونقصان قــوتــه

Bien que les mots بعيرا لقباسنه soient fautifs, le sens de la glose n'en est pas moins clair. Il est possible que la vraie leçon soit تغيّرا لتشابته.

VERS 12 et 13. On lit dans le man. A : البكرات جبال بطريق مكّه; et dans le *Merâsid* : البكرة بسكون الكان مياه لبنى ذويبة من الضباب وعندها جبال شمّ سود يقال لها البكــرات وقال ابن ابى حفصة البكرات ما لبنى ضبة بارض الحمامة وهى قارات باسفل الوسم والوسم بالفــتــح والسكون موضع بالحمامة يهمّل على اربع قرى الخ   وتارات جمع تارة وهى للجبل الصغير وقارات للجبل موضع بالحمامة بينه وبين حجر الحمامة يومر والبلة

Les deux manuscrits permettent de lire عادمة pour عارمة. Ce dernier se trouve dans le *Merâsid*, où nous lisons : عارمة جبل لبنى عامر بنجد وقيل مآء لبنى نمّ بالرمل وقيل من منازل قشير بن كعب

Il y a plusieurs lieux qui portent le nom de برقة, mais nous n'avons pu trouver celui dont il est question dans ce vers. Une glose du man. A rend العيرات par الحمير.

Quant à خول, on lit dans le *Merâsid* :

خول بالفتح قبل جبل وقيل مآء معروف للضباب بحون طحمعه (بحون طحفنة ١٥٠) به نصّل لوقيبل

N

ماء فى جبل يقال له انسان وانسان ماء فى اسفله يسمى للجبل به وقيل جبل الضباب حداما
(حداء ماء ١) ويسمى للجبل بهضب غول

Nous transcrivons ici quelques autres passages du même ouvrage:

جليبت قيل معدن وقرية وقيل جبل من جبال جمى ضربة كان فيها معادن ذهب وقيل ماء
بأجمى للضباب   نلى ماء لغنى   منبج واد ياخذ بين حفر اى موسى والنباج ويدفع فى
بطن فلج وبه يوم للعرب وقيل منبج من جانب لحمى جمى ضربة التى تلى مهبّ الشمال ومنبج
لبنى اسد واد كثير المياه وما بين منبج والوحد بلاد بنى عامر لم يضلطها احد اكثر من
مسيرة شهـــــــــر

Ce dernier endroit est mentionné dans le *Hamaça*, p. ٧٥٣.

Il y a plusieurs lieux dans l'Arabie nommés عاقل et جب. Nous avons cru qu'il était inutile d'en citer la liste.

Vers ١٣. Dans le commentaire du man. B le dernier hémistiche est expliqué ainsi:
يصف انه كان بعبت (يعبت ١) بالجمصى ويقلبه بين يديه وهو من فعل الجروى المتحير

Vers ١٤. Le sens de ce vers est développé dans la glose suivante tirée du man. B:
قوله او وصلن عثله بريد او وصلت الهموم والذكرات عثل ليل الخام فى الطول وقوله مقايسة
ايامها اى ايام هـوى بلياليها فى الشدّة والاذكار ونصب نكرات على لحال من الايام

Vers ١٧. On lit dans le man. A: لخبرات مواضع كثيرة النبت, et dans le man. B:
لخبرات جمع خبرة وهو قاع يحبس المـاء وينبت السدر

Le *kirâb* est un étui servant à renfermer l'épée avec son fourreau et ses ornements; le *nomrek* est le coussin que le cavalier met sur le dos du cheval pour s'asseoir dessus.

Vers ١٨. Le man. B fournit l'explication suivante du dernier hémistiche de ce vers:
قوله كذود الاجير شبّه الاتن لنشاطها ومرحها وتطريف (تصريف ١) الكحل لها وتحكـهــا
عليه (وتحكه عليها ١) بالخود من الابل وهى بين الثلاث الى العشر وتصريف الاجير لهن وقيامه
عليهن وانما خص الاربع لانه عدد قليل وذالك اصلح لها واكمل لخصبهن

Page ٣٠, vers ١. On lit dans le man. B: قوله حبشية اى شديدة لخضرة تضرب الى
السواد لربّها

Vers ٢. Le commentateur observe que Amr était un chasseur de la tribu de Thoal ثعل, une branche de la grande tribu de Taï, et qu'il était un des meilleurs tireurs parmi les Arabes.

NOTES.

Vers ۳. Le man. ʙ fournit sur ce vers la glose suivante:

قوله كأنّ فروعها عرى حلل اى كانّ اعالى اذناب هذه للسمير وما يتفرّع من شعرها جمائل جفون السيوف وقوله مشهورة اى موشاة مزينة وقوله حدرات اراد به مضفورة مفـــتولة ويروى صفرات بالصاد غير معجمة اى خالية من النصال وقيل فى المكشوفات وهاذا اشبه فى للمعنى اى كمهفنت فتبيّن وشبها وحسنها وانّما وصف للحلل بهاذا ليدلّ على ان عراها مماكلة فى للجواد وللحسن

Vers ٥. Nous transcrivons ici la glose du man. ʙ:

قوله نساتها اى زجرتها وقيل صرعتها بالمنساة وهى العصى فى للخبرات اى فى الوحى والتريــن شبّه الطريق بالبرد الموشى لاختلان لونه بما يتفرع منه وينشعب من بُنيّات الطريق واعتراض لحضرة وغيرها بمنهن والاثران سرير موتى النصارى وانّما شبه الناقـة به فى الصلابة والقوّة لانه يصنع من اجود للخشب واصلبـــه

Ce vers se trouve, avec quelques différences, dans la moallaka de Tharafa. Voy. *Tharafæ Moall.* ed. Vullers, p. ٩, v. ١٢.

Vers ٦. Une glose interlinéaire du man. A explique رديه par عربلة. On lit dans le commentaire du man. ʙ: رديه معيبة بعد السمن تعالى تجدّ فى السير العوج التوآئم كدنات شديدة صلبة

Vers ٧. Sur ce vers on lit dans le man. ʙ la glose suivante:

قوله وابيض كالخراق يعنى سيفا صقيلا وشبهه بالخراق لكثرة تصريفه وخفته ولمعانه والخراق حربة قصيرة ذات سنان طويل وقيل الخراق ثوب مفتول او عصى يلعب به الصبيان والــنـــمـــرات من الاعناق اصولها

Vers ۹. On trouve les détails de l'histoire d'Owair, dans la vie d'Amro'lkaïs, p. ١٠ et suiv. Nous ajoutons ici les observations du commentateur:

يمدح عوير بن مجنة بن عطارد من بنى تميم ويمدح بنى عون رهطه قوله منعوا جاراتكــم آل غدران يخاطب (قوما .....) نزل عليهم مستجيرا بهم فلم يـــرعوا جواره فنسبهم الى الغدران وانتقل الى عوير بن مجنة فاجاره واحسن عشرته وانتصب آل غدران على النداء وجائــــــر ان يكون منصوبا على الذم باضمار اعــنى

Vers ١٣. En marge du man. A nous lisons: قال ابن قتيبة الزبور هاهنا اكتب. Dans le man. ʙ le commentateur fait l'observation suivante: قوله فى عسيب يمان كان اهل اليمن يكتبون فى عسيب النخلة عهودم وصكاكهم

Vers ١٤. On lit dans le man. ʙ la glose suivante:

قوله ديار لهند ذكرا بهاذا الطلل كانت هند وصواحبها مقيمات فيه زمن الربيع وقوله لياليتا

100   NOTES.

بالنعف اى كانت هاذه الديار لهند وصواحبها فى ايام وليالى كانت تجـــــعهن مع امرى القيس فيلهو بهن والنعف ما نحدر (التحدر ا.ل) من الجبل وارتفع عن الوادى. والجمع نعان

Nous n'avons trouvé aucun renseignement précis sur le lieu nommé بحلان.

Vers ١٥. Le mot روان est le pluriel de رانية, dérivé du verbe رَا « regarder fixe-«ment et longtemps. »

Vers ١٦. On lit dans le man. B : قوله فيا رب بهمة يقول ان اصابنى الدهر مكروه فامسيت مكروبا فذى (فذو ا.ل) امرؤ لا يهتدى اليه كشفت حقيقته وبـــــــت صـــوابـــه

Page ٣١, vers ٢. Dans le man. B on lit : قوله رخو اللبان اى واسع جلد الصدرين المعطف وهو المستحبّ من الخيل

Vers ٣. On lit dans le commentaire la glose suivante : العفو للجرى على غير مشقّة وتكلّف وقوله متح اى سريع العدو كانه يسحّه سحًا

Vers ٤. On lit dans le man. B : قوله ملاطس اى مكسرات للحجارة لشدّة دفعهنّ وصلابتهنّ

Vers ٥. Dans le man. B on lit la glose suivante :

اللتوّة لون يضرب الى السواد يصف ان نبات التلاع ناعم لخضرته تضرب الى السواد والصلعان القصير الشعر وقبل هو من الاصلات وهو شدة الـــذهـــاب

Vers ٦. Nous transcrivons ici un extrait de la glose du man. B :

قوله كتيس ظبآء للحلب شبه الفرس بحمل الظبآء فى ضمره ونشاطه وسرعته وللحلب نبت ترعاه الظبآء فتضمر عنه بطونها والعدوان الشديد العدو وهو من وصف التيس

Vers ٨. Le mot نَشَوات, pluriel de نَشْوَة, doit signifier ici vina. On trouve نشوة dans le Hamaça, p. ٥٠٦, où il est même rendu par الخمر والسكر. Les gloses des man. A et B n'en donnent pas la signification.

Vers ١٠. Il y a dans l'Arabie plusieurs endroits nommés ملا. Celui dont le poëte fait mention ici est probablement situé dans la province de Bahrein.

Vers ١٧. D'après le man. A il est permis de lire لسانه au nominatif.

Vers ١٨. Le man. B nous fournit les observations suivantes :

الرحالة هنا خشبة كان يحمل عليها امرو القيس وكان مريضا وجابر من بنى تغلب وكان هو وعمرو بن نشبة يحملانه والقر مركب من مراكب النسآء كالهوادج

اكنانى est ici pour اكنانى, et dans le vers suivant, فدانى est pour فدانى.

Page ٣٢, vers ٢. On lit dans le man. B : المذعان المذلّلة المطاوعة.

Vers ٣. Le man. A explique غيث par نبات; dans le man. B nous lisons ce qui suit ·

NOTES. 101

قوله غيث كالوان الغنى الذى شبه الكلاءَ فى الغنى (بالغنى _ـ) فى ريـــه والذى عنب الـــثــــعــــلــــب ومعنى تعاور تداول وتعاقب والاوطف (كـهاب ـت) دان من الارض

Une glose interlinéaire dans le man. A rend le mot اوطف par كهاب قريب.

VERS ٥. On lit dans le man. B, تهلان اسم جبل. On ne le trouve pas dans les lexiques géographiques arabes.

VERS ٦. Le man. B nous fournit l'explication suivante des mots جون العبر, et le man. A la porte en marge, avec quelques légères différences :

قوله لكون العبر قال بعضهم هو للحمار الذى ليس فى جوفه شىء ينتفع به لانه صيد لا يوكل من بطنه شىء وقيل العبر هو رجل من بقايا عاد الاخرة وكان يقال له جار بن مويلع وكان له جون من الارض فيه ماء معين وكان يزرع فى نواحى ذالك للجون وكان يقرى الضيفان فمكث على الاسلام زمانا وكان له عشرة بنين فاصابتهم صاعقة فماتوا كلهم فغضب وكفر ورجع الى عبادة الاوثان ومنع الضيافة فاقبلت نار من اسفل ذالك للجون برى فاصف فاحرقت للجون بما فيه واحرقته ومن دخل معه فى عبادة الاصنام فاصبح للجون كانه الليل المظلم وصار خرابا فضربت العرب به المثل فقالوا وادى للحمار وجون العبر

Voyez aussi le commentaire de Zouzeni sur le vers ٢٧ de la moallaka d'Amro'lkaïs, et Meïdani, *Proverb. arab.* ed. Schultens, pag. 272.

VERS ٧. Dans le man. B le commentateur fait l'observation suivante :

كانوا اذا صاروا فى غزو يركبون المطايا من الابل ويقودون الخيل ليوفـــر قوتها ونشاطها الى ان يـــــتــــاجوا الى استعمـــالـــهـــا

VERS ٨. On lit dans le man. B : الجبر للجيش العسم والغلان الاجنة اكثيرة الخير.

Les lexiques géographiques ne nous fournissent aucun renseignement sur l'endroit nommé انعم.

VERS ١١ et ١٢. On peut voir dans la vie de notre poëte quelle fut l'occasion de ces vers. Voy. p. ١٣.

Dans le man. B on trouve un récit de l'origine de ce poëme, qui s'accorde avec celui que donne l'auteur du *Kitâb el-Aghâni*. Seulement le premier ajoute qu'il y avait parmi les Benou-Djedila, un homme nommé *Baëth*, duquel en effet notre poëte fait mention dans le troisième vers. On lit ensuite dans le commentaire :

يقول دع عنك نهما اخبر عليه وصبى فى نواحيه وكلى حدثنا حديثا عن الرواحل كيف ذهب بها ايضا يقول هاذا لخالد جاره ودثار هو راعى ابل امرى القيس والقواعل اسماء جبال ليــست بشوامع والقواعل ايضا الجبال الــــطـــوال

La montagne nommée تنوف est située près des deux montagnes de Taï, اجا et سلمى. L'auteur du *Merâsid* ne la nomme pas.

Le mot النوق est rendu dans les gloses par الابل التى لها لبان et par النوق.

Vers ١٣. On lit dans le man. B : بعث رجل من طى وهو من اغار عليه وادوى هلك وللمطلوب الاوائل الامور القديمة

Le commentateur, comme on voit, ne dit pas qui était Isam, ni quelle est la signification du dernier hémistiche, lequel, au premier abord, paraît être un proverbe; cependant on ne le trouve pas dans le recueil de Meïdani. On pourrait supposer qu'Isam appartenait à la même tribu que Khaled, et qu'il était l'honneur de sa tribu et l'appui des malheureux. Il y avait un Isam contemporain d'Amro'lkais qui, bien que d'une basse extraction, s'était élevé à un haut rang par son mérite personnel. C'est lui qui donna occasion à ce proverbe : كن عصاميًّا ولا تكن عظاميًّا. Voyez *Hariri*, pag. ٢٥٨, et *Chrestom. arab.* t. II, p. 532 ; mais il ne peut pas être le même que l'Isam auquel le poëte fait allusion dans ce vers, puisqu'il y est dit qu'il était déjà mort depuis longtemps.

Vers ١٤. Nous transcrivons ici une partie de la glose du man. B :

معنى حلّت طردت من المآء ومنعت واذا فعل ذلك بالاتان تلكّأت فى مشيتها واستدارت حول المآء نشبه خالدا بها فى تركه لحدّ ورد الابل وللحزقة الحبل الضيق وقيل هو القصير الضيق الباع المجتمع الخلق ومنه قيل للجماعة حزيقة وحزيق

Vers ١٥. On lit dans le man. B :

اجأ احد جبلى طى وكان قد نزل به على حرقة بن مر التغلبى (جارية بن مر الثعلى ١.) واخبر عن اجا وهو يريد اهلها اتساعا وجازا

Vers ١٦. Le mot أُمَّى est le pluriel de آمنة, adjectif verbal actif de la première forme du verbe. Nous lisons dans le *Merâsid* :

حائل موضع باليمامة لبنى نمير وقيل لبنى قشير وهو واد اصله من الدهنا وحائل ايضا فى بطن المروب من ارض يربوع وقيل واد فى جبل طى

Il n'y a aucun renseignement sur le lieu nommé قرية.

Vers ١٧. Nous lisons dans le man. B : بنو تعل رهط حارثة (جارية ١.) بنى مر وسعد ونابل من بنى نبهان وهم قوم خالد

Vers ١٨. Le commentateur fait ici l'observation suivante : المجادل للحصون يريد الجبال المرتفعة واصل المجدل القصر

Vers ١٩. Le commentateur fait sur ce vers les observations suivantes :

الاسرّة هنا الطرائق فى النبت وللحبك الطرائق ايضا والوصائل ضرب من البرود المخططة شبّه اختلاف النبت وحسنها بها واراد بالجرآء الحضابة ونصبها على المفعول الثانى التقدير كلمت روس

NOTES. 105

المجادل كنـاية جـزآء وقوله ذات اسرّة مـن نعت مكـللة وجعل ان يكون من نعت للحـمرآء على ان يـريـد بالاسرّة ولكحبك الطرآئــق فى الحصابـة ثـم شبهها بالوصائـل وهادا للمعنى عندى اقرب ومكـللة منـصـوب على الحـال من رووس المجــــادل

PAGE ٣٣, VERS. ١. On lit dans le man. B: موضعين مصرعين لامر غيب اى الموت للغيب عنا وقيل ما بعد الموت

VERS ٢. دبّان est le pluriel de دباب. Cette forme du pluriel se trouve employée dans ce proverbe : الذبّان تعرف وجه اللبّان « Les mouches connaissent la figure du mar- « chand de lait. »

VERS ٣, Dans ce vers, اكتساب est pour اكتسای. Dans les vers suivants on trouve انتسای pour انتساب, et شبای pour شباب. La suppression du ى, dans ces cas, n'est pas du tout nécessaire.

VERS ٤. La glose suivante est extraite du man. B :

كانها عذلتنه على ترك الطرب والـلهـو فيقول دعى بعض لومك وعذلك فان التـجارب التى جـربــت تؤدبنى وانى انتسب فلا اجد الا ميتا فاعم جينئذ ان لاحق بهم فذلاك ايضا مما يؤدبنى ويـكـفى من لــومــك

Le mot بعض est à l'accusatif, par l'influence du verbe دعى sous-entendu.

VERS ٥. Dans le man. B le commentateur explique ce vers ainsi:

عرق الثرى آدم صلى الله عليه لانه اصل البشر وقيل اسماعيل صلى الله عليه لانه اصل العرب على قول من زعم ان جميع العرب منه فيقول عروق متصلة بادم اذا انتسبت وقد فنى كل من بينى وبينه فلا شك انى لاحق بــهـم

VERS ٧. Dans le commentaire du man. B on lit l'observation suivante:

امق الطول الامق الطويل واضافه الى الطول لاختلاف اللفظين وارد المبالغة فى وصف للـعرق بالطول

VERS ٨. رغاب est le pluriel de رغيب, vaste, étendu.

VERS ٩. Dans le poëme de Tograï, nommé *Lamiyat el-Adjem*, on trouve au vers ٤ la même pensée exprimée un peu différemment.

VERS ١٠. On trouvera dans la vie d'Amro'lkaïs, p. ٨, la raison probable pour laquelle Hodjr est nommé ici le *seigneur des pavillons*.

VERS ١٢ et ١٣. On lit dans le commentaire B:

قوله سانهب اى سائـبت واطـلق باظفار للـمنـية وهاذا مثـل وانما يـريـد انـه سيموت كما مات ابوه واجـداده والكـلاب اسم واد كانت فيه وقيمة عظيمـة واراد بالقتيل عمه شرحبيل بن عمرو

NOTES.

Le dernier hémistiche du vers ١٢ offre un autre exemple de cette construction singulière que nous avons fait remarquer dans la note sur le septième vers de la vingt-neuvième page. Consultez, sur la journée de Kolâb, Rasmussen, *Historia ante-islamica*, page 116, et *Aboulfedæ Hist. ante islam.* pag. 144.

Vers ١٥. Dans le man. B on trouve l'observation suivante : قوله ذى مخلوجة هو الامر المختلج فيه اى الذى يتنازع فيه ويختلف فى حقيقته

Vers ١٦. Nous transcrivons ici une partie du commentaire du man. B sur ce vers : الاحقب حمار الوحش وهو ابيض موضع لحقيبة والفارح المسنّ والطاوى ثور وحشىّ خميص البطن وقيل هو الذى يطوى البلاد نشاطا وقوة والموجس المتأنّث للحذر لشىء سمعه

Le *Merâsid* fait mention des endroits nommés Shorba et Irnan, mais les renseignements que cet ouvrage en donne sont si vagues, que nous avons jugé inutile de les citer ici.

Page ٣٣, vers ٢. On trouve la même idée dans l'hémistiche suivant cité dans le *Hamâça*, p. ٧٨٥ : وعانٍ فوى له القدّ حتى تكنّعا.

Vers ٣. On lit dans le man. B : ابن مزّ وابن سندس صآئِدان من طى معروفان بالصيد

Le mot غدية est la forme diminutive de غدوة ou de غداة. Voy. le commentaire de Zouzeni sur la moallaka d'Amro'lkaïs, vers ٧٨, éd. Hengstenberg.

Vers ٥. Le commentateur fait ici l'observation suivante : العَمْرِس شجر كراؤه النور وعيون الكلاب تضرب الى الحمرة

Vers ٦. Nous transcrivons ici un extrait de la glose du man. B : ايما قال كانه على الصمد لانه لا يبدو بياضه وخفّته حتى يشرف للناظر

Vers ٧. Nous lisons dans le man. B : بوم انفس اى يوم ذهاب انفس من الكلاب ومنها والرمث اسم موضع فيه رمث وهسو بكسر الرآء ضرب من الشجر

Vers ٨. Le commentateur explique ce vers ainsi : المقدس الراهب الذى يأتى بيت المقدس وكان اذا نزل من صومعته تجتمع الصبيان اليه فيضربون ثيابه ويمزّقونها محتمّا بهما ويسبّرّكا

Vers ٩. Nous transcrivons ici le passage suivant du man. B : يوصف ادها اعيت لطول مطاردتها الثور فرجعت عنه وطلبت الظلّ والراحة ثم شبّه الثور لنشاطه وحدّته بعد طول المطاردة والتعب بفحل الابل الكريم الذى كفّ عن الضراب فهو فى اكمل قوّته ونشاطه والقرم الكريم الذى لا يركب وللمتشمّس السفور نشاطا وحدّة والغادر المسك عن السضراب

NOTES.   105

Vers 1ᵉʳ. D'après l'auteur du *Kitâb el-Aghâni* et celui du commentaire dont nous faisons ces nombreux extraits, ce poëme fut composé vers l'époque de la mort d'Amro'lkaïs et pendant qu'il souffrait des douleurs de la maladie produite par le manteau empoisonné que l'empereur des Grecs lui avait envoyé. Cependant, dans les premiers vers de ce morceau, le poëte se représente comme arrivé près des anciennes habitations de ses amis, tandis qu'il mourut à Ancyre, avant d'avoir revu le désert; il faut donc supposer ou que ces vers sont un fragment d'un autre poëme, ou qu'Amro'lkaïs y a dépeint une scène imaginaire, telle qu'on en trouve au commencement de la plupart des *kasidas*.

On lit dans le *Merâsid* : عسعس جبل طويل وراء ضرية لبنى عامر وله دارة .

Vers 12. On lit dans le commentaire : قوله فلا تنكرون كانه يخاطب اهل الدار لما اتاها
فلم يجد بها من يوافقه ويسره

Voyez sur غول, la note sur la p. 24, l. 13. Quant à l'endroit nommé العس, il est possible que ce soit le même dont le *Merâsid* fait mention dans ces termes : العس
(العس) جبل فى ديار عامر بن صعصعة

Vers 13. On lit dans le man. B : الاكباب ملازمة الشى مع انعطان عليه والحنآء. Le man. A rend ce même mot par اميل.

Vers 14. Dans le man. B on lit le passage suivant :
ترعوى ترجع العيط فى الابل التى اعتاطت فلم تحمل سنتها وقيل فى الطوال الاعناق والاعيس
البعير الابيض الذى يضرب بياضه الى الحمرة والصفرة وهو اكرم الوان للابل

Vers 15. On lit dans le commentaire :
يقول لم اخف ان تبرح فى الحياة هاذا التعريج ثم بين ذالك فقال تضيق ذراعى ان اقوم فالبس
ثيابى اى ضعف والجزع عن تناول ذالك لشدة ما فى من المرض يقال ضاق درع فلان بكذا وضاقت
دراعه عنه اذا لم يطقه

Page 30, vers 1. Dans le man. B le commentateur fait sur ce vers les observations suivantes :
فلو انها نفس لم يات للو بجواب ويحتمل تقديرين احدهما ان يكون للجواب محذوفا لعلم السامع
بما اراد كانه قال لكان ذالك اهون على ونحو ذالك فيما يقوم به المعنى والتقدير الثانى ان يكون لو
لمعنى التمنى فلا تحتاج الى جواب وقوله يموت جميعا يعنى انه مريض فنفسه لا تخرج جمرة ولاكنها
تموت شيئا بعد شىء وهو معنى تساقط انفسا

Vers 2. Le commentateur explique le dernier hémistiche de ce vers ainsi : تحولى
ابوسا اى لعل ما فى من شدة الحال والبلاء عوض من الموت .

o

Vers ٣. On trouvera l'histoire de Tammâh dans la vie d'Amro'lkaïs, p. ١٤.

Vers ٤. L'auteur du commentaire explique ce vers ainsi :

قوله الا ان بعد العدم لأمره تنوة اى بعد الشدّة رجاء وبعد المشيب غير مستمع (ا. مستمنع) وليس بعد الموت شىء من ذالك وضرب هاذا مثلا لنفسه والقنوة والعمة (ا. والقنية) ما اقتنيت من شىء فأتّخذته اصل مال.

La glose interlinéaire du man. A rend ملبسا par استمتاعًا.

Vers ٥. Nous transcrivons les observations suivantes du commentaire du man. B :

يقول لم يصبر قلبى صبر الاحرار ولاكنه جزع يقال اصيب فلان بكذا فلم يوجد حرًّا اى صابرا جلدا وقوله ولا مقصر ولا نازع مما هو عليه من الجزع.

Une glose du man. A explique حرّ par كريم العقل. Les deux manuscrits rendent قرّ par راحة.

Vers ٦. Les deux manuscrits expliquent مستقرّ et قويم par مستقيم et دآئم.

Vers ٧ et ٨. On lit dans le Merâsid : ذو طلح وطلح العبارى ماء لبنى سنبس فى الجبلين.

Nous n'avons trouvé rien de précis sur le lieu nommé اقر. Le commentateur observe que Mohadjjar est situé dans le territoire de la tribu de Taï. Hirr et Fertena sont les noms de deux maîtresses d'Amro'lkaïs.

Vers ١٠. On lit dans le man. B : تبالة موضع تألفه الوحش والدما التصاوير وهكر مدينة باليمن.

Nous trouvons dans le Merâsid : تبالة موضع ببلاد اليمن وتبالة الحاج بلد مشهور بتهامة فى طريق اليمن.

Voyez Chrestomathie arabe, t. III, p. 493 et suiv.

On trouve dans le Kamous : هكر ككتف بلد باليمن او دير روى او قصر. Et dans le Merâsid : هكر بالفتح ثم السكن وراه موضع على اربعين ميلا من المدينة وتبل بله وقبل قصر.

Vers ١٢. Nous faisons l'extrait suivant du man. B :

اصعدوا ارتفعوا من مكان بعيد والسيبّة للعمر المعتراة وللخص موضع بالشام طيب للعمر استطابوا اى اخذوا طيب الماء.

L'auteur du Merâsid place El-Khoss à quelque distance de Kadesiya القادسية. On lit dans ce même ouvrage أُسُر بلد بالحرين ارض بنى يربوع بن حنظلة ; et dans le lexique géographique de Zamakhschari : واد باليمن.

Vers ١٣. Le poëte, par بطن اخرى, veut désigner un endroit particulier ainsi nommé; mais les dictionnaires géographiques n'en font aucune mention.

Vers ١٥. On peut voir dans la vie d'Amro'lkaïs, p. ١٢, ce qui lui arriva dans le Yémen avec le roi de la tribu de Himyar.

Dans le man. A on a indiqué, par le mot آنْدُه, que la particule ان, dans ce vers, est explétive. Voyez *Grammaire arabe*, t. I, p. 519. Le man. B explique سكر par الصباب وقلّة التجربة.

VERS ١٣. Dans le man B on lit sur les mots وغير الشقآء l'observation suivante :

اى وما يعترّى عندهم سوء لحال ولحد (الجدّ .l) وغلبة الشقآء حتى ذكرتهم بما يسومهم ويشقّ عليهم

VERS ١٧. Le mot حفاظ signifie « l'action de défendre ses biens, ses droits et ses « clients; » il est aussi synonyme de حفيظة, *colère, rancune*. La glose du man. A l'explique par الانفة والغضب; et celui du man. B par الانفة لى لحرب من الادهرام.

VERS ١٨. Nous lisons dans le commentaire: العكر من الابل ما بين السّتين الى السبعين.

Le poëte, dans ce vers, fait allusion à la famille de Saad. Voyez la vie d'Amro'lkaïs, page ١٣.

VERS ١٩. Dans ce vers le poëte exprime le peu de cas qu'il fait d'une certaine tribu qu'il ne nomme pas, laquelle demeurait dans les montagnes, pour être à l'abri des attaques des ennemis, et ne possédait que quelques troupeaux de moutons. Le commentateur dit qu'Amro'lkaïs s'était arrêté chez elle, mais qu'il l'avait quittée bientôt après, probablement parce qu'elle n'avait ni le pouvoir ni la volonté de le protéger. Il s'agit vraisemblablement de la tribu de Yerboua. Voyez la vie d'Amro'lkaïs, page ١٣.

PAGE ٣٩, VERS ٢. Nous lisons dans le man. B :

قوله يا (فا .l) فرس حجر عيّره بعضر الفم لان الفرس اذا حجر نتن فمه فناداه بذالك وعيره به

Les commentateurs ne disent pas à qui le poëte adresse ces paroles; mais, selon toute probabilité, c'est à Harith ben-Shehâb, chef de la tribu dont il parle dans le vers ١٩ de la page précédente. Ce qui prouve que l'expression يا فرس est un compellatif, c'est que le poëte prononce فا à l'accusatif, au lieu de فى au génitif, ce qu'il devait faire s'il l'avait voulu employer comme permutatif بدل du pronom affixe en منه. Voyez la Grammaire arabe de M. le baron S. de Sacy, t. II, p. 89, 528.

VERS ٥. On lit dans le man. B que Sabi' سبيع, fils d'Auf, fils de Malik, fils de Hanzela, était parent d'Amro'lkaïs, et que ce dernier vint réclamer ses bienfaits, mais qu'il essuya un refus. Sabi' prononça même quelques vers dans lesquels il fit allusion à Amro'lkaïs en blâmant sa conduite, et celui-ci lui répondit par le poëme suivant.

On lit dans le *Merâsid* :

عامر ماء لبنى كلاب بالمامة وقيل من مياه عمرو بن كلاب   عايتان تثنية عاية اسم جبلين

عاية العليا لغرس وقشير والعجلان وعاية القصوى لتيم وجنوبها لباهلة وغربيها للعجلان

o.

Ni cet ouvrage ni celui de Zamakhschari ne fournissent des renseignements précis sur les lieux nommés Zou-Akdam, Saa'latit, Sahitan et Ghadir.

Vers v. Les personnes mentionnées dans ce vers étaient des femmes aimées d'Amro'lkaïs.

Vers ٨. On lit dans la glose du man. B : الخيل الذى ان عليه حول فتغيّر وقوله لاننا : يعنى لعلنا.

Quant à Ebn-Hadham, le commentateur dit que c'est le nom d'un poëte qui avait fait mention, avant Amro'lkaïs, des habitations abandonnées, et qui avait exprimé dans ses vers les douleurs que lui causait leur aspect. On lit dans le man. A : ابن حذام شاعر قديم.

Vers ٩ et ١٠. Nous transcrivons ici une partie de la glose du man. B :

قوله كالنخل من شوكان شبه الاظعان فى ارتفاع هوادجهن واختلاف الوانها بالنخل الذى حان صرامه وشوكان موضع كثير النخل وقوله تعلل بالعبير اى تصهر بالزعفران مرة بعد اخرى

On lit dans le *Merâsid* : شوكان موضع فى شعر امرى القيس وقرية باليمن من ناحية ذمار.

On peut consulter, sur ذمار, la Géographie d'Abou'lféda, texte arabe, p. ٤٠, n° ١٨.

Le man. A explique تعلل par تلطخ, et il porte اضعانهن à la place de اظعانهن.

Vers ١١. On peut voir l'explication donnée par Zouzeni du mot دمى, dans son commentaire sur la moallaka de Zohaïr, vers ١. Voyez Rosenmuller, *Zohairi carmen*, 1826, p. ٢, où il y a deux fautes à corriger. La première, à la ligne 7, où il faut lire وبعد وغيره, pour وبعر وغيره ; et l'autre à la 14, où l'on a imprimé وغيرها, au lieu de وغيرها, comme portent les manuscrits.

Vers ١٢. On lit dans la glose : انف اى مستانفة اول ما نزلت واخرجت من الدنّ.

Le commentateur fait observer que le sang de la gazelle est plus rouge que celui des autres animaux. Aaneh عانة est le nom d'une ville de la Mésopotamie, dont les vins étaient très-célèbres. Voyez la Géographie d'Abou'lféda, manuscrit de la Bibliothèque du roi, n° 578, fol. 74 recto; Hariri, p. ١٣١, et la Chrestomathie arabe, t. III, p. 118. Shebâm est une ville du Yémen ; elle était, du temps d'Abou'lféda, la capitale de la province nommée Hadramaut. Voyez la Géographie d'Abou'lféda, texte arabe, p. ٤٧, n° ٣٣٠.

Vers ١٣. Le mot موم signifie plus exactement *la pleurésie*. Le commentateur le rend par برسام, qui a le même sens.

Vers ١٤. Les commentateurs expliquent بجدّة par جدّ فى السير ناقة لها.

Vers ١٥. On lit dans le man. B :

قوله تجدى على العلات اى تسرع السير على ما بها من مشقّة وعلّة والروعاء للحديدة السفواد التى تفرع من كلّ شىء

Le *Kamous* donne la même explication de ce dernier mot.

Vers ١٧. Les scolies expliquent جالت par اضطربت et par جهة مالت الى كل.

Vers ١٨. Il est nécessaire d'appeler l'attention du lecteur sur la licence singulière, peut-être même sans exemple, qu'offre ce vers, où le dernier pied est mû par un *dhomma*, bien que la rime soit en *kesra*. Peut-être ce vers ne fait-il pas partie de ce poëme, ou bien on pourrait supposer que la vraie leçon est ارمام, pour ارماى, en regardant ce dernier mot comme indéclinable; cependant les lexiques géographiques que nous avons consultés ne font pas mention de cet endroit. Quant à عاقل, nous avons déjà dit qu'il y a beaucoup de lieux en Arabie ainsi nommés, mais il est impossible de déterminer avec certitude duquel le poëte veut parler; on voit seulement qu'il y avait une grande distance entre ce lieu et ارمام, de même qu'entre بدر et كثيفة, dont le premier paraît être le même que celui qui est devenu célèbre par une des premières victoires de Mahomet, et qui est situé entre la Mecque et Médine; les lexiques mêmes ne font mention d'aucun autre endroit de ce nom. Quant à كثيفة, on lit dans le *Merâsid* que c'est une des sources qui appartiennent à la tribu d'Amr ben-Kilâb.

Vers ١٩. Le commentateur, après avoir fait observer que le poëte s'adresse dans ce vers à Sabi' السبيع ben-Auf, ajoute :

اقصر اليك من الوعيد اى كفّ عن توعّدى وقوله ما الاقى لا اشدّ حزاى اى انا ما لقيت الامور وجرّبت الناس لا اتشدّد لذالك ولا اتاقب له

Dans la traduction de ce vers nous avons donné une explication différente de celle du commentateur, cette dernière paraissant peu naturelle.

Page ٣٧, vers ١. On lit dans le commentaire :

يوصف انه شديد جفنى العين لا ينام فاذا نام اصحابه نبّههم ويروى وانا المنيّة اى انا سبب الموت.....(بياض)....واتيتهم فى الصباح بعد نومهم وقوله وانا المعالى اى اخبر على هولاء فانبههم واوجههم بالقتال وهم مستيقظون وذالك لاقتدارى عليهم وقوله صفحة النوّام بريد وجوههم اى (هو لسا) مستقبلهم ومواجههم ولا يغرّهم

Vers ٢. Les scolies expliquent رفعت ذكره نشدت عن par خبر. Le man. B ajoute :

انّما ذكر ان معدّا عرفت فضله لانه من اليمن وليست معد منهم فاذا عرفت معد فضله واقترت به فسائر العرب اقرب الى ذالك واولى به

Vers ٣. Quand deux troupes des Arabes allaient s'attaquer entre elles, le guerrier qui voulait se distinguer appelait à haute voix au combat un des plus braves du parti opposé. La formule dont il se servait était : يا فلان عرّف مكانك « O! un tel, fais « moi savoir où tu es. » On disait d'un homme intrépide, toujours le premier dans les dangers et se faisant ainsi reconnaître facilement aux ennemis : هو بطل عرّف مكانه.

Cette signification du mot مكان a reçu ensuite de l'extension, en sorte qu'il vint à être employé dans le sens de *haut rang, dignité*. Dans ce vers les deux significations nous paraissent également admissibles.

Vers ٣. On lit اديت dans les deux manuscrits, mais nous avons imprimé اذيت, sur l'autorité de la scolie suivante, tirée du man. B :

اذيت ببلدة اى اصابنى فيها اذى وـــــــــــــكــــــــــروه

Vers ٧. Les gloses rendent السهب par المستوى من الارض. Aakil est le nom d'une montagne dans le Yemama. Hail est situé aussi dans cette province.

Vers ٨. On verra l'origine du sobriquet *esclaves du bâton* dans la vie d'Amro'lkaïs, p. ٥.

Vers ٩. On lit dans le commentaire : قوله قد قرت العينان من ملك اى قرت عيناه من قتله لبنى اسد وملك.

Vers ١١. On lit dans le man. B :

لغتك ردّك وعطفك واللامان السهمان يقول نردّ عليهم الطعن ونعيده كما نردّ سهمين على صاحب نبل يرى بسهمين ثم يعادان عليه

Vers ١٢. La glose du man. A explique اقساط par جماعات, et on lit dans celle du man. B :

اذ هى اقساط اى قطع وفرق يعنى لخيل ورجل الدبا القطعة من الجراد شبّه لخيل بالقطا فى سرعتها وشدة طيرانها كاظمة موضع بقرب البصرة مما يلى الجسر

On lit dans le man. A : كاظمة بئر.

Vers ١٣. Nous transcrivons ici la glose du man. B :

قوله ارجلهم كالخشب الهآئل اى تقلناهم والقينا بعضهم على بعض فارتفعت ارجلهم فكانها للخشب الهآئل وهو الذى القى بعضه على بعض فارتفع

Vers ١٤. Le commentateur dit qu'Amro'lkaïs avait juré de ne pas boire de vin avant d'avoir tiré vengeance des Benou-Asad, pour la mort de son père, mais qu'après la rencontre qu'il eut avec eux, et dans laquelle il en tua plusieurs, cette liqueur ne lui fut plus interdite, puisqu'il venait de remplir son serment.

Vers ١٥. Les gloses expliquent مستقب par مكتسب et تحتقل. On lit dans le man. B : الواغل الداخل على القوم يشربون ولم يدع. Le man. A explique واغل par طفيل, *écornifleur*. Voyez *Hariri*, p. ١٥٥.

Vers ١٦. Voyez la vie d'Amro'lkaïs, p. ١٥.

Vers ١٧. Nous transcrivons ici une partie de la glose du man. B :

قوله غير بآلة اراد غير بآنئة ثم قلبه فصار غير بانية ثم قلب كسرة النون فكسة فانقلبت اليـآء الفا هذا على لغة من يقول البادية باءلة وانما جعل القوس غير بآنئة من القوس (الــوتــر) لان الوتر يلصق بكبد القوس فاذا وقع الوتر على كبد القوس كان اشد على الرامى وابعد لذهاب سهمه منه اذا كانت القوس بآنئة عن الوتر دالك اهون على الرامى واقل لذهاب سهمه وقوله على وتــره اراد عن وتره والهآء فى وتره راجعة الى الرامى

Page ١٠٨, vers ١. La glose du man. A explique تخمى par قصد. On lit dans celle du man. B : قوله فى يسرو يريد فى قبالة وجهه وجمهيته.

Vers ٢. On lit dans le man. B : ازآء مهراق الدلو ومصتبها من الحوض. Le mot عقر signifie ماخر الحوض ومقام الشارب منه.

Vers ٣. Nous lisons dans le commentaire le passage suivant :
قوله كتلظى للجمر فى شرره شبه نصول السهام فى حدتها وسرعتها بالجمر المتلهب والتلظى التحرق والالتهاب اى هاده السهام تتوقح اى حدتها وبريقها كتنوع للجمر وقوله فى شرره من تــهـم ووصف للجمر بشدة التحرق والالتهاب

Vers ٥. L'expression ما عد من نفره signifie, à la lettre, « qu'il ne soit pas compté « au nombre de ses gens, » c'est-à-dire, qu'on le regarde comme un homme à part. Voyez *Anthologie grammaticale*, p. 83 et suiv., où l'on trouve aussi l'explication des mots اصمى et اعمى. Dans ce vers on peut lire aussi : لا يُنْمى رميَتُه.

Vers ٦. Nous lisons dans le man. B :
مطعم للصيد اى لا يكاد سهمه يخطى يقال صآنّد مطعم اذا كان صدودًا فى الصيد مرزوقًا وقوله ليس له غيرها كسب اى ليست له حرفة يكتسب بها غير الرماية والصيد
Il est permis de lire مطعم, soit au nominatif, comme énonciatif de l'inchoatif هو sous-entendu, soit au génitif, comme qualificatif de رام, dans le premier vers.

Vers ٧. Le commentateur dit قوله وخليل قد افارقه وصف نفسه بالجلد وقوة القلب والصبر.

Vers ٨. Dans le man. B on lit :
قوله وابن عم قد تركت له يقول تفضلت على ابن عمى وتركت صفو الماء له بعد كدره وصف انه حسن العشيرة كريم الصلح عن ابن عمه اذا اسآء اليه فيقول اذا فعل ابن عمى فعلا يوجب العقوبة جعلت الصلح عنه والاحسان اليه بدلا من دالك

Vers ٩. Nous transcrivons la glose du commentateur sur ce vers, bien qu'elle ne soit nullement satisfaisante et qu'elle renferme plusieurs fautes graves :
قوله يوم هنا قيل هو يوم معرون وهنا اسم موضع اجتمعوا فيه وتحدث الى من يحب ويقال هنا كناية عن اللهو واللعب وقوله وحديث ما على قصره اى هادا اليوم الذى تحدتنا فــيــه ســرّنــا

110   NOTES.

Cette signification du mot مكان a reçu ensuite de l'extension, en sorte qu'il vint à être employé dans le sens de *haut rang, dignité*. Dans ce vers les deux significations nous paraissent également admissibles.

VERS 3. On lit اديت dans les deux manuscrits, mais nous avons imprimé اذيت, sur l'autorité de la scolie suivante, tirée du man. B :

اذيت ببلدق اى اصابنى فيها اذى وم‌ـــــــــــــــــكـــــــروه

VERS 4. Les gloses rendent السهب par المستوى من الارض. Aakil est le nom d'une montagne dans le Yemama. Hail est situé aussi dans cette province.

VERS 8. On verra l'origine du sobriquet *esclaves du bâton* dans la vie d'Amro'lkaïs, p. 5.

VERS 9. On lit dans le commentaire :

قوله قد قرت العينان من ملك اى قرت عيناه من قتاه لبنى اسد وملك

VERS 11. On lit dans le man. B :

لفتك ردك وعطفك واللامان السهمان بقول نرد عليهم الطعن ونعيده كا نرد سهمين على صاحب نبل برى بسهمين ثم يعادان عليه

VERS 12. La glose du man. A explique اقساط par جماعات, et on lit dans celle du man. B :

اذ هى اقساط اى قطع وفرق يعنى لخيل ورجل الدبا القطعة من الجراد شبه الخيل بالقطا فى سرعتها وشدة طيرانها كاظمة موضع بقرب البصرة مما يلى البحر

On lit dans le man. A : كاظمة بشر.

VERS 13. Nous transcrivons ici la glose du man. B :

قوله ارجلهم كالخشب الهائل اى تعلنام والقينا بعضهم على بعض فارتفعت ارجلهم فكانها للخشب الهائل وهو الذى القى بعضه على بعض فارتفع

VERS 14. Le commentateur dit qu'Amro'lkaïs avait juré de ne pas boire de vin avant d'avoir tiré vengeance des Benou-Asad, pour la mort de son père, mais qu'après la rencontre qu'il eut avec eux, et dans laquelle il en tua plusieurs, cette liqueur ne lui fut plus interdite, puisqu'il venait de remplir son serment.

VERS 15. Les gloses expliquent مستعقب par مكتسب et تعجل. On lit dans le man. B : الواغل الداخل على القوم يشربون ولم يدع. Le man. A explique واغل par طفيلي, *écornifleur*. Voyez *Hariri*, p. 100.

VERS 16. Voyez la vie d'Amro'lkaïs, p. 10.

VERS 17. Nous transcrivons ici une partie de la glose du man. B :

قوله غير بلماة اراد غير بأنّمة ثم قلبه فصار غير بانية ثم قلب كسرة النون فتحه فانقلبت اليـاء
الفًا هذا على لغة من يقول للبادية باداة وانما جعل القوس غير بأنّة من القوس (الـوتـر؟) لان
الوتر يلصق بكبد القوس فاذا وقع الوتر على كبد القوس كان اشدّ على الراى وابعد لذهاب سهمه
منه اذا كانت القوس بأنّة عن الوتر ذالك اهون على الراى واقلّ لذهاب سهمه وقوله على وتـره
اراد عن وتره والهاء فى وتره راجعة الى الراى

Page ۱۳۸, vers ١. La glose du man. A explique تخصى par قصد. On lit dans celle du
man. B : قوله فى يسرو يريد فى قبالة وجهه وجبهته.

Vers ٢. On lit dans le man. B : ازآء مــهـراق للدلو ومصبّها من الحوض. Le mot عقر si-
gnifie ماخر الحوض ومقام الشارب منه.

Vers ٣. Nous lisons dans le commentaire le passage suivant :
قوله كتلظى للجمر شرره شبّه نصول السهام فى حدّتها وسرعتها بالجمر للتلهّب والتلظى التــصرّق
والالتهاب اى هاذه السهام تتوقّ من حدّتها وبريقها كما يتوقّع للجمر وقوله فى شرره من تـضـرم
ووصف للجمر بشدّة التصرق والالتهاب

Vers ٥. L'expression ما عدّ من نفرة signifie, à la lettre, « qu'il ne soit pas compté
« au nombre de ses gens, » c'est-à-dire, qu'on le regarde comme un homme à part.
Voyez Anthologie grammaticale, p. 83 et suiv., où l'on trouve aussi l'explication des mots
اصمى et انمى. Dans ce vers on peut lire aussi : لا يُنْمَى رميّتَه.

Vers ٦. Nous lisons dans le man. B :
مطعم للصيد اى لا يكاد سهمه يخطئ يقال صائد مطعم اذا كان محدودًا فى الصيد مرزوقًا
وقوله ليس له غيرها كسب اى ليست له حرفة يكتسب بها غير الرماية والصيد
Il est permis de lire مطعم, soit au nominatif, comme énonciatif de l'inchoatif هو
sous-entendu, soit au génitif, comme qualificatif de رام, dans le premier vers.

Vers ٧. Le commentateur dit : قوله وحليل قد افارقه وصف نفسه بالجلد وقوة القلب والصبر
Vers ٨. Dans le man. B on lit :
قوله وابن عم قد تركت له يقول تفضلت علىّ ابن عمى وتركت صفو للآء له بعد كدره وصف انه
حسن العشيرة كريم الصلح عن ابن عمه اذا اساء اليه فيقول اذا فعل ابن عمى فعلا يوجب
العقوبة جعلت الصلح عنده والاحسان اليه بدلًا من ذالك

Vers ٩. Nous transcrivons la glose du commentateur sur ce vers, bien qu'elle ne
soit nullement satisfaisante et qu'elle renferme plusieurs fautes graves :
قوله يوم هنا قبل هو يوم معروف وهنا اسم موضع اجتمعوا فيه وحدث الى من يحبّ ويقال هنا
كناية عن اللهو واللعب وقوله وحديث ما على قصره اى هاذا اليوم الذى تحدثنا فيه سـرًّا

لاحديث فيه فقصيرلان يوم الخير والسرور قصير ويوم الشرّ طويل والتقدير هو حديث على قصره
وما حضو وهى دالّة على المبالغة فى وصف الحديث بالحسن والجود

Nous pensons que dans ce vers il faut sous-entendre, après لهو, les mots صبّ الى, et rapporter le pronom affixe du قصره aux mots ما حديث. Dans ce dernier hémistiche, les mots صبّ الى seraient encore sous-entendus. Cette ellipse de l'énonciatif de la proposition nous paraît fort extraordinaire, et nous sommes presque porté à croire qu'il y avait originairement un autre vers avant celui-ci, dans lequel le poëte mentionnait les choses qu'il aimait le plus. Dans le manuscrit c on lit la glose suivante : الاصمعى

وحديث بالرفع ابو عبيدة وحديث يوم بالنصب اى شهدت حديث الركب

VERS ١٠ et ١١. Nous lisons dans le man. B :

البوهة اليومة العظيمة يضرب مثلًا للرجل الذي لا خير فيه ولا عقل له وعقيقة شعره الذي يولد به يريد انه لا يتهيّا ولا ينطلق والاحسب من للسبة وهى صهبة تضرب الى الحمرة وهى مذمومة عند العرب والمرسّعة مثل المعاذة كان الرجل من جهلة العرب يعقد سيرًا مرسعا معاذة محافة ان يموت او يصيبه بلاء والتقدير بين ارساغه مرسعة والعسم يبس فى الرسغ واعوجاج

Il paraît que l'auteur de cette glose lisait le mot مرسّعة au nominatif; et on trouve dans le man. A qu'il est permis de le lire au nominatif ou à l'accusatif; dans ce dernier cas il serait un qualificatif de بوهة.

Le commentateur dit que Hind était la sœur du poëte.

VERS ١٢. Consultez, sur la superstition à laquelle le poëte fait allusion dans ce vers, Rasmussen, *Additamenta ad Hist. arab.* p. ٧١.

VERS ١٣. Le man. A rend للفوار الضعيف par خرزانة, et le man. B par قصير. Ce dernier manuscrit explique cet hémistiche ainsi : اى اذ اقعد ثم حاولتُ القيام لم أكرّ عنده

دالك ولم اصعف

Les deux manuscrits expliquent le mot طباخة par اجن.

VERS ١٤. Il semble que le poëte, dans ce vers et le précédent, veut conseiller à sa sœur d'épouser un homme comme lui, et qu'il désire lui faire sentir quelle différence il y avait entre les qualités de son frère et celles de son prétendu.

VERS ١٧. Ces trois tribus, qui faisaient partie de celle de Temîm, avaient trahi, dans la journée de Kolâb, Shorahbil شرحبيل, oncle d'Amro'lkaïs.

PAGE ٣٩, VERS ١. On lit dans la glose du man. B : المحصاة الملامة من قولهم لحاه الله.
Dans le man. A les mots يكتنفنى المغارما sont rendus par يكتنبس خرق الحيض, mais dans la traduction nous avons suivi l'explication qu'en donne la scolie du man. B.

VERS ٢. Le mot ريبهم est l'équivalent de جورهم فى. مريوب فى

NOTES. 115

Vers ٣. Voyez la vie d'Amro'lkais, p. ١٠ et ١١. On lit dans le man. B : قال يقال تجرد قائما
تجرّد لهاذا الامر اذا تشمّر له وقلّب به وقصد قصده ٠

Vers ٣. Dans le man. B le mot الدخللون est expliqué par خاصّتي واهل ثقتى. On ne trouve, ni dans la vie d'Amro'lkais, ni dans les gloses, aucune explication de la circonstance à laquelle le poëte fait allusion dans le deuxième hémistiche de ce vers.

Vers ٤. On lit dans le man. B que les Benou-Hanzela avaient trahi et abandonné son oncle Shorahbil dans la journée de Kolâb, où il fut tué par Abou-Hanesh حنش. Voyez Rasmussen, *Hist. arab. ante-islam.* p. 116.

Vers ٧. Il y a des lacunes dans la glose du man. B, mais nous la transcrivons telle qu'elle est, parce qu'elle suffit à peu près pour l'explication du dernier hémistiche de ce vers.

قوله ولا است عبر اراد رجلا شنيه الى ..... فضرب له المثل باست العير وخصّ العير لانه اذلّ
المركوبات والامها وقال بمكها الثغر اشارة الى انه غير... (حرّ ا.)... لجبنته وليس بأهل فيوفر ظهره
Voyez Rasmussen, *Hist. arab. ante-islam.* p. 13, note, et p. 37, l. 2.

Vers ٩. Le commentateur dit qu'Amro'lkais prononça les vers suivants en apprenant que les Benou-Asad, dont Malik et Kahil étaient les chefs, venaient de tuer son père.
Nous devons faire observer que l'ordre de ces vers parait être dérangé. En effet, ils sont rapportés dans un ordre différent, sans être meilleur, par l'auteur du *Kitâb el-Aghani*. Le man. C les arrange d'une autre manière.

Vers ١٠. Nous trouvons dans le man. B la glose suivante, qui renferme une observation grammaticale qui mérite attention :

قوله خبر معد هو راجع الى قوله مالكا وكاهلا لان بنى اسد من معد وانما بريد حتى اهلك
اشرن معد وضيرم انتصارا (انتقاما ا.) لان ولا يجوز ان يكون خير من صفة الملك لان افعل
لا يحسان الا الى ما كان منه وابو امرئ القيس من اليمن وليس من معد وخير ك معنى اخبر
والنأبل السعـــــــــطـــــــــآء

Vers 11. On lit dans la glose :

قوله يا لهف هند يعنى اخته وقوله خطئن كاهلا يريد اذ خطئت لخيل كاهلا وهو ى بنى
اسد واصابت غيرم وخطئى ك معنى اخطان واكثر ما يقال ك لفظا اخطات وك لخطئة خطئت
الا انه استعمل خطئى هاهنا مكان اخطان لانه احتاج اليه لاقامة الشعر وهو ايضا قريب من معناه

Dans le man. A on lit جلبنا pour جلبين. Le man. B nous offre la glose suivante :

القوابل الحاسرة يقال قبل الفرس اذا ضمر وقوله مستغفرات بالحصى يعنى انها تسرع ك السير
فتقرع للحصى بحوافرها فتطير الى فروجها وقوله مستشفرات الاواخر ى تتلو لواخر لخيل اواثلها
فيصع روسها مواضع الثغر

114   NOTES.

Vers ١٤. Dans la glose du manuscrit B on lit que جِلَّة est le pluriel de جليل, *ancien, âgé;* il signifie aussi *le principal, le plus noble.*

Vers ١٥. On lit dans le *Merâsid:*

واقصة موضعان منزل فى طريق مكة بعد الصرعا (sic) نحو مكة وقبل عقبة لبنى شهاب من طى ويقال لها واقصة للحرون وهو دون زبالة بمرحلتين وواقصة ايضا ماء لبنى كعب وواقصة ايضا بارض السـمـــامــــة الخ

On lit dans le *Kamous :* ارام جبل بين للحرمين وذات ارام جبل بديار الضباب وذو الارام حرير به الارام جمعتها عاد .

Page ٣٠, vers ١. On lit dans les deux manuscrits : حوالب جمع حالب عرق فى السرّة يدرّ اللبن فى الضـــرع

Vers ٣. Voyez la vie d'Amro'lkaïs, p. ١١.

Vers ٤. La glose du man. B renferme l'observation suivante :

اراد بالاشقين كان العقاب وادخل ما صلةً وحشوا ويجوز ان يكون (ما .ins) مع الفعل بتـــاويــل المصدر على تقدير وبالاشقين كون العقاب

La glose interlinéaire du man. A rend الاشقين par اهـل الـشـقــا ; ce mot est le pluriel de l'adjectif comparatif أَشْقَى.

Vers ٥. On lit dans le man. B : افلتهن يعنى للخيل. L'expression صفر الوطاب est expliquée dans la vie d'Amro'lkaïs, p. ١٢.

Vers ٦. Le poëte, dans ce morceau, fait l'éloge de Moalla, de la tribu de Taïm ben-Thaleba, qui l'avait pris sous sa protection quand il fut poursuivi par Mondhir, fils de Mâ-es-Semâ.

Dans le *Merâsid* on lit : شمام جبل لباهـلة.

Vers ٨. On lit dans la glose :

يقول ردّ جيش المنذر عنى حتى تولّى وذهب والنشاص ما ارتفع من السحاب شبّه للجيش به وذو القرنين المنذر بن ماء السماء سمّى بذالك لصغيرتين كانا له

Voyez aussi Rasmussen, *Hist. arab. ante-islam.* p. 34.

Vers ٩. Le commentateur dit que les Benou-Taïm furent nommés *les flambeaux des ténèbres,* à cause de leur grande renommée et de l'éclat de leur gloire, ou bien à cause de la grande intelligence qu'ils montraient en débrouillant et éclaircissant les choses les plus obscures.

Vers ١٠. Le poëte a dit مالِ pour مالك, en faisant la suppression nommée par les grammairiens *terkhim,* laquelle cependant n'a lieu, en général, que dans le compellatif. Hariri dit dans son *Molhat el-Irâb:*

NOTES. 115

ولا يستعمل الترخيم الا فى النداء الا ان يضطرّ اليه شاعر كما قال الكندى لنعمر الّتى تعشو الى
ضـــــــــوء نــــــاره الخ

Voyez aussi l'*Alfiya* d'Ebn-Malik, édition de M. de Sacy, vers ٣٧.

VERS ١١. Dans ces vers, quelques-uns lisent بالبُكَر, *dans la matinée*, au lieu de بالفجر.

VERS ١٣. On lit dans le commentaire :

بجاورةً يريد اتجاور بنى شجى بجاورةً وهـوانا ما انتج نصبه على المصدر وموضعه لحال من المضمر
فى بجاورة وبنو شجى ﭻ من جرم وما زآبُدة ومعنى انجم تقدّر

Aucun des manuscrits n'indique le sujet du verbe بجاور sous-entendu; mais le pronom affixe de la troisième personne du féminin, dans le mot يمنحها, fait voir que ce sujet doit être قبيلتى, *ma tribu*.

PAGE ٣١, VERS ١. Nous transcrivons ici une partie de la glose du man. B sur ce vers:

معبّر اسم لجماعة المعز ومعنى يمنحها تعطيها محضة وهى الشاق او الناقة يعطيها الرجـل جاره او
قريبه ينتفع بلبنها ثم يردّها اذا استغنى عنها وقوله حنانك دا لحنان يعنى رحمتك دا الرحمـة
وايما قال هادا على طريق الترحّم والتعجّـب (مى، سم) الدهر ونصب حنانك على اضمار الفعل المتروك
اظهارة تقديره اعطى حنانك يا دا لحنان

VERS ٢. Le commentateur fait précéder ses observations sur ce morceau par le passage suivant:

كان الاصمعى يحدث عن ابى عمرو بن العلاء انه سأل دا الرمّة فقال اى قول الشعراء الذين وصفـوا
الغيث اشعر فقال قول امرى القيس قال ابو عمرو فانشدنى قوله ديمة الخ

Les gloses expliquent تحرّى pour تذرّ. Le verbe استرحام et وطف par الدنوّ من الارض. تذرّ est pour تحرّى ; تعقد المكان وتثبت فيه, signifie.

VERS ٣. On lit dans le man. B:

معنى اتجحذت اقلعت وسكنت والود الوتد يعنى ان وتد لحبّاء يبدو عند سكون هاده الـديمـة
ويخفى عند احتفال مطرها وقيل الود اسم جبل

VERS ٤. On lit dans le man. B:

قوله ما ينغمر اى لا يصيبه العفر وهو التراب يريد انه يثنى براثنه فلا يلصق بالتراب لخفّـتـه
وحدده (حذته ،ا.) بالعدو وقيل للماهر هنا لحادق بالسباحة ويدلّ على هادا القول قوله ثانيـا
برثنه ما ينغمر اى يبسط براثنه ويثنيها فى سباحته ولا يعفر لانها لا تصيب الارض

VERS ٥. Dans le man. B on lit l'explication suivante de ce vers : يقول تــــرى الارض
دات الخضر قد خمرها المطر فلا يبدو منها الا اعالى مجرها فهى كروس قـطـعـت وفيها لخـمـر

Le *Merâsid* ne dit rien de précis sur خم. خفّان est le nom d'une source appartenant à la tribu d'Amr ben-Kelâb. يسر est une caverne près de Dahna الدهنا, où il y

P.

a une source appartenant à la tribu de Yerboua. On peut consulter, sur Dahna, la Géographie d'Abou'lféda, texte arabe p. ٨٣.

Vers 4. Les gloses rendent لاحق par صامر صحبوك signifie قوّى شديد للخلق.

Ligne ١٠. Voyez sur Asmaï l'Anthologie grammaticale arabe de M. le baron S. de Sacy, pag. 138. Il y avait plusieurs savants chez les Arabes qui portaient le prénom d'Abou-Amr; 1° Isa, fils d'Omar, sur lequel on peut consulter l'Anthologie grammaticale de M. le baron de Sacy, p. 434; 2° Abou-Amr, fils d'Alâ, un des sept *lecteurs* du Koran. Voyez l'Anthologie grammaticale, p. 124. 3° Abou-Amr-Ishak-ben-Mirâr-es-scheïbani, philologue célèbre, mort, suivant Abou'lféda, en l'an 206, et suivant Ebn-Kallikan, en 213 : c'est celui-ci dont Asmaï cite ici l'autorité. Voyez pag. 123, note sur le vers ١٣. 4° Abou-Amr-Salih-ben-Ishak-ed-Djermi, savant grammairien, natif de Basra et mort en l'an 225. Voyez *Kitâb el-Fihrest*, man. ar. de la Bibl. du roi, n° 874, fol. 76.

Ligne 11. Nous n'avons trouvé aucun renseignement sur le poëte surnommé Al-Towâm; le manuscrit du *Kitâb el-Aghâni* que possède la Bibliothèque du roi est malheureusement incomplet, et dans les volumes de cet ouvrage que nous avons consultés il n'est plus fait mention de lui. Nous avons consulté d'autres manuscrits arabes qui donnent la biographie des personnages célèbres qui ont vécu avant l'islamisme, mais toutes nos recherches ont été infructueuses.

Vers ١٣. On lit dans le man. B : قوله بريقا هو تصغير برق في اللفظ واراد به التكثير . المعنى ورىما جآء الاسم مصغر في كلامهم وهم يريدون تعظيمه

Vers 15. Les mots بظهر غيب بوراء sont synonymes de ; ils signifient « dans un « endroit caché ou hors de vue. »

Vers ١٩. On lit dans le *Merâsid* : اصاخ بالصم من قرى الجمامة لبنى نمير وقيل من اعمال المدينة وقيل اصاخ جبل.

Vers ١٨. Il y avait dans l'Arabie plusieurs endroits nommés السرّ, mais il est impossible de déterminer celui dont le poëte veut parler.

Page ٣٣, ligne 1. Voyez sur Abou-Hatim l'Anthologie grammaticale arabe de M. de Sacy, p. 143.

Ligne 6. Abou'lheddjadj-Yousouf-ben-Soleïman-ben-Isa était né en l'an 410 à Sainte-Marie, ville située près de Selves, dans le sud-ouest de la péninsule espagnole; cette ville était nommée par les Arabes شنتمرية الغرب, pour la distinguer d'un autre endroit du même nom situé dans la partie orientale de l'Espagne. Abou'lheddjadj vint étudier à Cordoue en 433, il prit des leçons des habiles maîtres qui enseignaient en cette ville, et se distingua dans la suite par sa profonde connaissance de la langue arabe et des anciens poëtes. Il mourut à Séville en l'an 476. Voyez *Ebn-Kallikan* et *Aboulfedæ Annal*. t. III, p. 250, où on lit *Heddjadj* et non pas *Abou'l Heddjadj* ; cette dernière leçon, cependant, est la véritable, et elle se trouve dans le manuscrit autographe des Annales d'Aboulféda, man de la Bibl. du roi, n° 101.

LIGNE ٧. Abou'labbâs-el-Mofaddel-ben-Mohammed-ben-Yala يعلى, ben-Aamir-ben-Selim, descendu de la tribu de Thaleba-ben-Send-ben-Dabba ضبة, était surnommé Abou-Abd-er-Rahman. Il était natif de Koufa et il prit parti pour Ibrahim-ben-Abd-Allah-ben-Hasan quand ce dernier se révolta contre Mansour en l'an 145. Ayant été fait prisonnier, Mansour le gracia, et il fut attaché à la maison de Mahdi, fils du khalife. Ce fut alors que, sur l'ordre de Mahdi, il rassembla les plus remarquables des anciens poëmes arabes nommés *Kasidat*. Ce recueil, qui renfermait cent vingt-huit pièces, reçut le nom de Mofaddeliyat et fut commenté par le célèbre Ebn-el-Aarâbi, élève de l'auteur et par Tebrisi. Mofaddel mourut en l'an 168. Voyez *Kitâb el-Fihrest*, fol. 75; *Antholog. grammat.* pag. 129; *Abulfedæ Annal.* tom. II, pag. 180, où on lit الفضل; mais la vraie leçon est المفضل et elle se trouve écrite ainsi dans le manuscrit autographe des Annales.

Il est fort singulier qu'un ouvrage si remarquable que le Mofaddeliyat ait été presque totalement négligé par les savants arabes, puisqu'il n'a eu que deux ou trois commentateurs, tandis que le Hamâça d'Abou-Temâm, qui n'est composé que de courts fragments de différents poëmes, a été expliqué par un très-grand nombre de commentateurs et a maintenu sa réputation jusqu'à ce jour. Il est bien à désirer que cet ouvrage de Mofaddel soit retrouvé; ce serait un vrai trésor.

LIGNE ٨. Le man. B porte جشم; nous croyons qu'il faut lire جعثم.

VERS ١٠. Le premier pied de ce vers est changé en فُعُولُ. Bien que les deux manuscrits soient d'accord sur l'ordre des vers de ce poëme, nous sommes porté à croire qu'il y en a beaucoup de déplacés. Voyez, sur la personne désignée par les mots ابنة العامري, la glose sur le vers ١٤ de cette page.

VERS ١١. Dans la scolie on lit : قوله محم بن مر بجن لغومه (الغوم) لا يدعى محم بن مر
ان اثر وكندة حولى جميعا ونصب جميعا على الحال

VERS ١٣. On lit dans la glose : قوله تروح اراد اتروح فاسقط الالف لدلالة الكلام عليها (sic).

VERS ١٤. Voici la glose du man. B sur ce vers :
المرخ شجر واحدتها مرخة وهو شجر خوار ضعيف يتضخ منه الزناد وللخيام بالمربع فتظلل بالخيام ثم يكسونها فاذا رجعوا الى المياه تركوها حتى يعودوا اليها وانما يفعلون ذالك لان ظل الخيام ابرد من ظل الابنية ومعنى البيت انزلوا بنجد حيث ينبت المرخ ام نزلوا بالغور حيث ينبت العشر وهو شجر لين ام لم نزلوا فهم سائرون وانا منحدر في اثرم وكنى بالقلب عن نفسه

VERS ١٥. On lit dans le commentaire :
الشطر هم المغتربون المبعدون واحدهم شطر ومى هاذا سمى الشاطر شاطرًا لانه تباعد من الخير

Dans le dernier hémistiche de ce vers on doit lire الظاعنين, et non pas الطاعنون, ce dernier étant une faute d'impression.

Vers ١٩. Nous transcrivons ici la glose du man. B sur ce vers :

هرّ هي ابنة العامري وابوها للحارث بن حصين الكلبي وكان امرؤ القيس لى طى وكلب أيام نداه ابوه وفاطمة ايضا من كلب شبّب بهاتين ويقال ان هرّا جارية لحجر بن عمرو ابى امرئ القيس ويقوى هذا قول امرئ القيس وافلت منها ابن عمرو حجر لدانها جاريته فهو ينال منها غربيته ويدرك مراده دون غرامٍ بها ولا عـــــنـــــآء

Page ٣٢, vers ٢. Nous lisons dans les gloses : البدل على وخليص وذهب جاء ما الرقراق من الدرّ

Vers ٣. La glose rend برهرهة par الرودة رقيقة الجلد, et الرخصة par الشابة الرخصة; on y lit aussi : المنفطر الذى تشقّق واخرج ورقه وانعم ما يكون الغصن اذا انورق.

Vers ٥. Dans ce vers le lecteur est prié de lire خضر à la place de خصر.

Vers ٧. On lit dans le man. B :

قوله اذا طرب الطائر اى اذا صوت الديك وغيره والمستحر المصوت بالسحر ومعنى البيت فى طيبة ريح الخمر فى الوقت الذى تتغير فيه الاهواء وانما تغير بعد الفجر

قوله ياهناه هو كناية بمنزلة يا رجل يا انسان. On lit dans le commentaire : Vers ١١ وأكثر ما يستعمل عند الجفاء والغلظة

Vers ١٢. Les gloses expliquent كالئ par رقيب et حارس. Le mot كاشح signifie ici *hostile, ennemi*.

Vers ١٣. La glose explique le mot فغمر par المولع بالصيد للحريص عليه.

Vers ١٥. On lit dans le man. B : الا يعنى وزجره بالفرس القيس امرو صوت تنتصر المر تأى الثور وتدنو منه فتطعنه

Vers ١٧. Le commentateur dit que le sujet du verbe ظلّ peut être ou الثور *le cerf*, ou الكلب *le chien*.

Vers ١٨. On lit dans la glose : للبيحانة هنا الفرس السريعة للخفيفة واراد بالسعف شعر الناصية

Vers ٢٠. La glose du man. A explique يحجن par يكشرن, et celle du man. B par يرجعن بعد انتفاشها الى حالها الاوّل.

Vers ٢١. On lit dans le man. B : هو اى منبترّ وقوله والتصاق صلابة فى صغيران اصمعان لصلابته كانه متفرّق بانّ بعضه عن بعض

Page ٣٣, vers ١. On lit dans la glose du man. A : المصرّ الذى يقلع كل ما يمرّ به.

Vers ٣. On trouve dans le man. B la glose suivante :

NOTES. 119

قوله بخظاتا اى كثير اللحم وحذف نون الاثنين ضرورة وقوله كا اكب على ساعديه النحر اراد كساعدى النحر البارك فى غلظها وانما خص البارك لانه يبسط ذراعيه فيستبان (فيستبين ا.) فــــــــــظــــــهــــــمــــــا

Vers ٣. On lit dans le man. A: عذر شعر الناصية.

Vers ٥. Nous transcrivons ici la glose du man. B:

السالفة صفحة العنق والصوقة الطويلة من الشعر واصلها من الصحق وهو البعد واراد باللبان نحر اللبان ويروى كصوق اللبان وهو جمع لينة وفى الخلة وهو اشبه بالمعنى لان الخضل يطول ونحر اللبان لا يطول وانما هو بقدر الراجل وقوله اضرم اى الهب واشعل والغوى الغاوى المفسد والسعر جمع سعير وهو هدة الوقود وصف انها شقراء فلذالك ذكر الوقود وشبــــه العنـــق بالـــــصـــــوق فى الـــطـــول

Vers ٦. La glose rend متقدر par حادق.

Vers ٧. On lit dans le man. A: تنبهر تسبق نفسها.

Vers ٨. Dans le man. A la conjonction و est omise avant شقّــت. Le man. B porte وشقّت. La première leçon est plus exacte quant à la construction grammaticale de la phrase, cependant la mesure paraît exiger la seconde. Le poëte veut dire que les paupières de sa jument étaient bien fendues dans la partie intérieure, et à plus forte raison alors extérieurement.

Vers ٩. On lit dans le man. B:

الدبّاءة القرعة شبّه الفرس بها للطافة مقدّمها ولانها ملساء لينة مستديرة المؤخر غليظتها وذالك محمود فى اناث الخيل وقوله مغموسة فى الغدر اراد انها باتعة رطبة كقولك فلان مغموس فى النعم La glose du man. C porte: قوله فى الغدر اى رطبة ناعة.

Vers ١١. Voici un extrait de la glose qui se rapporte à ce vers et au suivant :

شبه الفرس بالجرادة فى استوآء خلقها وقيل ايضا وصفها بقلة اللحم وبذالك توصف لخيل العتاق ولم يرد هاهنا لخفة والمسيطر المحتد الطويل وقوله والسوط فيها بجال اى جولان والمهمر المنصبّ السائل شبّه جريها بشدة وقع الحصاب فى البرد فى سرعة وقعه وحلبته (جلبته ا.)

Vers ١٣. Dans le man. B on lit la glose suivante, où il y a probablement quelques mots d'omis.

لحظا جمع خطوة واراد واديا واديا يخطو وواديا يمطر فيه العدو اى تخطو مرة فتكـــف عن العدو ويعد ومرة عدوًا شبه المطر المطر والوادى بطن من الارض كان فيه ماء او لم يكن

Dans la traduction nous avons assigné au mot وادٍ la signification de *modus*; en effet ce mot est employé assez souvent dans ce sens et dans celui de *genus*, *categoria*; c'est ainsi qu'un commentateur, en expliquant ce verset du Koran : الم تر انهم فى كل واد يهيمون, a dit: اى يتنصرفون فى اودية الكلام وفنونه.

NOTES.

Vers 12. Le mot مقتدر a ici la signification de حاذق ماهر.

Vers 13. Dans le second hémistiche de ce vers le compositeur s'est trouvé forcé d'employer un caractère plus petit, attendu que les mêmes mots en caractère ordinaire auraient occupé un trop grand espace.

Vers 14. On lit dans le man. A: منبّق فاسد الغبر. Le man. B dit:

المنبق من الفضل للبرق وقيل الفاسد الغبرة الصغير اليسر كالنبق وقيل المنبق من الفضل الذى على شطر (سطر ١.) واحد والمعنى ان الجبول مفترقة كافتراق الفضل

Le man. C rend منبق par سطر المحدود على سطر.

Vers 17. Le mot تعاتد est le pluriel de تعود *incessui idoneus camelus*. Ainsi la glose du man. A l'explique par جمال.
On lit dans le man. B: حفنى جعلى حول الهودج والمحتق المسرنين الموقى

Vers 18. Le mot جآدر est le pluriel de جؤدر *hinnuleus*.

Page 20, vers 1. Nous lisons dans le man. B: عامدين لنيّة اى قاصدين لوجه يريدونه.

Abou'lféda, dans sa Géographie, p. ٧٤ du texte arabe, fait mention de plusieurs endroits nommés العقيق. C'est probablement celui appelé عقيق العارض, dans le Yemama, auquel le poëte fait allusion dans ce vers.

Nous lisons dans le *Merâsid*: مطرق بالكسر موضع وكانه جبل وقيل مطرق من فلاة العارض المشهورة باليمامة

Vers 2. Nous transcrivons ici une partie de la glose du man. B:

عبّه ناقته فى طولها وشدّة خلقها ببنيان اليهودى وكانه اراد قصرًا من قصور تيمآء فلذالك ذكر اليهودى لان تيمآء مدينة لهم.

Le poëte fait probablement allusion au château d'Ablek, qu'habitait Samouel ben-Adiyâ.

Vers 3. La glose du man. A explique رآح par الريح اصابته.

Vers 5. On lit dans le man. B:

قوله كانّ بها هرًا يصفها بالسرعـة والنشاط فكانّ هرًا يحدشها فهى لا تستقرّ وللجنيب الجنوب والمازق الطريق الضيق واكثر ما يستعمل فى الحرب بين الصفّين اذا تقاربا وضاق ما بينهما

Vers 6. Voici un extrait de la glose du man. B:

يرمى الذكر من النعام الفزع النافر والروآئد فى رجليها وقيل اراد بالروآئد مريدة فى العدو والنقنق من اسمآئه مأخود من النـقنـقــة وى صوتـه

Consultez, sur الظلم, زآئدة, *Hamâça*, p. ٣٧٧.

NOTES.

Vers v. Nous lisons dans le man. B :

قوله تروّح اى رجع هاذا الظلم لـــا امسى من بعده ومعنى الارض الى ارض والنطيمة البعيدة والقميص ضلق البيض وقصوره وانما يصف ان البيض قــد يغلق عن الفراخ فذالك اشدّ لعدو الـــظــــلام وسرعتـــه

Vers ١٠. Le man. A porte الخذرع. Le commentateur rend مودق par مسلك. Notre poëte a exprimé la même idée dans ce vers de la moallaka :

خرجتُ بها تمشى تجـرّ ورآءنا   على اثرينا ذيل مـــرط مرحّل

Ce vers se trouve, mais d'une manière fautive, dans l'édition de la moallaka d'Amro'lkaïs, donnée par M. Hengstenberg. Voy. p. ١٥.

Vers ١١. Dans le man. B on lit :

النوادى اوآئل الوحش ويقال النوادى المجتمعة الواقفة كانها جالسة فى اجتماعها والنادى المجلس والمـــتــورق الآكـل للــورق

Zouzeni, dans son commentaire sur la moallaka de Tharafa, explique النوادى par الاوآئل والسوابق. Voy. *Tharafæ Moall.* ed. Vullers, p. ٢٧.

Vers ١٢. Nous transcrivons ici la glose du second hémistiche :

وقوله شديد مهك للجنب اى شديد مغرز (مغرزه ا.) فى الصلب ومعنى لعمر المنطق متنــى الجون والمنطق موضع المنطاق واراد به موضع للحزام من صدره

Vers ١٣. On lit dans le man. B :

المضمّل الذى يجمل نفسه اى يسترها ويخفيها لئلّا يشعر به الصيد وقوله يمشى الضرآء اى يختفى بالضجر استتارًا من الصيد وانقآءًا ان يـــرآه

Nous lisons dans la glose interlinéaire du man. A l'explication suivante du mot ضرآء :

الضـــرآء الضجر الذى يستترمى دخل فــــيــــه

Vers ١٣. Nous lisons dans le commentaire :

قوله مثل التراب اى قد لصق بالارض ولابسها استتارًا من الصيد لئلّا ينظر مكانه التراب المدقق فى لــصــوقــه بالارض

Vers IV. Comme ce vers est très-obscur, nous transcrivons ici en entier la glose qui s'y rapporte :

قوله دفنا باشلاء الاهام يريد تمنا الى الفرس والجناء ولم نقده الى الاهام لشدّة الجملة وللفرس على الصيد وقوله الى غصن بان يعنى الفرس او عنقه اى كانه فى حسنه وتكتبه وصفآء لونه غصن بان

Le poëte, par les mots لم يحرق, veut indiquer que la couleur de son cheval ne tirait pas sur le roux comme le tronc d'un myrobolanier qui a été brûlé par le feu.

Q

Vers ١٨. Dans le man. B nous lisons :

قوله نراوله. اى نحاول منه ركوب الغلام ولم يكد يركبه الا بعد معالجة لنشاطه والسابى الذى يسطو بنفسه فلا يتوق ما ركب وما ضرب بحوافره والصليف هنا عود من لعواد الرحل وهما صليفان فيه من جانبيه والمعرق الذى برى ورقق شبه ضمور الفرس به

Vers ٢١. Dans le man. B nous lisons : قوله صوّب ولا تجهدنه اى خذ علوه ولا تحمله على العدو الشديد يقال ادراه عن فرسه اذا صرعه

Page ٣٩, vers ١. On lit dans le man. B :

يقول ادبر الربرب كالجزع فى صفائه لونهم وبريقهم واختلاف الوانهم والجزع لخرز والمطوق من نعت الغلام اى عليه طوق وهو من لباس المملوك

Consultez le commentaire de Zouzeni sur le 23ᵉ vers de la moallaka d'Amro'lkaïs, éd. Hengstenberg, p. ١٢.

Vers ٢. Dans la glose du manuscrit B nous lisons :

وقوله وادركهن ثانيا من عنانه اى ادرك الغلام الوحش ثانيا من عنانه لم يخرج ما عند الفرس من الجرى ولاكنه ادركهن قبل ان يجهد

Nous croyons que le commentateur ou le copiste s'est trompé, et que dans le passage que nous venons de citer il faut lire الفرس à la place de الغلام : il est vrai que le sujet du verbe, comme il arrive très-souvent dans la poésie, est sous-entendu ; mais on verra par le vers suivant qu'il ne peut être question ici que du cheval. Si l'on rapportait l'action indiquée par le verbe au jeune homme, le poète aurait peut-être dû dire عنانه ثانيا, sans employer la préposition. Cependant on pourrait croire que le sujet de ادرك est الغلام, que l'affixe dans عنانه se rapporte au cheval, et que le sujet de صار est le cheval.

Vers ٣. Les gloses expliquent سموق par طويل. Le verbe اجنح, dans ce vers, est employé avec le sens de امال. Sa signification est donc : « Baisser la lance pour « frapper. »

Vers ٥. Nous transcrivons ici la glose du man. B :

قوله وتامر طوال الخفص يعنى الفرس وقوله اذ يخضبونه يعنى بالدم وكانوا اذا صادوا على الفرس خضبوا ناصيته او عنقه من ذالك الدم ليعلم ان قد صادوا عليه

Le mot طوال est à l'accusatif comme terme circonstantiel d'état. Voyez Gramm. ar. t. II, p. 522.

Vers ٦. On lit dans le man. B : قوله مخبوا اى ضربوا لنا خباءً والمروق السدى له رواق

Vers ٧. On lit dans la glose du man. A : اللكيك اللحم المكتنز. Ce mot cependant paraît signifier plus exactement : « de la viande désossée et pressée. »

Dans le man. B on trouve l'explication suivante de ce vers :

NOTES. 125

قوله يصطلون اى يصطلون من الصيف شوآء وقوله يصطلون غارًا اى يطلسون الغار من الخمر الذى يصلّون والموشق الذى يطبخ ماء وملح ثم يجفف ويجعله القوم معهم

VERS ٨. Voyez sur Djowatha la glose sur la page ٢٥, ligne ١٢. Le commentateur explique المعلق الذى لم يجعل ك عدل مفتنق par .

VERS ٩. Nous lisons dans le commentaire:

ابن الماء طائر طويل العنق شبّه الفرس به ك حقّته وطول عنقه وقوله تصوّب فيه العيـن اى تنظر العين الى اعلاه واسفله اتجابًـا بـــه

On peut comparer avec ce vers-ci le soixante-sixième vers de la moallaka.

La glose du man. A explique ابن الماء par الغرنيق qui est le nom d'une espèce de grue. Dans l'expression وروحنا بكابن الماء, la particule ك est synonyme de مثل, et est employée comme nom. Voy. *Gramm. ar.* t. I, n° 1045, et l'*Alfiya* d'Ebn-Malik, édit. de M. le baron S. de Sacy, vers ٣٧٤. Un commentateur sur l'*Alfiya* écrit: وتصرج الكاف من الحرفية الى الاسمية فتكون فاعلة او مجرورة بحرف . Voyez ci-devant, pag. ٢٣, vers ١٢, note.

VERS ١١. Voyez la note sur la page ٢٥, vers ١٢, et celle sur la page ١٣١, vers ٥.

VERS ١٢. Dans le man. B on trouve ces mots écrits en tête du poëme suivant:

وقال ايضا ك رواية ابى عمرو الـــشـــيـــبـــانى .

Les mots ك نأتك sont pour لأن نأتك, ou bien pour نأيها عنك; dans ce dernier cas ils doivent être regardés comme un بدل de سلمى .

VERS ١٣. Le commentateur fait ici les observations suivantes:

المهمه القفر والمفازة الارض المهلكة سميت المفازة على التفاول وقوله ولصوص معطوف على موضع كم

VERS ١٤. Les gloses des trois mss. rendent قلوص par ذهاب .

On lit dans le *Merâsid*:

عنيزة بضم موضع بين البصرة ومكة وهى ايضا بشرعل مبلين من القريتين ببطن المرومة لبنى عامر وعنيزة من اودية اليمامة قرب سواج وعنيزة بالجصرين

VERS ١٥. On lit dans le man. B:

باسود اى بشعر اسود والوارد الطويل وقوله ذى اشر يعنى ثغر والاشر تحديد ك اطراف الاسنان

مـــــع رقــــتـــهـــــا

VERS ١٦. Le man. B nous offre la glose suivante:

قوله منابته يعنى منابت الثغر وهى اللثات شبّهها بالسدوس وهو الطيلسان واراد سمرة اللـــثـــات وبريقها والسيال شجر له شوك ابيض اشبه شىء بالاسنان ويغيص يبرق

Cette signification du verbe تغيص فاس ne se trouve pas dans les lexiques. La glose du man. A l'explique par يعرق et celle du man. C par يقطر .

Q.

VERS IV. On lit dans le man. B :

مداخلة التي دوخل بعض خلقها لى بعض والاصوص الناقة التي تحمل (لم تحمل.ا.) وذالك اشة لها وبقال فى الكــــــــثيـــــرة اللحــم

Dans la glose du man. A on lit : الاصوص التى لم تحمل, ce qui confirme notre correction. Le *Kamous* porte aussi : الاصوص الناقة لكآئل السمينة.

VERS 18. Nous lisons dans le man. B :

قوله نظاهرى صار بعضه فوق بعض والى (بفتح .ini) النون الحمر وبكسرها اللحم وقــوس من القــاس وهــو عــيــــــب اى ليست كذلك

Dans la glose du man. A on lit : نظاهر تراكب.

VERS 19. On lit dans le man. A : اووب سريعة القوائم.

Le commentateur n'explique pas le dernier hémistiche de ce vers, mais le sens paraît être que cette femelle de chameau, après avoir marché toute la journée, est encore le soir pleine de vigueur, et qu'elle ne ralentit pas sa course à l'entrée de la nuit, moment où les voyageurs ont coutume de dire : Dépêchons-nous, car ceux que la nuit surprend en route doivent presser les pas de leurs montures.

PAGE 47, VERS 2. On lit dans le *Kamous*, الرصيص البيض بعضه فوق بعض, et dans la scolie du man. B : الوعساء ارض ذات رمل.

VERS 4 et 5. Dans la glose du man. B nous lisons :

للجون للحمار الذى فى لونه بياض وقيل هو الاسود وارى جحلهن اكبر جحلهن واعظلمها والدروس الصغار واثما وصف انها فى اول جحلها فهى تـتعتـع من للحمار وللمل لم يثقلها بعد فهى تسرع فى عدوها والاصطمار الضمر والشدة العدو والشازب الضامر وقوله معالى يعنى مرفوعا والمـتـسنين جـانـبـمــا الـظـهــــــر

VERS 6. On lit dans les gloses : الحصيص الذى لا شعر عليه.
VERS 7. Dans le man. B nous lisons :

قوله كانّ سراته يعنى ظهره والكنائنّ جعاب السهام والدليص ذهب له بريق شبّه للحط الذى على ظهر للحمار فى بريقه ومخالفته لسآئر لونه بجعاب مذهبة

La glose du man. A rend دليص par مسـاء الذهب.

VERS 8. On trouve dans la glose du man. B : الخميص حين طلع ورقه.
VERS 10. On lit dans le man. B : تسنيها يعنى كان للحمار معها فى الصيف والقصيص حجر وقيل نبيت يستدل به على الكفاة وحائل موضع

VERS 11. Dans les gloses nous lisons :

تغالين طاولن والجـــــزّ ان تاكل الرطب وهو الكلآء فى ايام الربيع فتجرأ به عن شرب المــآء اى تــــــــــتـــــغــنى بــــــه

VERS 13. On lit dans le man. B :

NOTES. 125

البلاثق مواضع للمياه وللعُصر التى علاها الطلب لبعدها عن الواردة والقليص ألكثير يقال قلص
للّآء اذا كثر وارتفع وجّ

Vers 13. La glose du man. B rend انفاسا par نفس نفسا بعد نفسا.

Vers 15. Dans la glose du man. B nous lisons :

المقلاء العود الذى يضرب به الغلام القلة وهى لعبة لصبيان الاعراب شبه الحمار بالمقلاء فى
خفته وسموره

Vers 14. Le poëte veut dire que la rapidité de leur course était telle que les unes laissèrent leurs petits en arrière, et que la fatigue que les autres éprouvèrent les fit avorter en route.

Vers 17. Les gloses expliquent النواجد par الاضراس الاواخر. Dans celle du man. B nous lisons :

الاندرىّ الرجل المنسوب الى الاندر وهو بالشام كالبيدر بالعراق والجريس بالحجاز والمربد بالبصرة
وانما اراد ان للحمار شديد للخلق مفتوله كهادا للحبل والحميس الشديد الفتل

La corde dont il s'agit ici est sans doute celle avec laquelle on conduit les bœufs qui foulent le grain. Le man. A rend الاندرى par صاحب الاندرى.

Vers 18 et 19. Nous lisons dans le man. B :

للخلى الرجل للخلى من الهموم وقوله وباتت له ليلة اراد وبات فى ليلة فنسب الفعل الى الليل اتساعًا
وبجازًا كما يقال نهارك صائم وليلك قائم والعآئر الذى يجد وجعًا فى عينه وهو هاهنا الوجع نفسه

Ni les scoliastes ni les lexicographes ne nous fournissent de renseignements sur le lieu nommé Ithmid.

On trouve dans les trois premiers vers de ce poëme trois exemples de l'*iltifât* ou *énallage des personnes*, figure très-souvent employée dans le Koran et les poëtes. Un des hommes les plus savants parmi les Arabes, Zamakhschari, auteur du commentaire sur le Koran nommé *Kesschaf*, a fait les observations suivantes sur l'emploi de cette figure, et sur son utilité dans le discours, et il y cite même ces trois vers d'Amro'lkaïs comme exemple :

ما يسمّى الالتفات فى علم البيان قد يكون من الغيبة الى الخطاب ومن الخطاب الى الغيبة ومن الغيبة
الى التكلّم كقوله تعالى حتى اذا كنتم فى الفلك وجرين بهم وقوله والله الذى ارسل الرياح
فتثير سحابًا فسقناه وقد التفت امرؤ القيس ثلثة التفاتات فى ثلثة ابيات تطاول ليلك الخ وذلك
على عادة افتنانهم فى الكلام وتصرّفهم فيه ولان الكلام اذا نقل من اسلوب الى اسلوب كان ذلك
احسن تطرية لنشاط السامع وايقاظًا للاصغآء اليه من اجرآئه على اسلوب واحد

« La figure nommée dans l'art de la rhétorique, *iltifât*, s'emploie pour faire passer
« le discours soit de la troisième à la seconde personne, soit de la seconde à la troi-

« sième, soit de la troisième à la première. On en trouve des exemples dans ces pas-
« sages du Koran : *Jusqu'à ce que quand vous êtes dans les vaisseaux, et qu'ils les ont emportés*
« *sur*. 10, vers 23; et : *C'est Dieu qui a envoyé les vents pour qu'ils élèvent un nuage*
« *que nous chassons ensuite*, sur. 35, vers 10. Amro'lkaïs a employé cette même figure
« trois fois dans ces trois vers (consécutifs) : *La nuit que tu passais à Ithmid était bien*
« *longue, etc.*

« Cette figure tient à l'usage qu'ont les Arabes du désert d'employer différentes formes
« du discours, et de le varier à volonté, parce que, quand le discours passe d'une
« forme à une autre, ce changement est plus propre à renouveler l'intérêt de l'au-
« diteur, et à réveiller son attention, que si l'on suivait constamment la même forme. »

PAGE ٣٨, VERS ١. Les commentateurs ne disent pas qui était cet Abou'laswad, ni de
quoi il s'agissait; ainsi le commencement de ce morceau est assez obscur.

VERS ٢. Dans les gloses du man. B ce vers et le suivant sont expliqués ainsi :

قوله ولو عن نثا غيره اى لو اثاى هادا النبأ عنى حديث غيره لقلب قولا يشيع ف الناس (و سا.) يوكر
عتى آخر الدهر والنثا ما يحدث به من خير وشر والثناآء لا يكون الا ف للخير وقوله وجرح اللسان
كجرح اليد اى قد يبلغ باللسان والقول من جهاء ودمّر وغير دالك ما يبلغ بالسيف اذا ضرب به
من شدة دالك على المقول فيه ويوثر عنى اى يحفظ ويتحدث به وقوله بد المسند كا يقال يسد
الدهر يريد ابدًا والمسند الــــــدهــــــر

VERS ۴ et ٥. On lit dans la glose :

العلاقة ما تعلّقوا به من طلب الوتر والدم فيقول اى شىء تكرهون وترغبون عنه وغرو هاذا
الذى ذكره امروّ القيس ومرئد من هوّلاء الذين ذكرة فيقول ترغبون عن دم عمرو ودم مرئد
فهو كقوله وليس بدونه وقوله فان تدفنوا الداآء اى تتركوا ما بيننا وبينكم فانا لا تخفع اى لا
نظهره وان هيجتم (بجام ١.) للحرب لم نقعد عن دالك

Cette glose, que nous avons reproduite ici en entier, est tellement défigurée par
des fautes de copiste et par des omissions, qu'il nous a été impossible de la rétablir
par des conjectures; cependant nous l'avons donnée ici, d'après le man. B, dans la
pensée que peut-être elle pourrait servir à jeter quelque jour sur le texte.

VERS ٨. On lit dans le man. B : الملاد المحرك بالمّاد وهو عود تحرك به النار.

Les Arabes, pour traiter leurs hôtes avec plus d'honneur, érigeaient des tentes
pour leur réception et pour les loger. Comp. *Hamâça*, p. ٧٨٨.

VERS ١٠. On lit dans les gloses : الجموح المتقدمة وقيل التى تذهب على وجهها من السرعة
والــــنــــشــــاط

NOTES.

Vers 11. Dans le man. B nous lisons :

قوله ومسدودة الشك يعني درعا وشكّها سردها ونظمها ويروى مشدودة بالشين المعجمة وهي مداخلة بعضه في بعض ومعنى تضائل في العلق اى تلطف وتصغر اذا طويت فيصير كالبرد

Vers 13. La glose du man. A explique مطردا par ربّها مستويا. La comparaison employée dans ce vers se trouve aussi dans la moallaka d'Antara, vers 27.

Vers 13. On lit dans les gloses du man. B :

لم يكاد اى لم ينثنى (ينثنى ا.) ولم يفترج (يلتوج) ولاكنه يذهب فى العظام ويجاوزها

Une glose interlinéaire dans le man. A rend ce mot par يعوج.

Vers 10. On lit dans le Merásid : عزل ماء بين البصرة واليمامة.

Vers 14. La glose explique قسرا par قهرا. Dans le man. A ce mot est écrit قصرا. Voyez une observation sur ce mot dans l'ouvrage intitulé : *Antiquitatis Muhammedanæ monumenta varia explicuit Fraehn.* Petropoli, 1820, part. 1, pag. 34.

Page 24, vers 2. Comparez vers 4, p. 20.

Vers 3. On lit dans le man. B :

قوله عضبا مضاربه يعني سيفا قاطع المضارب شبّه ماءه وفرنده بآثار النمل وموضع دبيبها

Voyez le Makçoura, vers 78.

Vers 5. Nous lisons dans le man. B :

قوله ولوت شموس اى مطلت وجحدت وسماها شموس لانها نفور عن طالبها والمماشاة حسن اللقاء والتقريب واراد بالبذل ما يبذل له من النصبة وغيرها.

Vers 7. On lit dans le man. B : قوله ولها عليه اى على الظبي او على هذا الجنس.

Vers 8. On lit dans les gloses du man. B : قوله مقتصدا اى تركت ما كنت اذهب اليه من الصبا واقبلت راجعا عنه الى القصد والرشاد والعلم هنا العقل

La glose du man. A porte مقتصدا مستقيما. Le mot مقتصد se trouve employé dans le Koran, sur. 35, vers 29.

On pourrait rendre les mots راجعني حلمى par « allocutus est me prudentia mea. »

Vers 9. Dans le man. B le commentateur fait ici la remarque suivante : هذا البيت من احكم ابيات العرب.

Vers 10. Dans le man. B nous lisons : جائرا اى من الطريقة مائل عن الصواب وقوله منه ذو دخل اى منها ذو فساد وقال منه لان الطريقة والسط ريق واحد

Dans le man. A le mot قصد est écrit avec un *fatha* et avec un *dhamma* sur le *dal*; si l'on admet la dernière de ces leçons, le vers comportera la signification suivante : « Est qui a « via deflectit (et *bona directio* — est semita recta,) et a via deflectit fraudulentus. »

NOTES.

Vers ۱۴. On lit dans le man. b : (ما) .l ١ اى ان اتاني سكىرە بجدّة ولم اجهل قوله
يجب ان يعتذر عنه عذرتُه ولم اجهل بجدة فى ذالك

Vers ١٥. Dans les trois vers suivants il est permis de lire l'affixe ك au masculin ou au féminin.

Vers ١٧. Nous transcrivons ici la glose du man. b :

قوله على هدى اثر اراد بالهدى هنا هداية الطريق ومعنى يقرو يتبع والمقتفى موضع اثر الانسان والقائف الذى يتبع الاثر يقول انا مواصلك ما لم اجد غيرى يتبع اثرك طمعًا فى هواك ومواصلتك

Vers ١٧. Voyez Hariri, p. ۳۳, et le Hamáça, p. ۷۸۰, sur les mots نم et استنمي.

Vers ١٨. On lit dans le man. b : يقول جزعت من البين بجزعها ولم اجزع من شىء سواه والبين الفراق والانقطاع من المحــبــة.

Dans le man. a le mot جزعها est expliqué par به انتفع جزعها ; nous avons adopté cette dernière explication.

Page ٥٠, vers ١ et ٢. Nous lisons dans le man. b :

قوله يداجون اى يدارون ويعالجون والنجاج زق للخمر لانه ينمج اى يسمع لغليانه صوت ويروى نجاحًا وهو الزق (المتلى بعا) وقوله ترج بالقنا اى تعدو عدوا شديدا فترجم الارض بقوائمهما شبه القوائم بالقنا فى صمارها وصلابتــها

Vers ٥ La glose du man. b explique les mots ادهنت بالطيب par قد بلّها الندى.

Vers ٨. On lit dans le man. b : قوله تدافع ركناها اى جاءَت بين اربع كواعب فكانت تراجمهم بجانبيها تثنيا وانعــطافا.

Vers ١١. Dans le man. b nous lisons :

وقوله لو شىء يعنى لو احد لو هاهنا محذوف للجواب لما فى الكلام من الدليل عليه والتــقــديــر لــو احـــد اتانا رســـولـه لمــا جــمــتــاه

Vers ۱۲ et ۱۳. Dans le man. b on lit :

قوله تصدّ الوحش اى تصرف انفسها عنّا انكارا لنا ونفارا منّا وقوله تجافى عن المأثور اى ترتفع عن السيف المأثور وهو الذى فيه اثر وهو نريد (فرند .l) السيف والسابرى ضرب من الثياب والمضلّع الذى فيه طرائق وهى ويجعل ما يريد بالمأثور هنا ما يوتر به بينه وبينها ويتحدّث بــه من امرها اى تعدل عن ذالك ولا تذكره لئلا يكدر عليه ما هو فيه من صفاء العيش والمتع بها وهو اشبه بمعنى البيت مع انه لم يكن ليجعل السيف بينه وبينها ويتنغص (فيتنغص .l) عليه ما هــو فــيـــــه

FIN.

يُداجونَ نَقَاجًا مِن الحَمرِ مُنزِعًا	فمنهنَّ قولي للنّداءى تَرفَّعوا
بُبادِرْنَ سَربًا آمِنًا أنْ تُفَزَّعَا	ومنهن رَكضٌ للخيل تَرجّ بالقنا
تَجمّ جهولًا من الارض بَلقَعَا	ومنهن نصّ العيسِ والليلِ شاملٌ
يُجدّدنَ وَصلًا او يُقرّبنَ مَطمَعَا	خَوارجُ من بَرّيّةٍ نَحوَ قَريَتِي
تَراقِبُ منظومَ القَمائرِ مُرضَعَا	ومنهن سَوقُ الخَود قد بَلّها النَّدى
بُكاءٌ فَتخشى لِجيدَ أن يَتَصَوَّعَا	تَعزُّ عليها رِبتَقِي ويَسُوءُها
حِذارًا عليها أنْ تَقُومَ فَتُسمَعَا	بَعَثتُ البها والنّجُومُ طوالِعُ
تُدَافعُ رُكبَاها كَواعِبَ أربَعَا	جاءَتْ قَطوفَ المَشي هَيّابةَ السُّرى
صَبابُ القَرى في نحَّها فَتَقطّعَا	يُزَجّيها مَشيُ النَّزيفِ وقد جَرى
كما رُعِتْ مكحولَ المَدَامِعِ أتلَعَا	تَقولُ وقد جَرّدتُها من ثيابِها
سِواكَ ولاكنَّ لم نَجِذْ لك مَدفَعَا	وجدَّكَ لو شَيءٌ أنانا رَسولُه
قَتيلانِ لم يَعلمْ لنا الناسُ مَصرَعَا	فَبِتنَا تَصُدُّ الوَحشَ عَنّا كَأنّنا
وتُدنِي على السابرىَّ المُضَلَّعَا	تَجافى عن المَأثورِ بيني وبينها
بِمَنكِبِ مِقدامِ على الهَول أروَعَا	إذا أحدَثَتها هِزّةُ الرَّوعِ أمسَكَت

كمل جميعُ شعرِ امرئ القيس بِرواياتهِ
والحمد لله حمدًا كثيرًا كما هو اهلهُ

وتــنــوفـــةٍ جَــرداءَ مُـــســهـــلــكــةٍ　　جاوَزتُــها بِــنَــجــائِــبٍ فُــتُــلِ
فَــبِــتْنَ يَنهَــسْنَ الجَــنــوبَ بــهــا　　وأبيــتُ مــرتــفــقــا عــلى رَحْــلــى
مُتَوَسِّدًا عَطبًا مَضاربهُ　　فى مَتنِــهِ كَـمَـدَبَــةِ النَّـمْـلِ
يُحذَى صَغيرًا وَهــوَ لَــيــسَ له　　عَهدٌ بِــقَــوْبِــهِ ولا صَــقْــلِ
عَفَتِ الديارُ فَــمــا بــهــا أَهلي　　وَلَوَتْ هَمــوسُ بَشاشةَ البَذلِ
نَظَرَت إِليكَ بِــعَــيــنِ جازئَــةٍ　　حَوراءَ حائِمــةٍ عــلى طِفْلِ
قَلَّها مقلِّدُها ومُقَــلَــتُــهــا　　ولها علــيه سَراوَةُ الفَــضــلِ
أقبَــلتُ مقتصدًا وراجــعــنــى　　جَلــى وسُــدَّدَ لِلــتُّــقى فِــعــلى
اللهُ أنَجُّ ما طَلَبْــتُ بِــه　　والبِرُّ خيرُ حقيــبَــةِ الــرَّحْــلِ
وبينَ الطريقــةِ جائِــرٌ وهُــدًى　　قَصدُ السبيلِ ومِــنــه ذو دَخَــلِ
إنِّى لَأَصرِمُ مَنْ يُــصــارِمُــبــى　　وأجِدُّ وَصْلَ مَنِ ابتَــغــى وَصلى
وأخى إخاءَ ذى مُحافَــظَــةٍ　　سَهلِ لِخَلــيقــةِ ماجِدٍ الأَصلِ
حُلوٍ إذا ما جئتُ قال أَلا　　فى الرَّحبِ أنتَ ومَنــزِلِ السَّهــلِ
لازِعْتِه كَأسَ الــصَّـمــيــمِ ولا　　أَجهَلُ حُجَّةَ عَذرَةِ الــرَّجُــلِ
إنِّى بِــحَـبـلِـكَ واصِـلٌ حبلى　　وبِرَيـشِ نَـبـلِــكَ رائِشٌ نَبلى
ما لم أَجِــدكَ على هُــدًى أَقِــرِ　　تَــقْــرو مَقصِدَكَ قائــفُ قَبلى
وقَمــأتــى ما قد عَلمـتَ وما　　نَــبَــحَــتْ كِلابُــكَ طارِقــا مِــثـلى

وقــال أيضًا

جَزِعتُ ولم أَجزَع مِنَ البَيــنِ مَجزَعا　　وعَزَّبتُ قلبًا بالكواعــبِ مُــولَــعا
واصبَحتُ وَدَّعْتُ الصِّــبا غيرَ أَنَّنى　　أُراقِــبُ خَــلاّتٍ من العيشِ أَربَــعا

وذلك من نبأه جاءني	وخُبِّرتُه عن ابي الأسود
ولو عن نفا عمرٍو جاءني	وجُرْحُ اللسانِ كجرح اليد
لَقُلْتُ من القول ما لا يزا	لُ يُؤثَرُ عنّي يَدَ المُسنَدِ
بأيّ علاقتنا ترغبون	أعن دم عمرو على مربد
فإن تدفنوا الداءَ لا تخفِهِ	وان تبعثوا للحربِ لا نَقعُد
وإن تقتلونا نقتلْكُم	وان تقصِدوا لدَمٍ نَقصِد
متى عهدُنا بطعانِ الكُما	ةِ وللحمدِ والمجدِ والسُّودَدِ
وبَيِّ القباب ومَلْيُ الجفا	نِ والنارِ وللخطبِ المُفْأَدِ
وأعددتُ للحرب وثّابة	جوادَ المحَثَّةِ والمُرْوَدِ
١٠ سموحًا جَموحًا وإحضارُها	كَمْعَةِ السَّعْفِ المُوَقَّدِ
ومشدودةَ الشَّكلِ موضوعة	تضاءَلُ في الطيِّ كالمِبرَدِ
تفيضُ على المرءِ أردانُها	كفيضِ الأتيِّ على الجَدجَدِ
ومنطردًا كرشاءَ الجرو	رِ من خُلْبِ النخلةِ الأجرَدِ
وذا شُطَبٍ غامضًا كلُّه	اذا صابَ بالعظمِ لم ينأدِ

وقال ايضًا

١٥ حتى لحمولَ بجانبِ العزلِ	اذ لا يلائمُ شكلُها شكلِ
ما ذا يَشُقُّ عليكَ بن ظُعُنٍ	إلّا صِباكَ وقلّةُ العقلِ
منّيتنا بغدٍ وبعدَ غدٍ	حتى بَخِلتِ كأسوءِ البخلِ
يا ربَّ فاديةٍ صَرَمتْ حِبالَها	ومَشيْتُ متئدًا على رِسْلِ
لا أستقيدُ لمَن دَما لِيصى	قَسرًا ولا أصطادُ بالخَتْلِ

كأنّي ورحْلي والقِرابُ ونُمْرُقي … اذا شُبَّ للمَرْوِ الصِّغارِ وبيصُ
على يَقَقٍ هَيْقٍ له ولِعِرْسِهِ … بمُنْعَرَجِ الوَعْساءِ بَيْضٌ رَصيصُ
اذا راح للأدْحِيّ أوْبًا يَغُثُّها … حَـاذِرَ يَن إدراكَه وتَصيصُ
أَدَيْكٌ ام جَسْمونٌ يُطارِدُ أُتْنَـا … تَمَلَّنَ فَأَرْبَى تَمَـلُـهِـنّ دَروصُ
طَواهُ اضطمارُ الشّدّ فالبَطْنُ شازِبٌ … مُعالًى الى المَتْنَيْنِ فهو خَميصُ
بحاجِبِه قَدْحٌ من الضَّرْبِ جالبٌ … وحاربكُه من السِّكِدامِ حَصيصُ
كأنّ سَراتَه وجُدّةَ ظَهْرِه … كِنَاسٌ يَجْري بِسِنْهِنَّ دَليصُ
وباكُـلْـنَ من قَـتِّ لُعاعًا ورِبّةً … تَجَبَّرَ بعدَ الأَكْلِ فهوَ نَميصُ
تُطيرُ عِـفـاءً من نَسيلٍ كأنّـه … سَدوسٌ اطارَتْه الرّياحُ وخُوصُ
تَصيّفها حتّى اذا لم يَسُـغْ لها … حَلِيُّ بأَعلى حائلٍ وقَصيصُ
تَغالَيْنَ فيه الجِزْءُ لَوْلا هَواجِرٌ … جَنادِبُها صَرْعى لَـهِـنّ قَصيصُ
أَرَنَّ عليها قارِبًا وآسْتَتَّتْ له … طُـوالةُ أَرْساغِ اليَدَيْنِ نَحُـوصُ
فأوْرَدَها من آخِرِ اللّيلِ مَشْرَبًا … بَلاطِـقَ خُضْرًا مَأْوُهُـنّ قَليصُ
فيَشْرَبْنَ أَنْفاسًا وهُنَّ خَوائفٌ … وتَرْعُدُ منهنَّ الملا والقَريصُ
وأَصْدَرَها تَعْلُوا التِجادَ عَشِـيّـةً … أَقَبّ كمِقْلاةِ الوَليدِ شَخيصُ
تَخُشُّ على أَدْبارِهِنّ مُخَلَّفٌ … وَحْشٌ لَدى مَكَرِّهِـنّ وَقيصُ
وأَصْدَرَها بادِي النَّواجِذِ فارِجٌ … أَقَبُّ كسَكْرِ الأَنْدَرِيِّ نَجيصُ

وقــــال ايضًا

تَطاوَلَ لـيـلُـكَ بالإِثْـمِـدِ … ونامَ الخَلِيُّ ولم تَـرْقُدِ
وباتَ وباتَــتْ له لَـيْـلَـةٌ … كَليلةِ ذي العائِرِ الأَرْمَدِ

— ۲٤٦ —

وأدبَرْنَ كالجَزْعِ المُفَصَّلِ بينه :: بجيدِ الغُلامِ ذى القَميصِ المطَوَّقِ
وادركهنّ قائمًا بين عِسابِه :: ككَمِيْتِ العِشِّ الأقهبِ المتوَدِّقِ
فصادَ لنا عَيْرًا وثَوْرًا وهاضبًا :: عِداءً ولم يَنْقُمْ بماءٍ فيَعْرَقِ
وظلَّ غُلامى يُخْرِجُ السَّرْحَ حولَه :: لكلِّ مَهاةٍ او لاحقبَ سَهْوَقِ
وقام طوالَ الشخص اذ يَخضِبونه :: قيامَ العزيزِ الفارسيّ المنَطَّقِ
فقُلْنا ألَا قد كان صَيْدٌ لقانِصٍ :: نحَبَّرُوا علينا كلَّ ثَوْبٍ مروَّقِ
وظلَّ رِجالى يَشْتَوُونَ بنَعْجَةٍ :: يَصُقُّونَ غارًا بالسكِيكِ الموشَّقِ
ورُحْنا كأنّا مِن جُوانا عشِمَّةٌ :: نُعالى النِعاجَ بين عِدْلٍ ومُشْتَقِ
ورحنا بكأْنى الماءِ يُجنَبُ وسْطَها :: تَصوبُ فيه العينُ طورًا وترتَقى
واصبحَ زُهلُولًا يُزِلّ غُلامَنا :: كقِدْحِ النَضِى بالمَدَيْنِ المفوَّقِ
كأنَّ دِماءَ الهادياتِ بنَحْرِه :: عُصارةُ حِنّاءٍ بشَيْبٍ مفرَّقِ

وقــــال ايضًا

أين ذِكْرُ سلْمى أن نأْتكَ تَنوصُ :: فتَقْصُرُ عنها خُطوةً او تَبُوصُ
وكم دونَها مِن مَهْمَهٍ ومَفازةٍ :: وكم ارضٍ جَدْبٍ دونَها ولصوصُ
تَراءَتْ لنا يومًا بِجَنْبِ عُنَيْزَةٍ :: وقد حانَ منها رِحلةٌ فقلوصُ
بأسْوَدَ مِلتَقِّ الغَدائرِ وارِدٍ :: وذى أُشُرٍ تَشوفُه وتَشوصُ
مَنابتُه مثلُ السُّدوسِ ولَوْنُه :: كشوكِ السَّيالِ فهو عَذْبٌ يَفيصُ
فهل تُسليَنَ الهمَّ عنك جميلةٌ :: مُداخَلةٌ صُمُّ العِظامِ أصوصُ
تظاهَرَ فيها السِّقْىُ لا عَ بَكْرةٌ :: ولا ذاتُ ضِغْنٍ فى الزِّمامِ قَبوصُ
أَووبُ نَعوبٌ لا بَسوابِقَ تَهْزُها :: اذا قيل سِيرُ المُذلِحَنَّ تَميصُ

خَلّوا العَقيقَ او قَسْمَةَ مُطْرِقِ	على إثْرِ مَنْ أمسى حَدِيثًا لِيَمِهِ
أَمونٍ كَبُنْيانِ اليَهوديِّ خَمْعَقِ	فعَزَّيْتُ نَفْسى حينَ بانوا بِجَسْرَةٍ
تُنيف بعَذْقٍ من عِراسِ ابنِ مُعْنِقِ	اذا زُجِرَتْ ألْفَيْتَها مُشْمَعِلَّةً
بإثرِ جَهامٍ رائِحٍ مُسْتَفَرِّقِ	تَروحُ اذا راحَتْ رَواحَ جَهامِهِ
بكلّ طريقٍ صادَفَتْهُ ومازِقِ	كأنَّ بها هِرًّا جَنيبًا تجُرُّهُ
على مَرْفِقَىْ ذى زوائِدَ يَقْمِقِ	كأنّي ورَحْلى والقِرابَ ونُمْرِقِ
لِذِكْرَةِ قَيْسٍ حَوْلَ بَمْضٍ مفلّقِ	تَروحُ من ارضٍ لارضٍ نَطِيَّةً
وتَحْفِقُهُ ريحُ الصَّبا كلَّ مَحْفِقِ	يَجولُ بآفاقِ البِلادِ مُغَرّبًا
بعيد من الآفات غيرَ مَروقِ	وبَيْتٍ تَفوحُ المِسْكُ فى حَجَراتِهِ
تُعَقّى بذَيْلِ الدِّرْعِ اذ جِئْتُ مَوْدِقى	دَخَلْتُ على بَيْضاءَ جَمّ عِظامُها
رُكودَ نَواذى الزَّبَرْجَدِ المُتَوَرِّقِ	وقد رَكَدَتْ وَسْطَ السَّماءِ نُجومُها
شديدٍ مَشَكِّ الجَنْبِ نَعْمِ المَنْطِقِ	وقد أَغْتَدى قبلَ العُطاسِ بهَيْكَلٍ
كذيبِ الغَضَى يَمْشى الضَّراءَ ويَتَّقى	بَعَثْنا رَبيبًا قبلَ ذلك مُخْمِلًا
وسائِرُهُ مثلُ التُّرابِ المُدَقَّقِ	فظَلَّ يَمْعِلُ لِلْحَشْفِ يَرْفَعُ راسَهُ
ترى التُّرْبَ منه لاصِقًا كلَّ مَلْصَقِ	وجاء خَفيًا يَسْفِنُ الأرضَ بَطْنُهُ
وخِيطُ نَعامٍ يَرْتَعى مُسْتَفَرِّقِ	فقال ألا هذا صِوارٌ وما نَهُ
الى غُصْنِ بانٍ ناضِرٍ لم يُحَرَّقِ	نَقَمْنا بأشْلاءِ الحِمارِ ولم نَقُدْ
على ظَهْرِ ساطٍ كالصَّليفِ المُعَرَّقِ	نُزاوِلُهُ حتى تحَمَّلنا غُلامَنا
على ظَهْرِ بازٍ فى السَّماءِ مُحَلِّقِ	كأنّ غُلامى اذ عَلا حالَ مَتْنِهِ
اليها وجَلّاها بطَرْفٍ مُلَقْلِقِ	رأى أرْنَبًا فانْقَضَّ يَهْوى أمامَهُ
فيُدْرِكَ مِنْ أعْلى القَطاةِ فتَنْزَلِقِ	فقلتُ له صَوِّبْ ولا تَجْهَدَنَّهُ

لها عَجُزٌ كَصَفَاةِ المَسِيلِ أَبرَزَ عنها جِمانٌ مُمِيرُ   لها ذَنَبٌ مثلُ ذَيلِ العَرُوسِ   تَسُدُّ بهِ فَرجَها بينَ دُبُرْ
لها مَتْنَتانِ خَطاتا كما   أَكَبَّ على ساعِدَيْهِ الخَصِرْ
لها عُذَرٌ كَقُرونِ التِيَاسِ   رُكِّنَّ في يَومِ ريحٍ وصِرّ
وسالِفَةٌ كَعَتُوقِ اللِّيَا   نِ أَضرَمَ فيه الغَوِيُّ السُعُرْ
لها جَبهَةٌ كَسَراةِ المِجَنِّ   حَذَّقهُ الصانِعُ المُقتَدِرْ
لها مَنخِرٌ كوِجارِ السِباعِ   فيهِ تُرِيعُ إذا تَنبَهِرْ
وعَينٌ لها حَدرَةٌ بَدرَةٌ   شُقَّتْ مَآقِيهِما من أُخُرْ
إذا أَقبَلَت قلتُ دُبّاءَةٌ   من الخُضرِ مَغمُوسَةٌ في الغُدُرْ
وإن أَدبَرَت قلتُ أُنفِيَّةٌ   مُمَلَّمَةٌ ليس فيها أُثَرْ
وإن اعتَرَضَت قلتُ سُرعُوفَةٌ   لها ذَنَبٌ خَلفَها مِسبَطِرْ
وللسَوطِ فيها مَجالٌ كما   تَنَزَّلَ ذو بَرَدٍ مُمهِرْ
لها وَقَباتٌ كَوَقبِ الظِباءِ   فُؤادُ خَطّاءَ وواهٍ مُطِرْ
وتَعدُو كَعَدوِ نِجاةِ الظِبا   ءِ أَخطَأَها الحاذِقُ المُقتَدِرْ

وقال ايضًا

أَلّا انعَمْ صَباحًا ايّها الربعُ فَانطِقِ   وحَدِّث حديثَ الرَكبِ إن شئتَ تَصدُقِ
وحَدِّث بأَنْ زالَت بلَيلٍ حُمولُهم   كَمُخلِّي من الأَعراضِ غيرَ مُنبَّقِ
جَعَلنَ حَوايا وَاقتَعَدنَ تَعاشُدا   وحُفِّقنَ بين حَوكِ العِراقِ المُفَتَّقِ
وفوقَ الحَوايا غِزلَةٌ وجَآذِرُ   تَضَمَّخنَ من مِسكٍ ذَكيٍّ وزَنبَقِ
فاتبَعتُهم طَرفي وقد حالَ دونَهم   غَوارِبُ رَملٍ ذي أَلاءٍ وشِبرِقِ

٣٤

رَمَتْنِي بسهمٍ اصابَ الفُؤادَ   غَداةَ الرحيلِ فلم أنتَصِرْ
فأسبل دمعى كفيضِ الجُمانِ   او الدُّرِّ زَقراقِه المنحَدِرْ
وادٍ فى تَمشى كمشى النَّزيفِ   يَصْرَعُه بالكثيبِ البَهَرْ
بَسَرْهَرَةٌ رُودةٌ رَخْصَةٌ   خَرعوبةُ البانةِ المنفطِرْ
فتورُ القيامِ قطيعُ الكلا   مِ تَفترُّ عن ذى غُروبٍ خَصِرْ
كأنَّ المُدامَ وصَوْبَ الغَمامِ   ورِيحَ الخُزامى ونَشْرَ القُطُرْ
يُعَلُّ به بَرْدُ أنيابها   اذا طَرِبَ الطائرُ المُسحِرْ
فبِتُّ أُكابدُ ليلَ التمامِ   مِ والقلبُ من خَشيةٍ مقشعِرْ
فلمَّا دَنَوتُ تسدَّيتُها   فَعَوْتَا نَسيمٌ ونَعْوْبَا أجِرْ
ولم تَتَرَبَّا كالئٌ كانِمٌ   ولم يَغشَ مِنَا لَدى البيتِ سِرْ ١٠
وقد رابَنى قولُها يا هُنا   ةَ وَيْحَكَ لقد سِقت شَرًّا بشَرْ
وقد أَفتدى ومَعى القَايصانِ   وكلُّ بمَرْبَأَةٍ مقتفِرْ
فمُدرِكُنا فغمٌ داجِنٌ   سميعٌ بصيرٌ طلوبٌ نَكِرْ
أَلَصُّ الضروسِ حنِقُ الضلوعِ   تَبوعُ طلوبٌ نشيطٌ أَشِرْ
فأنشبَ أظفارَه فى النَّسى   فقلتُ هُبِلتَ ألَا تَنتَصِرْ ١٥
فكَرَّ اليه بمِبْراتِه   كا خَلَّ ظَهرَ اللِّسانِ المُجِرْ
فظلَّ يروغُ فى غَيْطَلِ   كا يستديرُ لجمارٍ النَّعِرْ
وأَرْكَبُ فى الرَّوعِ خَيفانةً   كسا وَجهَها سَعَفٌ منتشِرْ
لها حافِرٌ مثلُ قَعْبِ الوليدِ   رُكِّبَ فيه وَظيفٌ عَجُرْ
لها قُنَنٌ كَخَوَافى العُقابِ   بِ سودٌ يَفِين اذا تَزْبَئِرْ ٢٠
وسلافانِ كَعُبابها أَصْمَعا   نِ لَحْمُ حماتيهِما مُمبتِرْ

الاول شاعر مثله يماتنه آلى الا يبازع الشعر احدًا بعده قــال ابو حاتم هذا آخر ما صح الاصمعى من شعر امرئ القيس والناس يحملون عليه شعرًا كثيرا وليس له انما هو لصعاليق كانوا معــه

كملت رواية ابى حاتم عن الاصمعى بحمد الله

قال ابو الحجاج يوسف بن سليمن ونذكر قصائد متغيرات مما لم يذكر ابو حاتم فمن ذلك قول امرئ القيس مما رواه ابو عمرو والمفضل وغيرهم وكان الاصمعى يزعم ان هذه القصيدة لرجل من النمر بن قاسط يقال له ربيعة بن جسعم اولها عــن الاصمعى

أحـارِ بْـنَ عَمْـرٍو كَأنّي جُـنُـرْ   ويَـغْـدو على المـرءِ ما يَأتَــمِــرْ
لا وأبيكِ ابنةَ العـــامــــرِي   تي لا يَــدَّعي القـومُ أنّي أفِــرْ
تَميمُ بــن مُــرٍّ وأشْـيـاعُــه   وكِـنْدَةُ حَولي جَميعًا صُــبُــرْ
اذا ركبوا للخيـــل واستلأموا   تحـرَّقَـتِ الارضُ واليومُ قُـرّ
تَروحُ من الحـيِّ ام تبـتـكـِـرْ   وماذا عليـكَ بأنْ تنــتـظِــرْ
أمَــرْجٌ خِيامُهُـمْ ام عُــهَــرْ   ام القـلبُ في اثرهمْ مستطيرْ
وفـتيـــانٍ أقام من الحـيِّ هِرّ   ام الطاعنون بها في الشُّـطُــرْ
وهِرٌّ تَصيـــدُ قلوبَ الرجال   وأفلتَ منها ابْـــنُ عَمْرٍو جُـزُرْ

وَمَنَحَها بنو شَجَى بن جرم   مَعِيرَهُم حَنانَك ذا الحَنانِ

وقال ايضًا

دِيمَةٌ هَطْلاءُ فيها وَطَفٌ   طَبَقُ الارضِ تَحَرَّا وَتَدُرّ
تُخرِجُ الوَدَّ اذا ما أُنجِدَت   وتَواريبَهُ اذا ما تَشتكِرّ
وتَرَى الضَّبَّ خَفيفًا ماهِرًا   ثابِتًا بُرْثُنَه ما يَنعفِرّ
وتَرَى النَّجَرَاءَ فى رَبِّيها   كُرُوسٌ قُطِّعَت فيها لِحُمَرّ
ساعةً ثُمّ انتَحاها وابِلٌ   ساقِطُ الأكنافِ واهٍ مُنهَمِرّ
راحَ تَمْريهِ الصَّبا ثُمّ انتَحَى   فيه شُؤبوبُ جَنوبٍ مَنهَمِرّ
حتَّى ضاقَ عن أَدِيّه   عُرُضُ خَيمٍ لَخُفانٍ فَبُسُرّ
قد غَدا يَجْتَلِى فى أنْفِه   لاحِقُ الإطلَينِ مَحبوكٌ مُمَرّ

قال الاصمعى قال ابو عمرو بن العَلَاء كان امرؤُ القيس مَنِعًا صِلّيلًا يَنازِعُ
كلَّ من ادعى الشعرَ فنازع التَوْأمُ اليشكريُّ فقال ان كنتَ شاعرًا فلْقِطْ
انصافَ ما اقولُ بآخِرها قال نعم فانشد امرؤُ القيس

أَحارِ ترى بُرَيقًا هَبَّ وَهنًا   كَنارِ مَجوسٍ تَستعِرُ استِعارا
فقال التوأمُ
أَرِقتُ له ونامَ ابو شُرَيحٍ   اذا ما قلتُ قد هَدَأَ استَطارا
فقال التوأمُ
كأنَّ هَزيزَهُ بِوَراءِ غَيبٍ   عِشارٌ وُلَّهٌ لاقَت عِشارا
فقال التوأمُ
فلمّا أن دَنا لِقَفا أُضاخٍ   وَهَت أَعجازُ رَبِّيه فَحارا
فقال التوأمُ
فلم يَترُك بذاتِ السِّرِّ ظَبْيًا   ولم يترك بِجَلهَتِها حِمارا

قال ابو عمرو فلمّا راى امرؤُ القيس التوأمَ قد ماتَنَهُ ولم يكن فى السِّنِّ

اذا مشــت حوالِبها أرَئَّت   كأنّ لحــنَّ صنجَهم نَــئيّ
فتُوسِعُ اهلَها أقِــطًا وسَمنًا   وحَسبُك من غِنى شِبــعٌ ورَيّ

وقـــال ايضًا

ألا يا لَهفَ هندٍ إثرَ قومٍ   هُمْ كانوا الشِفاءَ فلم يُصابوا
وقام جَذْم يَبتَنى ابيهم   وبالأشقَــيْنَ ما كان العقابُ
وأفلَتَــهن علباءُ جريضًا   ولو ادرَكتَه صَفِــرَ الوطابُ

وقـــال ايضًا

كأنّي اذ نزَلتُ على المعَــلّى   نزَلتُ على التّوادِخِ بن هَمّامِ
فما مَلِكُ العِراقِ على المعَلّى   بمُقتَدِرٍ ولا المَلِكُ الشّآمِ
اصدَ نَشاصَ ذي القَرنَينِ حتى   تولّى عارضُ المَلِكِ الهُمامِ
أقرَّ حَشًا امرِئِ القيسِ بنِ حُجرٍ   بنو تيمٍ مصابيحُ الظّـــلامِ

وقـــال ايضًا

لَيَعْمَ الفَتى تَغْشُو الى ضَوءِ نارِهِ   طَريفُ بن مالٍ ليلةَ الجوعِ والخَصْرِ
اذا البازِلُ الكَومآءُ راحَتْ عَشِيّةً   تُلاوِذُ من صوتِ المُــبَيّتَيْنِ بالفَجْرِ

وقـــال ايضًا

ابعَدَ لحَرثِ المَلِكِ بنِ عمرو   له مُلْكُ العِراقِ الى عُمانِ
مُجاوَرةً بني شَهمى بنِ جَرمٍ   هَوانًا ما أُتِيحَ من الـهَوانِ

وآثَرَ بالمَسْلَحاةِ آلَ جُحاشِعٍ ... رِقابَ إمّاءٍ يَقْتَسِمْنَ المَفارِمَا
فما قاتَلوا عن رَبِّهِم ورَبيبِهِم ... ولا أَدَّنوا جارًا فَيَطْعَنَ سالِمَا
وما فعلوا فِعْلَ العُوَيْرِ بجارِهِ ... لَدى بابِ هَنْبٍ إذ تَجَرَّدَ قائِمَا

وقال ايضًا

إنَّ بني عَزْفٍ آبتَسِمُوا حَسَبًا ... ضَيَّعَهُ الدُّخْلُلونَ إذ غَدَروا
أَدَّوا الى جارِمٍ خُفارَتَه ... ولم تَضِعْ بالمَغيبِ مَنْ نَصَروا
لَم يَفْعَلوا فِعْلَ آلِ حَنْظَلَةٍ اتهم جَبْرِ بِئسَ ما آئتَمَروا
لا جِمْيَرِيٌّ وَفَى ولا عُدُسٌ ... ولا آسْتُ عَيْرٍ يَحُكُّها الثَّفَرُ
لاكِنْ عُوَيْرٌ وَفَى بِذِمَّتِهِ ... لا عَوَرٌ شانَهُ ولا قِصَرُ

وقال ايضًا

واللهِ لا يَذْهَبُ شَيْخى باطِلا ... حقَّ أُبَيْرٍ مَلِكًا وكاهِلا
القاتِلينَ المَلِكَ لَحْلاحِلا ... خيرَ مَعَدٍّ حَسَبًا وآئِلا
يا لَهْفَ هِنْدٍ اذ خَطِئْنَ كاهِلا ... نحنُ جَلَبْنَا السُّفَّرَّحَ القَوافِلا
بَجْحَلَتَنا والأَسَلَ الذَّوابِلا ... مستَفِرِماتِ بالحَصى جَوافِلا
يستَشْفِرُ الاواخِرُ الاوائِلا

وقال ايضًا

ألا إلا تَكُنْ إبِلٌ فِمِعْزَى ... كأنَّ قُرونَ جِلَّتِها العِصِيُّ
وجادَ لها الربيعُ بِواقِصاتٍ ... فآرامٌ وجادَ لها اللِّوى

فتَقَصَّى النَّزْعَ فى نُسْرَةِ	قَدْ أَتَتْهُ الوَحْشُ وارِدَةً
بِإزاءِ الحَوْضِ أو عُقْرَةِ	مَرَماها فى فَرائِصِها
كَتَلَظِّى الجَمْرِ فى شَرَرَةِ	بِرَهيشٍ مِن كِنانَتِهِ
ثُمَّ أَحْماهُ على حَجَرَةِ	راشَهُ مِن ريشِ ناهِضَةٍ
ما لَهُ لا عُدَّ مِن نَفَرِهْ	فَهْوَ لا تَنْمِى رَمِيَّتُهُ
غَيرَها كَسْبٌ على كِبَرَةِ	مُطْعَمٌ للصَّيْدِ ليس له
ثُمَّ لا أَبْكِى على أَثَرَهْ	وخَليلٍ قَدْ أُفارِقُهُ
صَفْوَ مآءِ الحَوْضِ عن كَدَرَةِ	وابْنِ عَمٍّ قد تَركتُ له
وحديثٌ ما على قِصَرَهْ	وحديثُ الرَّكْبِ يومَ هُنا

وقال ايضا

عليهِ عَقيقَتُهُ أَحْسَبَا	يا هِنْدُ لا تَنْكِحِى بُوهَةً
به عَتَمٌ يَبْتَغى أَرْنَبَا	مُرَشَّعَةً بَيْنَ أَرْساغِهِ
حِذارَ المَيْتَةِ أَن تَعْطَبَا	لِيَجْعَلَ فى كَفِّهِ كَعْنَبا
ولستُ بِطَيّاحِةٍ أَخْدَبا	ولستُ بِجِحْزِرافَةٍ فى القُعودِ
اذا قِيدَ مُسْتَكرَهًا أَقْحَبا	ولستُ بِذى رَثْيَةٍ إِمَّرٍ
ولِسِتِّهِ قَبْلَ أن يَثْجَبا	وقالت بنَفْسِى شَبابٌ له
تَغْشَى المَطايِبَ والمَنْكِبا	وادٍ وَسَوْداءَ مثلَ الجَحيمِ

وقال ايضا

وجَدْعُ البَراجِمِ كلِّها	أَلَا قَبَّحَ اللهُ البَراجِمَ كلَّها وجَذْعَ يَرْبُوعًا وعَفَّرَ دارِما

وأنَا المنبِّهُ بَعْدَ ما قد نَوَّموا … وأنَا المُعالِنُ صَيْحَةَ النُّوَّامِ
وأنَا الذى عَرَفَتْ مَعَدٌ فَضْلَهُ … وتَشَهَّدَتْ عن حُجْرِ بنِ أمِّ قَطَامِ
خالى ابْنُ كَبْشَةَ قد عَلِمْتَ مكانَهُ … وابو يَزِيدَ ورَهْطُهُ أعْمَامِ
واذا أُذِيتُ بِبَلْدَةٍ وَدَّعْتُها … ولا أُقِيمُ بِغَيرِ دارِ مُقامِ
وأُنازِلُ البَطَلَ الكَرِيهَ نِزالُهُ … واذا أُناضِلُ لا تَطِيشُ سِهامى ٥

وقــال ايضًا

يا دارَ ماوِيّةَ بالحـائِـلِ … فالسَّهْبِ فالخَبْتَيْنِ من عـاقِلِ
صَمَّ صَدَاها وعَفَا رَسْمُهـا … وَاسْتَعجَمَتْ عن مَنْطِقِ السائِلِ
قُولا لِدُودانَ عَـبِـيـدَ العَصا … ما غَرَّكُمْ بالأَسَدِ البَـاسِـلِ
قد قَرَّتِ العَيْنانِ من مَلِكٍ … من بَنِى عَـمْـرٍو وبنِ كاهِلِ
وبنِى غَنْمِ بْنِ دُودانَ اذ … نَـقْـذِفُ أعْلامَهم على السَّافِلِ ١٠
نَطْعُنُهم سُلْكَى ومَخْلُوجَـةً … لَفْتَكَ لأمَّيْنِ على النابِلِ
اذ هُنَّ أقْساطٌ كَرِجْلِ الدَّبا … او كَقَطا كاظِمَةَ الناهِلِ
حتى تَركْناهم لَدَى مَعْرَكٍ … أرْجُلُهم كالخَشَبِ الشائِلِ
حَلَّتْ لِىَ الخَمْرُ وكُنْتُ امْرَأً … عن شُرْبِها فى شُغُلٍ شاغِلِ
فاليومَ أُسْقَى غَيـرَ مُسْتَحْقِبٍ … إثْمًا بنِ اللَّهِ ولا وَاغِلِ ١٥

وقــال ايضًا

رُبَّ رامٍ من بَنِى ثُعَـلٍ … مُتْلِجٍ كَفَّيْهِ فى قُتَرَةِ
عارِضٍ زَوْرَاءَ من نَشَمٍ … غَيرَ باناةٍ على وَتَرَةِ

يُفاكِهُها سَعْدٌ ويَغْدُو لِجَمْعِنا	بِمَغْنَى الزِّقاقِ المُتْرَماتِ وبالجُزُرْ
لَعَمْرِى لَسَعْدٌ حَيْثُ حَلَّتْ دِيارُهُ	أَحَبُّ اليْنا مِنْهُ فا فَرَسٍ حَمِرْ
وتَعْرِفُ فيهِ مِن أبيهِ شَمائِلًا	ومِن خالِدٍ ومِن يَزيدَ ومِن حُجُرْ
سَماحَةَ ذا وبِرَّ ذا ووَفاءَ ذا	ونائِلَ ذا إذا صَحا وإذا سَكِرْ

وقال ايضًا

٥ لِمَنِ الدِّيارُ غَشِيتُها بِسُحامِ	فَعَمايَتَيْنِ فَهَضْبِ ذى أَقْدامِ
فَصَعا آلآطِطِ فَصاحَتَيْنِ فَغاضِرٍ	تَمْشى النِعاجُ بِها مَعَ الآرآمِ
دارٌ لِهِنْدٍ والرَّبابِ وفَرْتَنا	ولَيسَ قَبْلَ حَوادِثِ الأَيّامِ
عُوجا على الطَّلَلِ المُحيلِ لِأَنَّنا	نَبْكى الدِّيارَ كَما بَكى ابْنُ حِذامِ
أَوَ ما تَرى أَظْعانَهُنَّ بَواكِرًا	كالنَّخْلِ مِن شَوْكانَ حينَ صِرامِ
١٠ حُوَرًا تُعَلَّلُ بالعَبيرِ جُلودُها	بيضَ الوُجوهِ نَواعِمَ الأَجْسامِ
فَظَلِلْتُ فى دِمَنِ الدِّيارِ كَأَنَّنى	نَشْوانُ باكَرَهُ صَبوحُ مُدامِ
أُنُفٍ كَلَوْنِ دَمِ الغَزالِ مُعَتَّقٍ	مِن خَمْرِ عانَةَ أوْ كُرومِ شَبامِ
وكَأَنَّ شارِبَها أَصابَ لِسانَهُ	مَومٌ يُخالِطُ جِسْمَهُ بِسَقامِ
وبِجِدَّةٍ نَسَأْلْتُها فَتَكَمَّشَتْ	رَتَكَ النَّعامَةِ فى طَريقٍ حامِ
١٥ تَحْدى على العِلَّاتِ سامِرَ رَأْسُها	رَوْعاءَ مَنْسِمُها رَئيمٌ دامِ
جاءَتْ لِتَضْرَعَنى فَقُلْتُ لَها أَقْصِرى	اِنَّ آمَروّ ضَرِّى علَيْكِ حَرامِ
تَجْزيتِ خَيْرَ جَزاءِ ناقَةٍ واحِدٍ	ورَجَعَتْ سالِمَةَ القَرى بِسَلامِ
وكَأَنَّما بَدْرٌ وَصيلُ كَتيفَةٍ	وكَأَنَّما بِنُ عاقِلٍ أَرْمامِ
أَقْصِرْ الَيْكَ مِنَ الوَعيدِ فَإنَّنى	مِمّا أُلاقى لا أَشَدُّ جَزامِ

فلو أنها نفسٌ تموتُ جميعةً ولاكنها نفسٌ تُساقطُ أنفسا
وبُدِّلتْ فرحًا داميًا بعدَ صِحَّةٍ لعلَّ مَنايانا تحوَّلنَ أبؤُسا
لقد ملَح الطَّماحُ من سَعدٍ أرضَهُ ليُلبِسَني من دائه ما تلبَّسا
ألا إنَّ بَعدَ العُدمِ للمرءِ قِنيةً وبعدَ المَشيبِ طولَ عمرٍ وملْبَسا

وقال ايضًا

لعمرُكَ ما قلبي الى أهلِه بجِرْ ولا مُقصِرٍ يومًا فتاتيَني بقرْ
ألا إنما الدهرُ ليالٍ وأعصُرُ وليس على شيءٍ قويٍّ بمُستقِرْ
ليالٍ بذاتِ الطَّلحِ عندَ مجشَّرٍ أحبَّ البنا من لبالٍ على أُقُرْ
أنادى الصَّبوحَ عند هِرٍّ وفرتَنا وليدًا وهل أفنى شبابي غيرُ هِرْ
اذا ذُقتُ فاها قلتُ طَعمُ مُدامةٍ معتَّقةٍ ممَّا تجيءُ به التُّجرْ
هما نَعجَتانِ من بِعاجِ تبالةٍ لدى جُؤذُرَينِ او كبعضِ دُمَى هَكِرْ
اذا قامتَا تضوَّعَ المِسكُ منهما نسيمَ الصَّبا جاءت بريحٍ من القُطُرْ
كأنَّ التجَّارَ أصعدوا بِسَبيبةٍ من لخيصٍ حتى أنزلوها على أُسُرْ
فلمَّا استطابوا صبَّ في العَينِ نصفَهُ وثجَّمتْ بماءٍ غيرِ طرقٍ ولا كدِرْ
بماءِ سحابٍ زلَّ عن متنِ صخرةٍ الى بَطنِ أخرى طيِّبٍ مأواها خصِرْ
لعمرُكَ ما إن ضَرَّى وسطَ خميرٍ وأقوالها إلاَّ الجميلةُ والسُّكنْ
وغيرُ الشقاءِ المستبينِ فليتَني أجُرَّ لسانى يومَ ذكَّم جُمِرْ
لعمرُكَ ما سعدٌ بخلَّةِ آبِرٍ ولا نأساءَ يومَ الحِفاظِ ولا حصِرْ
لعَمرى لَقومٌ قد نرى أمسِ فيهم مرابطُ للأمهارِ والعَكَرِ الدِّثرْ
أحبَّ البنا من أناسٍ بقُفتهْ يَروحُ على آثارِ شائِهمُ الثُّمرْ

إثارةَ نَبْــاتِ الهَواجِرِ نَجْيسِ	يُهيلُ ويُذرى تُرْبَها ويُثيرُها
وصَعَّتهُ مِثْلُ الأَسيرِ المُكَرْدَسِ	فباتَ على خَدٍّ أَمَرَّ ومَنْكِبِ
إذا ألقَتها غَبْيَةً بَمَّتْ مُعَرِّس	وباتَ إلى أَرْطاةِ حِقْفٍ كأنَّهــا
كِلابُ ابنِ مُرٍّ أو كِلابُ ابنِ سِنبِسِ	فصبَّحَــه عِنــدَ الشُّروقِ غُدَيَّةً
من الذَّمرِ والإيحــاءِ نُوّارُ عَطرَسِ	مغَرَّبَةٌ زُرْقًا كأنَّ عُـيــونَـهــا
على الصَّمدِ والآكامِ جَذوَةُ مُقبِسِ	فأَدْبَــرَ يَكْسوها الرَّغامَ كأنَّه
بذى الرَّمثِ إنْ ماوَتَّبَهُ يومُ أَنْفَسِ	وأَبقَنَ إنْ لاقَبْتَهُ أَنَّ يــومَه
كَما شَبَرَقَ الوِلدانُ ثَوْبَ المُقَدَّسِ	فأدركْــنَه يأخُذْنَ بالسّاقِ والنَّسا
كغَرْمِ اللَّجانِ الغادِرِ المُتَقَبِّسِ	وعوَّزْنَ في ظِلِّ الغَضا وتَرَكْــنَـه

وقــال أيضًا

كأنّي أنادى أو أُكَلِّــمُ أَخْرَسَــا	ألَمَّا على الرَّبعِ القَديمِ بِعَسْعَسَا
وجـدتُ مَقيلاً عِندَهم ومُعَرَّسا	فلو أنَّ أهلَ الدارِ فيها كعَهدِنا
لَيالِيَ حَلَّ الحَيُّ غَوْلاً فألعَسَا	فلا تُنْكِرونى إنِّي أنا ذاكُمُ
من الليلِ إلّا أَنْ أُكَبَّ فأَنْعَسَا	فإمَّا تَرَيْـنِى لا أُفيضُ ساعـةً
أحاذِرُ أنْ يَرْتَدَّ دائي فأنكَسَا	تأوَّبَـنـي دائي القَديمُ فَـغَـلَـبَـنا
وطلَعتُ عندَ الخَيلِ حتى تَنفَّسَا	فيا رُبَّ مكروبٍ كرَرتُ ورَاءَهُ
حَبيبًا إلى البِيضِ الكَواعِبِ أَمْلَسَا	ويا رُبَّ يومٍ قد أَروحُ مُرجَّـلًا
كَما تَرْغوى عِيطٌ إلى صَوتِ أَعْيَسَا	يَرْغَنَ إلى صَوتى إذا ما سَمِعْـنَــه
ولا مَنْ رَأَيْنَ الشَّيبَ فيهِ وقَوَّسَا	أراهُنَّ لا يُحْبِـبْنَ مَن قَلَّ مالُه
تضيقُ ذِراعى أَنْ أقومَ فألبَسَا	وما خِفْتُ تَبْريحَ الحَياةِ كَما أَرى

وقال ايضًا

أَرانا مُوضِعِينَ لِأَمرِ غَيبٍ	وَنُحْصَرُ بِالطَّعامِ وَبِالشَّرابِ
عَصافيرٌ وَذِبّانٌ وَدُودٌ	وَأَجرَأُ مِن مُجَلِّحَةِ الذِّئابِ
وَكُلُّ مَكارِمِ الأَخلاقِ صارَت	اليهِ حَتّى وَبِهِ اكتِسابِ
فَبَعضُ اللَّومِ عاذِلَتي فَإِنّي	سَتَكفيني التَّجارِبُ وَانتِسابي
اِلى عِرقِ الثَّرى وَنَجَت عُروقي	وَهَذا المَوتُ يَسلُبُني شَبابي
وَنَفسي سَوفَ يَسلُبُها وَجِرمي	فَيُلحِقُني وَشيكًا بِالتُّرابِ
اِلا أَنِّي المَطِيَّ بِكُلِّ خَرقٍ	أَمَقِّ الطّولِ لَمّاعِ السَّرابِ
وَأَركَبُ فِي اللُّهامِ الجَمرِ حَتّى	أَنالَ مَآكِلَ العُمِّ الرِّغابِ
وَقَد طَوَّفتُ فِي الآفاقِ حَتّى	رَضيتُ مِنَ الغَنيمَةِ بِالإِيابِ
أَبعَدَ لحَرثِ المَلِكِ بنِ عَمروٍ	وَبَعدَ لحَيرٍ مُجَرَّدٍ ذي القِبابِ
أُرَجّي مِن صُروفِ الدَهرِ لينًا	وَلَم تَغفُل عَنِ الصُّمِّ الهِضابِ
وَأَعلَمُ أَنّي عَمّا قَليلٍ	سَأَنشَبُ في شَبا ظُفرٍ وَنابِ
كَما لاقى أَبي حُجرٌ وَجَدّي	وَلا أَنسى قَتيلًا بِالكِلابِ

وقال ايضًا

أَماوِيَّ هَل لي عِندَكُم مِن مُعَرَّسٍ	أَمِ الصَّرمَ تَختارينَ بِالوَصلِ نَيأَسِ
أَبيني لَنا إِنَّ الصَّريمَةَ راحَةٌ	بِنَ الشَّكِّ ذي المَخلوجَةِ المُتَلَبِّسِ
كَأَنّي وَرَحلي فَوقَ أَحقَبَ قارِحٍ	بِشَربَةَ أَو طاوٍ بِعَزنانَ مُوجِسِ
تَعَشّى قَليلًا ثُمَّ أَنحى ظُلوفَهُ	يُثيرُ التُّرابَ عَن مَبيتٍ وَمَكنِسِ

— ٣٣ —

وفتيانِ صدقٍ قد بعثتُ بنصرةٍ ... فقاموا جميعًا بين عاثٍ ونشوانِ
وخَرْقٍ بعيدٍ قد قطعتُ بياطلةٍ ... على ذات لوثٍ سهوةِ المشي مذعانِ
وعيثٍ كألوانِ الفنَى قد هبطتُه ... تعاوَر فيه كلُّ أوطفَ حتّانِ
على هيكلٍ يعطيك قبل سُراهِ ... أفانينَ جَرْي غير كزٍّ ولا وانِ
٥ كتميسِ الظباءِ الأعفرِ انضرجتْ له ... عقابٌ تدلَّتْ من هماريع تهلانِ
وخَرْقٍ كجوفِ العيرِ قفرٍ مضلَّةٍ ... قطعتُ بسامِ ساهمِ الوجه حسّانِ
يدافعُ أعطانَ المطايا بركبهِ ... كما مال غصنٌ ناعمٌ بين أغصانِ
وتجرى كفُعْلانِ الأُتَيْعِم بالغٍ ... ديارَ العدوِّ ذى زُهاءٍ وأركانِ
مطوتُ بهم حتى تكلَّ مطيُّهم ... وحتى للجيادِ ما يُقدنَ بأرسانِ
١٠ وحتى ترى للجونِ الذى كان باديًا ... عليه عوافى من نسورٍ وعقبانِ

وقال ايضًا

دعْ عنك نهبًا صيح فى حجراتهِ ... ولكن حديثًا ما حديثَ الرواحلِ
كأنّ دِثارًا حلّقتْ بلبونهِ ... عقابُ تَنوفى لا عقابُ القواعلِ
تلعَّبُ باعثٌ بذمَّةِ خالدٍ ... وأودى عِصامٌ فى الخطوبِ الأوائلِ
وأجبى مشى الحُرُقة خالدٌ ... كمشيِ أتانٍ حُلّيتْ بالمَساحلِ
١٥ أبتْ أجأٌ أن تُسلِمَ العام جارَها ... فمن شاءَ فلينهضْ لها من مقاتلِ
تميمتُ لبونى بالقريَّةِ آمنًا ... وأسرحُها غِبًّا بأكنافِ حائلِ
بنو نُعَلٍ جيرانُها وحُماتُها ... وتمنعُ من رماةِ سعيدٍ ونابلِ
تُلاعبُ أولادُ الوعولِ رِباعَها ... دوينَ السماءِ فى رؤوسِ الجَمادلِ
مكلّلةٌ حمراءُ ذاتُ أسرَّةٍ ... لها حُبُكٌ كأنَّها من وصائلِ

لها مِزْهَرٌ يَعْلُوا لْحَمِيسَ بصَوْتِهِ	أجَشُّ اذا ما حَرَّكَتْهُ الـيَدانِ
وإنْ أمْسِ مكروبًا فَمَا رُبَّ غارةٍ	شَهِدْتُ على أقَبَّ رِخْوِ اللَّبانِ
على رَبِذٍ يَزْدادُ عَفْوًا اذا جَرى	مَتى حَثَّثِ الرَّكْضِ والذَّألانِ
ويَحْدِى على صُمّ صِلابٍ مَلاطِسٍ	شديداتِ عَقْدِ لَبَّاتٍ مِتانِ
وغَيْثٍ من الرَّمْضى حُوِّ تِلاعِه	تَبَطَّنْتُهُ بِشَيْظَمٍ صَلَتانِ
مُكِرٍّ مِفَرٍّ مُقْبِلٍ مُدبرٍ مَعًا	كَتَيْسِ ظِباءِ الحُلَّبِ العَدَوانِ
اذا ما جَنَبْناهُ تاوّدَ مَتْنُه	كَعِرْقِ الرُّحاىَ اهْتَزَّ فى الهَطَلانِ
تَمَتَّعْ من الدُّنْيا فإنَّكَ فانٍ	من النَّشَواتِ والنِّساءِ الحِسانِ
من البِيضِ كالآرامِ والأُدْمِ كالدُّما	حَواصِيها والمُنْبَرِقاتِ الرِّوانِ
أَيْنَ ذِكْرُ تَبْهانِيَّةٍ حَلَّ اهلُها	بِجَرْعِ المَلا عيناكَ تَبْتَدِرانِ
فَدَمْعُهما سَكْبٌ وغَرْبٌ وديمَةٌ	ورَشٌّ وتَوْكافٌ وتَنْهِمَلانِ
كأنَّهما مَزادَتا مُسْتَعْجِلٍ	قَرِيانِ لَمَّا تُسْلَقًا بِدِهانِ

وقــــــال ايضًا

قِفا نَبْكِ من ذِكْرى حَبِيبٍ وعِرْفانِ	ورَسْمٍ عَفَتْ آياتُهُ مُنْذُ أزْمانِ
أتَتْ حِجَجٌ بَعْدى عليها فاصبَحَتْ	كَخَطِّ زَبُورٍ فى مَصاحِفِ رُهْبانِ
ذَكَرْتُ بها مَن لمْ يَجمَعْ فَهَيَّجَت	عَقابيلَ سُقْمٍ من ضَمِيرٍ واشْجانِ
فَضَّتْ دُموعى فى الرِّداءِ كأنَّها	كُلًى من شَعِيبٍ ذاتِ تَجٍّ وتَهْتانِ
إذا المَرْءُ لم يَحْزَنْ عليه لِسانُه	فلَيْسَ على شَىءٍ سِواهُ بِحَزْرانِ
فإمَّا تَرَيْنِى فى رِحالةِ جابِرٍ	على حَرَجٍ كالقَرِّ تَخْفِقُ أكْفانى
فَيا رُبَّ مَكْرُوبٍ كَرَرْتُ وَراءَهُ	ومانٍ فكَكْتُ الغُلَّ عنه فَفَدانى

وياكُلنَ بُهمى جَعدةً حَبَشِيَةً … ويَشربنَ بَردَ المَآءِ فى السَّبَرات
فأوردَها مآءً قليلًا أبيسَه … يحاذِرنَ عَمرًا صاحبَ الغَترات
تَلَت للحَصى لَتّا بسُمرٍ رَزينةٍ … موارنَ لا كُزمٍ ولا مَعِرات
وبرّحنَ أذنابًا كأنّ فروعَها … عُرى حَلَلٍ مشهورةٍ صَغرات
وعَنسٍ كألواحِ الإرانِ نَسأتُها … على لاحبٍ كالبُردِ ذى الحِبَرات
فغادَرتُها من بعدِ بُدنٍ رَزينةٍ … تَغالى على عُوجٍ لها كَدِنات
وابيضَ كالمِخراقِ بلَّتْ حَدَّهُ … وهَبّتَه فى الساقِ والقَصَرات

وقــال ايضًا

ألا إنّ قومًا كنتمُ أمسِ دونَهم … هم منعوا جاراتِكم آلَ مُحذَران
عُوَيرٌ ومَن مثلُ العُوَيرِ ورَهطِه … وأسعدَ فى لَيلِ البَلابلِ صَفوان
ثيابُ بنى عَوفٍ طَهارى نَقِيّةٌ … وأوجُهُهم عندَ المَشاهدِ غُرّان
ثمّ أبلغوا حَيَّ المضلَّلَ أهلَهم … وساروا بهم بينَ العِراقِ ونَجْران
فقد اصبحوا واللهُ أضعافُ به … أبرَّ بميثاقٍ وأوفى بجيرَان

وقــال ايضًا

لمَن طَلَلٌ أبصرتُه فشجَانى … كخَطِّ زَبورٍ فى عَسيبِ يَمانِ
ديارُ لهندٍ والرَّبابِ وفَرتَنا … لَياليَها بالنَّعفِ بنَ بَدلانِ
لياليَ يدعونى الهَوى فأجيبُه … وأغيَدُ مَن أهوى الى الرَّوَانِ
فإن أمسِ مكروبًا فيا رُبَّ بُهمةٍ … كشَفتُ اذا ما آسوَدَّ وجهُ الجَبانِ
وإن أمسِ مكروبًا فيا رُبَّ قينةٍ … منعمةٍ أعملتُها بِبِكرانِ

يُبارِي شَباةَ الرُّمْحِ خَدٌّ مُذَلَّقٌ … كَصَفْحِ السِّنانِ الصُّلَّبِىِّ النَّحِيضِ
أَحِقَّهُ بِالنَّقْرِ لَمَّا عَلَوْتُهُ … وَيَرْفَعُ طَرْفًا غَيرَ جافٍ غَضِيضِ
وَقَدْ أَغْتَدِى والطَّيرُ فى وُكُناتِها … بِمُجْرَدِ عَبْلِ البَدَيْنِ قَبِيضِ
لَهُ قُصْرَيا عَيْرٍ وَساقا نَعامَةٍ … كَفَحْلِ الهِجانِ يُنْحَى لِلعَضِيضِ
يَحُمُّ عَلى الساقَيْنِ بَعْدَ كَلالِهِ … جُمومَ عُيونِ الحِسْىِ بَعْدَ المَخِيضِ
نَفَرْتُ بِهِ سِرْبًا نَقِيًّا جُلودُها … كَما ذَعَرَ السِّرْحانُ جَنْبَ الرَّبِيضِ 5
وَوالَى ثَلاثًا وَاثْنَتَيْنِ وَأَرْبَعًا … وَغادَرَ أُخرى فى قَناةٍ رَفِيضِ
فَآبَ إيابًا غَيرَ نَكْدٍ مُواكِلٍ … وَأَخْلَفَ ماءً بَعدَ ماءٍ غَضِيضِ
وِسِتٍّ كَسُنَّيْقٍ سَماءٍ وَسُمِّنَا … ذَعَرْتُ بِمِذْلاجِ العَجيرِ نَهُوضِ
أَرَى المَرْءَ ذا الأَذْوادِ يُصْبِحُ مُحْرَضًا … كَإِحْراضِ بَكْرٍ فى الدِّيارِ مَرِيضِ 10
كَأَنَّ الفَتَى لَم يَغْنَ فى الناسِ ساعَةً … اذا اخْتَلَفَ اللُّحْيانِ عِنْدَ الجَرِيضِ

وقال ايضًا

عَشِيتُ دِيارَ الحَىِّ بِالبَكَراتِ … فَعارِمَةٍ فَبُرْقَةِ العِيَراتِ
فَعُوَلِ فَحِلِّيتِ فَنَعْفِ فَتِيعٍ … الى عاقِلٍ فالجُبِّ ذى الأَمَراتِ
ظَلِلْتُ رِدائى فَوقَ رَاسِىَ قاعِدًا … أَعُدُّ الحَصَى ما تَنْقَضِى عَبَراتِى
أُعَيْنَتى عَلى التَّهْمامِ والذِّكَراتِ … يَبِتْنَ عَلى ذى الهَمِّ مُعْتَكِراتِ 15
بِلَيلِ التَّمامِ أَو وُصِلْنَ بِمِثْلِهِ … مُقايَسَةً أَيَّامَها نَكِراتِ
كَأَنَّ وَرِدْفى والقِرابَ وَنُمْرُقى … عَلى ظَهرِ عَيْرٍ وارِدٍ لِحَمِيراتِ
أَرَنَّ عَلى حُقْبٍ جِبالٍ طَرُوقَةٍ … كَحَدْوِ الأَجِيرِ الأَرْبَعَ الأَشِراتِ
عَنِيفٍ بِتَجْمِيعِ الضَّرائِرِ فاحِشٍ … شَتِيمٍ كَذَلْقِ الزُّجِّ ذِى ذَمَراتِ

اذا نحن صرنا خمس عشرة ليلة ** وراءَ الحِساءِ من مَدافِعِ قَيْصَرا
اذا قلتُ هذا صاحبٌ قد رَضِيتُه ** وقَرَّتْ به العَينانِ بُدِّلتُ آخَرا
كذلك جَدِّى ما أصاحبُ صاحبًا ** من الناس إلا حانَنِى وتَغَيَّرا
وكنّا أناسًا قبلَ غَزْوَةِ قُرْمُل ** وَرِثْنا الغِنَى والمَجْدَ أكبَرَ أكبَرا
وما جَبُنَتْ خَيلى ولاكِنْ تَذكّرتْ ** مرابِطَها من بَرْبَعِيصٍ ومَيْسَرا
ألا رُبَّ يومٍ صالحٍ قد شَهِدتُه ** بِتَادُفَ ذاتِ التَلِّ من فوقِ طَرْطَرا
ولا مِثْلَ يومٍ فى قُذارانَ ظَلْتُه ** كأنّى وأصحابى على قَرْنٍ أَعْفَرا
ونَشرَبُ حتى تَحْسِبُ النَخْلَ حَولَنا ** بِقاذا وحتى نحسب الجَوْنَ أشقَرا

وقال ايضًا

أعِنّى على بَرقٍ اراهُ وَميضِ ** يُضِىءُ حَبِيًّا فى غَمارِيعِ بِيضِ
ويَهدَأُ تاراتٍ سَناهُ وتارةً ** يَنُوءُ كتَعتابِ الكَسِيرِ المَهِيضِ
وتَخرُجُ منه لامِعاتٌ كأنّها ** أكُفٌّ تَلقى الفَوزَ عند المُفِيضِ
قَعَدتُ له وصُحبَتى بين ضارِجٍ ** وبين تِلاعٍ يَثلَثٍ فالعَرِيضِ
أصابَ قَطاتَينِ فَسالَ لِواهُما ** فَوادِى البَدىِّ فانتَحَى لِلأَرِيضِ
بلادٌ عَرِيضةٌ وأرضٌ أريضةٌ ** مَدافِعُ غَيثٍ فى فَضاءٍ عَرِيضِ
وأقصى يَتِمُّ الماءَ عن كلِّ فيقَدٍ ** يجُوزُ القِبابَ فى صَفاصِفَ بِيضِ
فَأسلى به أختى ضعيفةً اذ نَأَتْ ** وادٍ بَعْدَ المَزارُ غيرُ القَرِيضِ
ومَرْقَبَةٍ كالزُّجِّ أَشرفتُ فوقَها ** أُقلِّبُ طَرْفى فى فَضاءٍ عَرِيضِ
فَظِلْتُ وظَلَّ الجَوْنُ عندى بِلِبْدِهِ ** كأنّى أعَدِّى عن جَناحٍ مَهِيضِ
فلمّا أجنَّ الشمسَ عنى غِيارُها ** نزلتُ اليه قائمًا بالحَضِيضِ

تـــقــطـعُ غيطانًا كأنّ متونها ∗ اذا أظهرتْ تُكسى ملاءً مِنشَرا
بعيدةٍ بين المنكبين كأنّما ∗ ترى عند تجرى الضُفرِ هرًّا مُنجَرا
تُطايـرُ طِيرانَ الحصَى بِمَناسِـم ∗ صِلابِ العُجَى ملثومها غيرُ أمعَرا
كأنَّ للحَصى من خلفها وأمامها ∗ اذا نَجَلَته رِجلُها حذفُ أعسَرا
كأن صليلَ المرو حين تُشِذُّهُ ∗ صليلُ زُيوفٍ يُنْتَقَدْنَ بِعَبقَرا
عليها فتًى لم تَجِلِ الارضُ مثلَه ∗ أَبَرَّ بِمِيثاقٍ وأوفى وأصبَرا
هو المنزِلُ الآلافَ من جَوِّ ناعطٍ ∗ بَنى أسدٍ حزنًا من الارضِ أوعَرا
ولو شاء كان الغَزوُ من ارضِ حِمْيَرٍ ∗ ولكنَّه عَمدًا الى الرومِ أنفَرا
بَكى صاحبى لمّا رأى الدَّربَ دونَهُ ∗ وأيقَنَ أنّا لاحقانِ بِقَيصَرا
فقلتُ له لا تَبكِ عَينُك إنّما ∗ نحاولُ مُلكًا او نَموتَ فنُعذَرا
وإنّى زعيمٌ إن رجعتُ مملَّكا ∗ بِسَيرٍ ترى منه الفَرانِقَ أزوَرا
على لاحبٍ لا يُهتدى بِمَنـارِه ∗ اذا ساقةُ العَودِ النَّباطىُّ جَرجَرا
على كلِّ مقصوصِ الذُّنابى مُعاوِدٍ ∗ بَريدِ السُّرى بالليل من خيلِ بَرْبَرا
أقبَّ كَسِرحانِ الغَضَى مُمَطَّرٍ ∗ ترى الماءَ من أعطافِه قد تحدَّرا
اذا رُعتَه من جانبَيْه كِلَيهما ∗ مَشى الهَيذبَى فى دَفِّه ثُمَّ فَرفَرا
اذا قلتُ رُوحْـنـا أَرَنَّ فُرانِـقٌ ∗ على جَلعَدٍ وانِى الأباجلِ أَبتَرا
لقد أنكَرتنى بَعلَ بَكٍّ واهلُها ∗ ولابنُ جُريجٍ فى قُرى حِمصَ أنكَرا
نُشيمُ بروقَ المُزنِ أينَ مَصابُه ∗ ولا شىءَ يَشفى منك يابنةَ عَفزَرا
من القاصراتِ الطَّرفِ لو دَبَّ مُحوِلٌ ∗ من الذَّرِ فوقَ الإتبِ منها لأثَّرا
له الويلُ ان أمسى ولا أمُّ هاشمٍ ∗ قريبٌ ولا البَسباسةُ ابنةُ يَشكُرا
أرى أمَّ عمرٍو دمعُها قد تحدَّرا ∗ بكاءً على عمرٍو وما كان أصبَرا

أوِ المُكْرَعاتِ من نخيل ابنِ يامنِ	دُوَيْنَ الصَّفا اللَّائِي يَلِينَ المُشَقَّرا
سوامقُ جبّارٍ أبيٍّ فروعُه	وعالَتْ قِنْواتًا من البُسرِ أَحْمَرا
تحتّهُ بنو الزَّبيداءِ من آلِ يامنٍ	باسمائهم حقٌّ أُقِرَّ وأُوْقِرا
وأرْضَى بني الزَّبيداءِ وأعَمَّ زَهْوَهُ	وأكمامه حقٌّ اذا ما تَهصَّرا
اطافَتْ به جَيلانُ عند قِطاعه	تُرَدَّدُ فيه السَّعيَ حتّى تَحيَّرا
كأنَّ دُمًا شُفِّفَ على ظَهرِ مَرمَرٍ	كَسَى مُزبِدَ الشلجومِ وَشيًا مصوَّرا
غرائرُ في كِنٍّ وصَوْنٍ ونَعْمةٍ	يُحلَّيْنَ يَاقُوتًا وشَذْرًا مُغَفَّرا
وريحَ سَنًا في حُقَّةٍ حِمْيَريّةٍ	تُخَصُّ بمَعرُوفٍ من المِسكِ أذفَرا
وبانا وألُوَّبا من الهِندِ ذاكِيَا	ورَنْدًا ولُبنَى والكِباءَ المُقَفَّرا
عَلِفْنَ بِرَهْنٍ من حبيبٍ به أنْعَتْ	سُلَيْمَى فأمسَى حَبلُها قد تَبتَّرا
وكانَ لها في سالِفِ الدَّهرِ خُلَّةٌ	يُسارِقُ بالطَّرفِ لقاءَ المُستَتِرا
اذا نالَ منها نظرةً رِبعَ قَلْبُه	كما ذَعَرَتْ كأسُ الصَّبوحِ الخُمَّرا
تَزيفُ اذا قامت لوجهٍ تَمايَلَتْ	تُراهي الفُؤادَ الرَّخصَ ألَّا تَحتَّرا
أسماءُ أمسى وُدُّها قد تَغيَّرَ	سنَبدُلُ إن أبدَلتِ بالوُدِّ آخَرا
تَذَكَّرتُ أهلَ الصالحينَ وقد أتَتْ	على تَحَلَّى خُوصُ الرِّكابِ وأوْجَرا
فلمّا بَدَتْ حَوْرانُ في الآلِ دُونَها	نظرتُ فلم تَنظُرْ بعَينَيكَ مَنظَرا
تقطَّعُ أسبابُ اللُّبانةِ والهَوَى	عشيَّةَ جاوزْنا حَماةَ وشَيزَرا
بِسَيْرٍ يَمِجُّ العَوْدُ منه بَمُنَّه	أخو الجَهدِ لا يُلوِى على مَنْ تَعذَّرا
ولم يُنسِني ما قد لَقيتُ ظَلعائِنا	وحَمْلًا لها كالقَرِ يومًا محدَّرا
كأنَّ بينَ الأغراضِ من دونِ بِسْمَةٍ	ودونَ الغَميرِ عامداتٍ لِغَضوَرا
فدَعْ ذا وسَلِّ الهَمَّ عنكَ بجَسْرَةٍ	ذَمُولٍ اذا صامَ النَّهارُ وهَجَّرا

٢٥

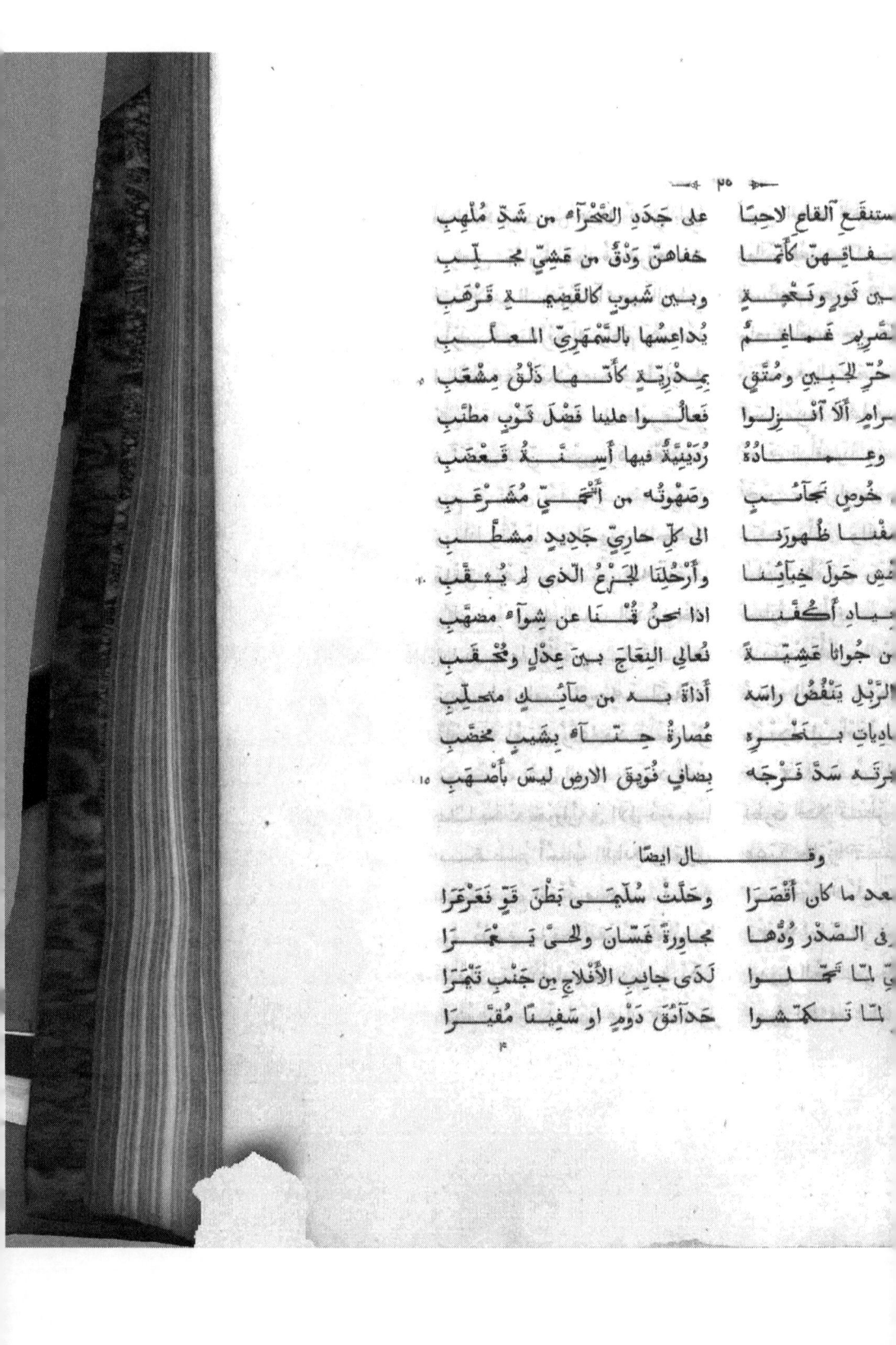

ستنقَعَ القاعَ لاحِبَا   على جَدَدِ الْعَجْرَاءِ مِن شَدِّ مُلْهِبِ
سفاقِهنَّ كأنَّما   خفاهنَّ وَدْقٌ من عَشِيّ جَلِيب
بين قَور ونَجْمةٍ   وبين شَبوب كالقَضيمةِ قَرْهَبِ
تصَرير غَمامِ   يُداعِسُها بالسَّمْهَرِيّ المُعَلَّبِ
حُرّ لَجِبِينٍ ومُتّقى   بمِذْرِيَّة كأنَّـها ذَلْقُ مِشْعَب
رامٍ ألا انْــزِلوا   فَعالوا علينا فَضْلَ ثَوْبٍ مُطَيَّب
وعَــــمــــادةٌ   رَدينيَّةٌ فيها أَسِنَّــةُ قَــعْضَب
خُوصٍ نَجَائِــب   وصَهْوتُه من الأحْمـــيِّ مُشَرَّعَب
مَغْنـــا ظُهورَنــــــا   الى كُلّ حارِيّ جَديدٍ مِشْطَــب
مَنْش حَوْلَ خِبَائِنــــا   وأَرْخِلَتَا للجَزْع الذي لم يُسَقَّب
بياد أَكْفَنـــــا   اذا احن قُـنَــا عن شِواءٍ مَضهَّب
نْ جَوابا عَشِيَّــــة   نُعالي النِعاجَ بين عِدْلٍ وتُحْقَبِ
الزَّبْل يَنْفُضُ راسَه   أداةٌ بــــه من صَائِــكٍ مَصْلِبِ
ادياتٍ بــنــْحْـــــرَه   عُصارةُ حِتْــآءٍ بِشَيْبٍ مُخَضَّب
بَرتَه سَدَّ فَرْجَه   بِصافِي فُوَيْقَ الارضِ ليس بأَصْهَب ١٥

وقـــــــــــالَ ايضًا

عد ما كان أَقْصَرَا   وحَلَّتْ سُلَيْمَــى بَطْنَ قَوٍّ فَعَرْعَرَا
فى الصَّدْرِ وُدُّها   مُجاوِرةً غَسّانَ والحَيِّ يَحْمَرا
ى لــما تَحْــلـــوا   لَدَى جانِبِ الأَفْلاجِ بين تَهَمَّرَا
لــَما تَنْكَنــبوا   حَدائِقَ دَوْمٍ او سَفِينًا مُقَيَّرَا

وقد أغتدى والطيرُ في وُكُناتها	وماءُ النَّدى يجرى على كلِّ مِذنَبِ
بمجرَّدِ قيدِ الاوابدِ لاحِه	طِرادُ الهوادى كلَّ شأوٍ مُغرِّبِ
على الأَيْنِ جيّاشٍ كأنَّ سَراتَه	على الضُّمرِ والتَّعداءِ سرحةُ مَرقَبِ
يبارى لحَنوِّ المستقِلِّ زِماعُه	ترى خَضَدَه كأنَّه عودُ مِنجَبِ
له أَبطلاَ ظَبيٍ وساقا نعامةٍ	وصَهوةُ عَيرٍ آبِرٍ فوق مَرقَبِ
ويخطو على صُمٍّ صِلابٍ كأنَّها	حِجارةُ غَيلٍ وارساتٌ بَطُّلَّبِ
له كَفَلٌ كالدِّعصِ لبَّدَه النَّدى	الى حاركٍ مِثلِ الغَبيطِ المذَأَّبِ
وعَينٌ كمِرآةِ الصَّناعِ تُديرها	تَحجيرُها من النَّصيفِ المُعَصَّبِ
له أُذنانِ تَعرِفُ العِتقَ فيهما	كسامِعَتَى مَذعورةٍ وَسطَ رَبرَبِ
ومستفلِكِ الذِّفرى كأنَّ عِنانَه	ومِثناتَه في راسِ جذعٍ مُشَذَّبِ
وأَتَّمَّ ريّانِ العَسيبِ كأنَّه	عَثاكيلُ قِنوٍ من سُمَيحَةَ مُرطِبِ
اذا ما جَرى شَأوَين وابتلَّ عِطفُه	تقول هَزيزُ الرِّيحِ مرَّت بأثأَبِ
يُديرُ قَطاةً كالخَتالةِ أَشرفت	الى سَنَدٍ مِثلِ الغَبيطِ المذَأَّبِ
ويخضِدُ في الآرِي حتَّى كأنَّه	به عُرَّةٌ من طَّائِفٍ غيرِ مُعقِبِ
فيومًا على سِربٍ نَقِيٍّ جلودُه	ويومًا على بيداءِ أُمِّ تَولَّبِ
فبينا يُعاجُ يرتَعينَ جَميلةً	كَمَشى العَذارى في المُلاءِ المُهدَّبِ
فكان تناديًا وعَقدُ عِذارِه	وقال صِحابي قد شَأوتَكَ فاطلُبِ
فلأيًا بلأيٍ ما حَمَلنا غُلامَنا	على ظَهرِ محبوكِ السَّراةِ محنَّبِ
وولَّى كَشُؤبوبِ العَشيِّ بوابلٍ	ويُخرِجنَ من جَعدٍ ثَراهُ مُنصَّبِ
فَلِلسّاقِ أُلهوبٌ وللسَّوطِ دِرَّةٌ	وللزَّجرِ منه وَقعُ أَهوَجَ مِنعَبِ
فأَدرَكَ لم يَجهَدْ ولم يَثنِ شأوَةً	يمرُّ كخُذروفِ الوليدِ المثَقَّبِ

وقـــــال ايضًا

خليلَىَّ مُرّا بي على أُمِّ جُنْــدُبِ   نُقَضِّ لُباناتِ الفُــؤادِ المُــعــذَّبِ
فإنَّكما إنْ تَـمْـطُـرانِي ساعـــةً   مِن الدَّهْرِ تَنْفَعْنِي لَدَى أُمِّ خُنْدُبِ
ألَمْ تَرَيَــانِي كلَّما جِئتُ طارِقًـا   وَجَدتُ بها طِيبًــا وإن لَم تَطَيَّبِ
عَقيلةُ أتْرابٍ لـها لا ذَميـــمــةٌ   ولا ذاتُ خَلْقٍ إنْ تَأمَّلتَ جانَبِ
ألَا لَيتَ شِعْرِي كَيف حادِثُ وَصلِها   وكيف تُرَاعِي وَصْلَةَ المتغيِّـبِ
أدامَتْ على ما بَـيْـنَـنَا مِن مَـودَّةٍ   أَمَجدُ ام صارَتْ لقَولِ المُخيِّبِ
فإن تَنْأَ عنها حِقْبةً لا تُلاقِــها   فإنَّــكَ ممّا أحْدَثَــتْ بالمجــرِّبِ
وقالت مَتَى يُبْخَلْ عليكَ ويُـعْـتَـلَلْ   يَسُؤكَ وإن يُكْشَفْ غَرامُكَ تَـدْرِبِ
تَبَصَّرْ خليلِي هَلْ تَرَى بِنْ ظَعَائِنٍ   سَوالكِ نَقْبــا بين حَزْنَى شَعَبْعَبِ
عَلونَ بِأنْطاكِيَّةٍ فوق عِـقْـمَــةٍ   كَجِرمةِ نَخْلٍ او كَجَنَّــةِ يَـثْــرِبِ
ولله عَيْنَا مَنْ رأى بِنْ تَـفَـرُّقِ   أَشَتَّ وأنـأَى مِن فِراقِ المُحصَّبِ
فريقان منهم جازعٌ بَطْنَ نَخْــلَةٍ   وآخَرُ منهم قاطعٌ نَجْدَ كَبْكَبِ
فعيَّناك غَرْبَا جَدْوَلٍ فى مُفاضةٍ   كَمَرِّ لَخَلِـجٍ فى صَفيحٍ مُصَـوِّبِ
وإنَّكَ لم يَـغْـنَـرْ عليكَ كفاخِرٍ   ضعيفٍ ولم يُغلِبْكَ مثلُ مُغلَّبِ
وإنَّكَ لم تَـقْـطَعْ لُبانــةَ عاشِقٍ   بمِثْــلِ غُـدُوٍّ او رَواحٍ مُأَوِّبِ
بِأدْمَآء خُرجوجٍ كأنَّ قُـتُـودَهــا   على أبْلَقِ الفَخْضَيْنِ لَيْسَ بِمُغْرَبِ
يُغَرِّد بالأَبْكارِ فى كلِّ سُـحْـفَـةٍ   تغرُّدَ مبَّاحِ النَّدَاى المطـــرِّبِ
أقَبّ رَباعٍ مِن تَحِـيــرِ عَمايــةٍ   يَبُجُّ لُعاعَ البَقْلِ فى كلِّ مَـشْرَبِ
بِكَحْبِيَةٍ قد آزَرَ الضّالَ نَبْــتُــها   تَجـرُّ جُيوشَ العَامَين وحُيَّبِ

صَرَفْتُ الهَوَى عنهنّ من خَشيَةِ الرَّدَى   ولَسْتُ بِمَقْلِيِّ الخِلالِ ولا قال
كأنِّي لم أركبْ جَواداً لِلَذَّةٍ   ولم أنتَطِنْ كاعبًا ذاتَ خَلْخالِ
ولم أسْتَبِعِ الزِّقَّ الرَّوِيَّ ولم أقُلْ   لخيلي كُرِّي كَرَّةً بعد إجفالِ
ولم اشهد للخيلِ المُغيرةَ بالضُّحى   على هَيْكَلٍ نَهْدِ الجُزارةِ جَوّالِ
٥ سَلِمِ الشَّظَى عَبْلِ الشَّوَى شَيِّنِ النَّسا   له جَبَهاتٌ مُشرفاتٌ على الفالِ
وضُمَّ صِلابٌ ما تَقِينَ من الوَجا   كأنّ مكانَ الرِّدفِ منه على رأْلِ
وقد أغتَدى والطَّيرُ في وُكَناتِها   لغَيثٍ من الوَسْمِيِّ رائدُهُ خالِ
تحاماهُ أطرافُ الرِّماحِ تَحامِيًا   وجادَ عليه كُلُّ أَحَمَّ هَطّالِ
بِعِلْبِزَةٍ قد أُتْرِزَ الجَرْيُ لَحْمَها   كُمَيْتٍ كأنّها هِرَاوةُ مِنْوالِ
١٠ ذَعَرْتُ بها سِرْبًا نَقِيّـًا جُلُودُهُ   وأكْرُعُه وهي البُرودُ من الحالِ
كأنّ الصِّوارَ إذ تَجَهَّدَ عَدْوُهُ   على جَمَزَى خَيلٌ تَجولُ بأجْلالِ
لجالَ الصِّوارُ واتَّقَيْنَ بِقَرْهَبٍ   طويلِ القَرَى والرَّوْقِ أخْدَسَ ذَبّالِ
فعادى عِداءً بين ثَوْرٍ ونَعْجَةٍ   وكانَ عِداءُ الوَحشِ مِنِّي على بالِ
كأنّي بفَتخاءِ الجَناحَيْنِ لُقْوَةٍ   صَيودٍ من العِقْبانِ طَأْطَأْتُ شِمْلالِ
١٥ تَخْطَفُ حِزّانَ الشَّرَبَّةِ بالضُّحى   وقد جَحَرَتْ منها ثَعالِبُ أوْرالِ
كأنّ قُلوبَ الطَّيرِ رَطْبًا ويابِسًا   لَدَى وَكْرِها العُنّابُ والحَشَفُ البالي
فلو أنّ ما أسْعَى لأدنَى مَعِيشَةٍ   كَفانِي ولم أطلُبْ قليلٍ من المالِ
ولكنَّما أسعَى لِمَجْدٍ مُؤَثَّلٍ   وقد يُدرِكُ المَجْدَ المُؤَثَّلَ أَمثالي
وما المَرْءُ ما دامَتْ حُشاشةُ نَفْسِه   بمُدْرِكِ أطرافِ الخُطوبِ ولا آلِ

لَحِقِيفِ النَّقَى يَمشى الوليدانِ فَوقَه ** بما آحتسبا من لِينِ مَسٍّ وتَسهالِ
لطيفةِ طَيِّ الكَشح غير مُفاضةٍ ** إذا آنفتلَت مرتجَّةً غيرِ مِشغالِ
اذا ما الحَجيجُ آبْتَزَّها من ثِيابها ** تَميلُ عليه هَوْنةً غيرَ جِبالِ
تَنَوَّرتُها من أَذرَعاتٍ واهلُها ** بِيَثرِبَ أَدنى دارِها نَظرُ عالِ
نظرتُ اليها والنُّجومُ كأَنَّها ** مَصابيحُ رُهبانٍ تُشَبُّ لِقُفّالِ •
سَمَوتُ اليها بعدَ ما نامَ اهلُها ** سُمُوَّ حَبابِ الماءِ حالًا على حالِ
فقالت سَباكَ اللهُ إنَّكَ فاضِحى ** أَلستَ تَرى السُّمّارَ والناسَ أَحوالي
فقلتُ يَمينَ اللهِ أَبرَحُ قاعِدًا ** ولَو قَطَعوا رَأسى لَدَيكِ وأَوصالي
حَلَفتُ لها بِالله حَلفَةَ فاجِرٍ ** لَناموا فما إِن من حَديثٍ وما صالِ
فلمّا تَنازَعنا الحديثَ وأَسمَحَت ** هَصَرتُ بِغُصنٍ ذى شَماريخَ مَيّالِ ١٠
وصِرنا الى الحُسنى ورَقَّ كلامُنا ** ورُضتُ فذَلَّت صَعبةً أَىَّ إِذلالِ
فاصبحتُ مَعشوقًا واصبحَ بَعلُها ** عليه القَتامُ سَيِّءَ الظَّنِّ والبالِ
يَغُطُّ غَطيطَ البَكرِ شُدَّ خِناقُه ** لِيَقتُلَنى والمَرءُ ليسَ بقَتّالِ
أَيَقتُلُنى والمَشرَفِىُّ مُضاجِعى ** ومَسنونةٌ زُرقٌ كأَنيابِ أَغوالِ
وليسَ بِذى رُمحٍ فيَطعُنَنى بِه ** وليسَ بِذى سَيفٍ وليسَ بنَبّالِ ١٥
ايقتلنى وقد شَغَفتُ فُؤادَها ** كما شَغَفَ المَهنوءَةَ الرَّجُلُ الطالى
وقد عَلِمَت سَلمى وإِن كانَ بَعلُها ** بِأَنَّ الفَتى يَهذى وليسَ بِفَعّالِ
وما ذا عليه أَن ذَكَرتُ أَوانِسًا ** كغِزلانِ رَملٍ فى مَحاريبِ أَقيالِ
وبِتنَ عَذارى يومَ دَجنٍ وَلَجنَه ** يُطِفنَ بِجَمّاءِ المَرافِقِ مِكسالِ
سِباطِ البَنانِ والعَرانينِ والقَنا ** لِطافِ للخُصورِ فى تَمامٍ وإِكمالِ ٢٠
نواعمَ يُتبِعنَ الهَوى سُبُلَ الرَّدى ** يَقُلنَ لأهلِ الحِلمِ ضَلًّا بِتَضلالِ

قال أمْرو القَيْس بن حُجْر الكِنْدِيّ

ألا عِمْ صَباحًا أيُّها الطَلَلُ البـــالِ	وهَلْ يَعِـــنْ مَنْ كان فى العُصُرِ الخـالِ
وهل يعــنْ إلا سَعيدٌ مخلَّــــدٌ	قَليلُ الهُمومِ ما يَبيتُ بِأَوْجـالِ
وهل يعــنْ مَنْ كان أحْدَثَ عَهْدِهِ	ثلاثينَ شَهْرًا فى ثلاثةِ أحْـوالِ
ديارٌ لِسَلْمَى عافِياتٍ بِـذى خــالِ	ألحَّ عليها كلُّ أتْحَـــمَ هَـطّـالِ
وتَحسِبُ سَلْمَى لا تَزالُ تَرَى طَلًا	من الوحشِ او بَيْضًا بِمَيْثاءَ مِحْلالِ
وتَحسِبُ سَلْمَى لا تَزالُ كَعَهْدِنا	بِوادى الخُزامَى او عَلى رَسِّ أَوْعالِ
لَيالِيَ سَلْمَى اذ تُرِيكَ مَنْصِبـــا	وجِيدًا كجِيدِ الرِّئمِ ليسَ بِمِعْطالِ
ألا زعمَتْ بَسْباسَةُ اليومَ أنَّنى	كَبِرْتُ وأنْ لا يُحْسِنُ اللَّهْوَ أَمْثالى
كذبتِ لَقَدْ أُصبى على المرءِ عِرْسَهُ	وأمْنَعُ عِرْسى أن يُزَنَّ بها لَحـالى
ويا رُبَّ يومٍ قد لَهَوْتُ ولَــيْلَةٍ	بآنِسَةٍ كَأنَّها خَطُّ تِمْــــــثالِ
يُضىءُ الفِراشَ وجْهُها لِتَبيعِهـا	كَمِصباحِ زَيْتٍ فى قَناديلِ ذُبَّالِ
كأنَّ على لَبَّاتِها جَمْرَ مُضْطَـلٍ	اصابَ غَضَى جَزْلًا وكفّ بِأَجْـزالِ
وهبَّتْ له ريحٌ بِمُخْتَلِفِ الصُّوَى	صَبا وشَمالٍ فى مَنازِلِ قُفَّـــالِ
ومِثْلِكِ بَيْضاءَ العَوارِضِ طَفْلَةٍ	لَعوبٍ تُنَسِّينى اذا قُمْتُ سِرْبالى

المختار من قصائد امرئ القيس وأشعاره

الغلام يسقي الابل فعجز لاهانه امرو القيس وري به الغلام الى البشر وخرج حتى المراة بالابل واخبرهم انه زوجها فقبل لها قد جاء زوجك فقالت والله ما ادري ازوج هو ام لا ولكن انحروا له جزورًا واطعموه من كرشها ودنبها ففعلوا فقالت اسقوه لبنًا حازرًا وهو الحامض فسقوه فضرب فقالت افرشوا له عند الغرث والدمن فغرشوا له فنام فلما اصبح ارسلت اليه اني اريد ان اسألك (١) فقال سلي عما شئت فقالت بما بغتلي شفعاك فقال لتقبيلي اباك فقالت نعم بختلي كعساك قال لالتراي اباك قالت نعم بختلي بختذاك قال لتوري اباك قالت عليكم بالعبد (٢) تعدّوا ايديكم به ففعلوا قال ومّر قوم فاستضرجوا امرا القيس من البشر فرجع الى حيّه فاستباق مايه من الابل واقبل على (٣) امراته فقبل لها قد جاء زوجك فقالت والله ما ادري اهو زوج ام لا ولكن انحروا له جزورًا فاطعمه من كرشها ودنبها ففعلوا فلما اتوه بذلك قال واين الكبد والسنام والملحاء فاني ان ياكل فقالت اسقوه لبنًا حازرًا فاني ان يضربه وقال (٤) فاين الصريف والريثة (٥) فقالت افرشوه عند الغرث والدمن فاني ان ينام وقال افرشوا له فوق التلعة الجرّاء واضربوا لي عليها خباء ثم ارسلت اليه هم شريطتي عليك في المسائل الثلاث فقال لها سلي (٦) عما شئت فقالت ممر تختلي كعساك قال (٧) للبسي للجمرات قالت نم تضتلي لخذذاك قال لركضي للمطيّات (٨) قالت (٩) هذا زوج لعمري فعليكم به واقتلوا العبد فقتلوه ودخل امرو القيس بالجارية فقال ابن هبيرة حسبكم فلا خير في حديث في سائر الليلة بعد حديثك يا ابا عمر ولن ناتيبا باعجب منه فقمنا وانصرفنا وامر لي بجآئسرة

¹ On lit dans le manuscrit اسيلي.
² Ibid. العبد.
³ Ibid. اقبل الى.
⁴ Ibid. يشربه. قال.
⁵ Ibid. الربيئة.

⁶ On lit dans le man. الثلاث اليها ان سليني.
⁷ Ibid. قالت.
⁸ Ibid. المطعمات.
⁹ Le copiste a oublié la troisième question لم تختلي, et la réponse d'Amro'lkaïs. Voyez ci-dessus. مفتاي

تمّ المنقول من
كتاب الاغاني

اجارتَنا انّ المزار قريبٌ وانّى مقيمٌ ما اقامَ عسيبُ
اجارتَنا انّا غريبانِ ههنا وكلُّ غريبٍ للغريبِ نسيبُ

ثم مات فدفن الى جنب المراة فقبره هناك   اخبرنى محمد بن القاسم عن خالد بن سعيد عن عبد الملك بن عمير قال قدم علينا عمر بن هبيرة الكوفة فارسل الى عشرة انا احدهم من وجوه اهل الكوفة فسمروا عنده ثم قال ليصدقنى كلّ رجل منكم احدوثة وابدأ بك يا ابا عمر فقلت (¹) اصلح الله الامير احديث الحقّ ام حديث الباطل قال بل حديث الحقّ قلت ان امرأ القيس آلى بالية ألّا يتزوّج امراة حتى يسألها عن ثمانية واربعة واثنتين ويجعل بخطب النساء فاذا سألهنّ عن هذا قلن اربعة عشر شهرا هو يسير فى جون الليل اذا هو برجل يحمل ابنة له صغيرة كانها البدر ليلةً تمه فاعجبته فقال لها يا جارية ما ثمانية واربعة واثنتان فقالت اما ثمانية فاطباء الكلبة واما اربعة فاخلاف الناقة واثنتان فثديا المراة لخطبها الى ابيها فزوّجه اياها وشرطت عليه ان تسأله ليلة بنائها عن ثلاث خصال لجعل لها ذلك وعلى ان يسوق اليها مايةً من الابل وعشرة اعبد وصائف وثلاث افراس ففعل ذلك ثم انه بعث عبدًا له المراة واهدى اليها نحيًا من سمن ونحيًا من عسل وحلةً من عصب فنزل العبد ببعض المياه فنشر الحلّة ولبسها فتعلّقت بشعرة فانشقّت وفتح النحيين فطعم اهل الماء منهما فنقصا ثم قدم على ابنة المراة وهم خلوف فسالها عن ابيها وامها واخيها ودفع اليها هديّتها فقالت له اعلم مولاك ان اى ذهب يقرُب بعيدًا ويبعدُ قريبًا وان اى ذهبت تشقّ النفسُ نفسينِ وان اى يرى الشمس وان سماءكم انشقّت وان وعاويكم (²) نضبا فقدم الغلام على مولاه واخبره فقال امّا قولها ان اى ذهب يقرب بعيدًا ويبعد قريبًا فان اباها ذهب يحالف قومًا على قومه واما قولها ذهبت اى تشقّ النفس نفسين فان امّها ذهبت تقبل امراةً نفساءَ واما قولها ان اى يرى الشمس فان اخاها فى سرح له يرعاه فهو ينتظر وجوب الشمس ليروح به واما قولها ان سماءكم انشقت فان البرد الذى بعثت به انشقّ واما قولها ان وعاويكم نضبا فان النحيين اللذَيْن بعثتُ بهما نقصا فاصدقنى فقال يا مولاى ان نزلتُ بماءٍ من مياه العرب فسألوني عن نفسى واخبرتهم انّى ابن عكّ ونصرتُ الحلّة فانشقّت وفتحت النحيين فاطعمت منهما اهل الماء فقال اول لك ثم ساق مايةً من الابل وخرج نحوها ومعه الغلام فنزل منزلا لخرج

¹ Ce mot manque dans le manuscrit. — ² Le manuscrit porte عايكما.

اذ اتتـه الوحش واردةً ** فتغنَّى النـزع فى يُسْرِهِ
فرماها فى فرآئِصِصها ** بازّاه للحوض او عُقْرِهِ
برهيش من كنانتـه ** كتلظّى الجمر فى شَرَرِهِ
راشد من ريش ناهضه ** ثم أمهاه على جَحَرِهِ
فهو لا تُمى رميتنه ** ما له لا عُدّ من نَفَرِهِ

قال ثم مضى القوم حتى قدموا على السموءل فانشده الشعر وعرّف لهم حقّهم فانزل المراة فى قبّة ادم وانزل القوم فى مجلس له براح فكان عنده ما شاء الله ثم انه طلب اليه ان يكتب له الى الحارث بن ابى شمر الغسّانى بالهام ليوصله الى قيصر فاستنجد منه رجلا واستودعه المراة والادراع والمال واقام معها يزيد بن الحارث بن معاوية ابن عمه فمضى حتى انتهى الى قيصر فـقبله واكـرمـه وكـانـت لـه عنده منزلة فاندسّ رجل من بنى اسد يقال لـه الطمّـاح وكان امرو القيس تقتل له اختًا من بنى اسد حتى اتى بلاد الروم فاقام مستضعفًا ثم ان قيصر سمح اليه جيشًا كثيفًا وفيهم جماعة من ابنّاء الملوك فلما فصل قال لقيصر قوم من اصحابه ان العرب قوم غدوروا لا نأمن (١) ان يظفرك بما يريد ثم يخروك بمن بعثت معه وقال ابن الكلبى بل قال له الطمّاح ان امرا القيس غوى عاهر وانه لمّا انصرف عنك بالجيش ذكر انه كان يراسل ابنتك ويواصلها وهو قائل فى ذلك اشعارًا يشهرها بها فى العرب فيفضحها ويفضحك فبعث اليه حينئذ حلّة وهى مسمومة منسوجة بالذهب وقال له انى ارسلت اليك حلّتى التى كنت البسها تكرمة لك فاذا وصلت اليك فالبسها بالجمن والبركة واكتب الى بخبرك من منزل منزل فلما وصلت اليه البسها واشتدّ سروره بها فاسرع فيه السمّ وسقط جلده فلذلك سُمّى ذا القروح وقال فى ذلك

لقد طمح الطمّاح من بُعد اربه ** ليلبسنى مما تلبّس أَبْوَسَـا
فلو انها نفس تموت سويّة ** ولكنّها نفس تساقط انفسا

قال فلمّا صار الى بلدة من بلاد الروم تدعى انقرة احتضر بها فقال

ربَّ خطبةٍ مُتَحَنَّبِرَهْ (٢) ** وطعنة مُتَغَتِّبَرَهْ
وجفنةٍ متحيّرهْ ** حَلَّت بارض أنقَـرَهْ

وراى قبر امراة من ابنّاء الملوك ماتت هناك فدفنت فى سفح جبل يقال له عسيب فسأل عنها فأخبر بقضّتها فقال

---
[1] On lit dans le manuscrit مييقرهْ. — [2] On trouve dans le manuscrit يأمن.
رب خطبة مُتحيقرهْ.

١٥

اهل الشرق وقد كدتُ بالامس توكّلت في دار طيّ واهلُ الباديـــة اهلُ بَرٍّ لا اهل حصون
تمنعهم وبينك وبين اليمن دوبّان من قيس أفكلا ادلّك على بلد (١) فقد جئتُ قيصرَ وجئتُ
النعمان فلم ارَ لضعيف نازلي ولا لمهتجٍ مثلَه ولا مثل صاحبه قال مَن هو وابن منـزله قال
السموءل بتيماء وسوف اضربُ لك مثلَه هو يمنـع ضعفك حتى ترى ذات غيبك وهو في
حصن حصين وحسب كبير فقال له امرو القيس وكيف لي به قال أُوصلُك الى مَن يوصلك
اليه فصحبه الى رجل من بني فزارة يقال له الربيع من صبع الغزاري ممن باقي السموءل فيحمده
ويعطيه فلما صار اليه قال له الغزاري ان السموءل يحبّه الشعر فتعالَ نـنـاشده له اشعارًا
فقال امرو القيس قل حتى اقول فقال الربيع

قل للغنية اي حين نستــقــي   بغنّاء بيتنك في الحضيض المُـزْلــق

وهي طويلة يقول فـيـه

ولقد اتيتُ بني المصاص مفاخرًا   والى السموءل زرتـه بالابلــق
فاتيت افضل مَن تحمـل حاجــة   ان جئته في غارم او مُـرهـــق
عرفتُ له الاقــوامُ كلَّ فضيــلة   وحوى المكاربر سابقًا لم يُسْبَق

قال فقال امرو الـقـيـس

طروستك هندٌ بعد طول تجنّـب   وهُفنا ولم تَك قبل ذلك تطرق

وهي قصيدة طويلة واظنّها منحولة لانها لا تشاكل (٢) كلام امري القيس والتوليد فيه بيّنٌ
وما دونها في ديوانه احد من الثقات واحسبها مما صنعه دارم لانه من ولد السموءل او
مما (٣) صنعه مَن روى عنه من (٤) ذلك فلم تكتب هنا قال فوفد الغزاري بامري القيس اليه
فلما كانوا ببعض الطريق اذ هم ببقرة وحشية مرميّة فلما نظر اليها اصحابه قاموا فذكوها
فيبنماهم كذلك اذ هم بقوم قتّاصين من بني ثعل فقالوا لهم من انتم فانتسبوا لهم (٥) واذا
هم من جيران السموءل فانصرفوا جميعًا اليه وقال امرو القيس

ربّ رامٍ من بني ثُعَلٍ   مخرج كفّيه من ستره
عارض زوراء من نشم   مسع باناة على وتــره

هكذا في رواية ابن دارم ويروى غير باناة وتحت باناة

---

[1] Il est probable qu'il y a quelques mots omis ici; il faut peut-être lire على بلد تنقّص فيه.
[2] On lit dans le manuscrit تشاكل لانها.
[3] On lit dans le manuscrit ومما.
[4] Il faut peut-être lire فين.
[5] On lit dans le manuscrit له.

عليهن لنخرج حينئذ فنزل بني نبهان من طيّئ لنخرج نفر منهم فركبوا الرواحل ليطلبوا له
الابل فاخذتهن جديلة فرجعوا اليه بلا شيء فقال في ذلك

عجبت له مضى لحـزنــة خـالــد   كمضى لتان حلّقت بالمنـاهــل
دع عنك نهبًا صيح في حجراتـه   ولاكن حديثًا ما حديث الرواحل

فتفرقت عليه بنو نبهان فرقتًا من معزى فانها يقول

اذا ما لم نجد ابلًا نغـزى   كان قرون جلّتها العـصـيّ
اذا ما قام حـالـهـا ارتمت   كانّ القوم صفّهم نــيّ
فعلا بيننا اقعطا وصمتـا   وحسبك من غنى شبع وريّ

فكان عندهم ما شاء الله ثم خرج فنزل بعامر بن جويين واتحف عنده ابلًا وعامر يومئذٍ
احد للفعاء الفتاك قد تبرأ قومه من جرائره فكان عنده ما شاء الله ثم من ان يغلبه[1]
على اهله وماله فعطى امرو القيس بشعر كان عامر ينطق به وهو قوله

فكم بالسعيد من جبــان مـوّتـلـة   تسير معاصًا ذات قيد ومرسـلـة
اردت بهـا فتكـًا فـلـم ارتمص[2] له   ولهمهمت نفسي بعد ما كنت افعله

وكان عامر ايضًا يقول بعرض بهند بنت امرى القيس

الا يا هند واطلالـها[3]   وتظعان هند وصلالها
هممت بنفسى كلّ للهموم   فاولى لنفسى اولى لهــا
ساجعل نفسى على آلة   فامّا عليها وامّا لهــا

هكذا روى ابي ابى سعد عن ابن عقال ومن الناس من يروى هذه الابيات للخنساء
فى قصيدتها

الا ما لعينى الا ما لهــا   لقد اخضل الدمع سربالها

قالوا فلما عرف امرو القيس ذلك منه وخافه على اهله وماله تفقده وانتقل الى رجل من بنى
تعل يقال له حارثة بن مرّ فاستجاره فوقعت الحرب بين عامر وبين الثعلى فكانت فى ذلك
امور كثيرة قال دارم بن عقال في خبره فلما وقعت الحرب بين طيّئ من اجله خرج من عندهم
فنزل برجل من بنى فـزارة يقال له عمرو بن جابر بن مازن[4] فطلب منه الجوار حتى برى
ذات غيبه فقال له الغزارى يابن حجر انّى اراك فى خلل من قومك وانا انفس بمثلك من

---

[1] On lit dans le manuscrit بغلبه.   [3] On lit dans le manuscrit او اطلالها.
[2] Ibid. ارتمص.   [4] Ibid. مازن.

أستقسم عند ذي الخلصة بعد ذلك بقداح حتى جاء امر الله بالاسلام وهدمه جرير بن عند
الله البجلى   قالوا والح المنذر فى طلب امرى القيس ووجّه بالجيوش فى طلبه من اياد وبهراء
وتنوخ (١) ولم يكن له طاقة وامدّه انوشروان بجيش من الاساورة فسرّحهم فى طلبه وتفرّق
جمير ومن كان معه من عنده (٢) فاما فى عصيبة من بنى آكل المرار حتى نزل بالحارث بن
شهاب من بنى يربوع بن حنظلة ومع امرى القيس ادراع خمس الفضفاضة والصافية
والمحصنة ولطريق وامّ الذيول كنّ لبنى آكل المرار يتوارثونهن (٣) ملك (٤) عن ملك فقالوا (٥)
ما لبثوا عند الحارث بن شهاب حتى بعث اليه المنذر ماية من اصحابه يوعده بالحرب ان
لم يسلم اليه بنى آكل المرار ونجا اسمهم فاسمهم ومعه امرو القيس ومعه يزيد بن معاوية بن الحارث
وبنته هند بنت امرى القيس والادرع والسلاح ومال كان بقى معه فخرج على وجهه حتى
وقع فى ارض طيّ وقبل بل نزل قباله على سعد بن الضباب وكانت ام سعد (٦) تحت جمر
ابى امرى القيس فطلقها وكانت حاملاً وهو لا يعرف فتزوّجها الضباب فولد سعد على
فراشه فلحق نسبه به فقال امرو القيس يذكر ذلك

يفكّهنا سعدٌ ويُنعِمُ بالـنَّـوال   ويغدو علينا بالجِـفانِ وبالـجُـزر
وتعرفُ فيه مِن أبيـه شمــائــلاً   ومن خاله ومن يـزيـد ومن حُجْـرِ
سـمــاحـةَ ذا وبـرَّ ذا ووفــــاءَ ذا   ونـائــلَ ذا اذا صـحـا واذا سَــكِـر

ثم تحوّل عنه فوقع فى (٨) ارض طيّ فنزل برجل من بنى جديلة يقال له المعلّى ابو
عصم فى ذلك يقـــــول

كـأنّى اذ نـزلـتُ عـلى الـمـعـلَّـى   نـزلتُ على البـــوادخ من شَمـامِ
فــا ملك العراق على المعــلّـى   مـعـتـمـد ولا ملك الـشّــــــآمِ
اقرّ حـها امرى الـقيس بن حجر   بنو تيم مصابـيـــح الـظـلامِ

قالوا فليث عنده واتخذ ابلاً هنـاك فغدا قوم من بنى جديلة يقال لهم بنو زيد فطردوا
الابل وكانت لامرى القيس رواحل مقيّدة عند البيوت خوفًا من ان يدهمه امر ليسبق

---

[1] Le manuscrit porte بهولا وتنوخ.
[2] Ibid. معه عند.
[3] Ibid. يتوارثوهن.
[4] Il serait plus exact de lire ملكًا.
[5] Le manuscrit porte فقال.
[6] Ces mots وكانت أم سعد ne se trouvent pas dans le manuscrit; nous les avons rétablis, puisque le sens l'exige.
[7] Le manuscrit porte بالنا.
[8] Ibid. من. Voyez ci-dessus, ligne 10.

— ١٢ —

خليفة عن محمد بن سلام قال سمعت رجلا يسأل(١) يونس عن قوله صفر الوطاب فـقال سألنا رؤبة عنه فقال لو ادركوه قتلوه وساقـوا ابله فصفرت وطابه من اللبن وقال غيره صفر الوطاب اى انه(٢) يقتل فيكون جسمه صفرًا من دمه كما يكون الوطب صفرًا من اللبن(٣) ظهرًا وقد تقطعت خيله وقطع اعناقهم العطش وبنـو اسـد جاثمـون على المـاء فنهد اليهم فقاتلهم حتى كثرت الجرحى والقتلى فيهم وجهر الليل بينهم وهربت بنو اسد فلما اصبحت بكر وتغلب ابوا ان يتبعوهم وقالـوا (٤) له قد اصبحت تارك قال والله ما فعلت ولا اصبت من بنى كاهل ولا من غيرهم من بنى اسد قالوا بلى ولكنك رجل مشوم وكرهوا قتلهم بنى كنانة وانصرفوا عنه ومضى هاربا لوجهه حتى لحق بجمير   وقال ابن السكيت وحدّثنى خالد الكلابى ان امرا القيس لما اقبل(٥) من لخرب على فرسه الشقرآء لجأ الى ابى عمته عمرو بن المنذر وامه هند بنت عمرو بن جمر آكل المرار وذلك بعد قتل ابيه واقامه وتفرّق ملك اهل بيته وكان عمرو حينئذ خليفة لابيه المنذر ببقّة وهى بـين الانبار وهيت فمدحه وذكر صهره ورجه وانـه قـد تعلق بحباله ولجا اليه باجاره ومكث عنده زمانا ثم بلغ المنذر مكانه عنده فطالبه وانذره عمرو فهرب حتى اى حمير وقال ابن الكلبى والهيثم بن عدى وعمرو بن شبة وابن قتيبة فلما امتنعت بكر من وآئل وتغلب عن(٦) اتباع بنى اسد خرج من فوره ذلك الى اليمن فاستنصر ازد شنوة فابوا ان ينصروه وقالـوا اخوانـنـا وجيراننا ثم نزل(٧) بقبل يدعى مردد للبير بن ذى جدن للحميرى وكانت بينهما قرابة فاستنصره واسعده على بنى اسد فامره بخمس مائة رجل من حمير ومات مردد قبل رحيل امرى القيس بهم وقام بالحكّة بعده رجل من حمير يقال له قرمل بن للحمم وكانت امّه سوداء فردّه امرا القيس وطوّل عليه حتى مّ بالانصران فقال

وادٍ لحسٌ ندعو مرثد للبير ربّنا   وادٍ لحسٌ لا نُدعها عبيدًا لقرمل

فاخذ له ذلك الجيش وتبعه شذاذ من العرب واستاجر من قبائل العرب رجالا فسار بهم الى بنى اسد ومرّ بتبالة وبها صنم للعرب تعظّمه يقال له ذو الخلصة فاستقسم عنده بقداحه وهى ثلاثة الامر والنامى والمتـربـص فاجالها فخرج الناهى لجمعها وكسرها وضرب بها وجه الصنم وقال مصمصت بظفر امّك لو ابوك قتل ما عُقتنى ثم خرج فظفر ببنى اسد ويقال انه

[1] On lit dans le manuscrit سال.
[2] Ibid. كان.
[3] Il y a quelque chose d'omis ici.
[4] Le manuscrit porte وقال.
[5] Ibid. اقبلت.
[6] On lit dans le manuscrit, بن.
[7] Ibid. جيراننا نزل.

وقــولـه
هُمُ بلّغوا لحسَّى المضيّع اهلَهم   وساروا بهـم بــين العراق ونجــران

الا قبّـح الله البـراجم كلّهــا   وجدّع يربوعًا وعقّـر دارما

لما فعلوا فعل العـويـر ورهطـه   لدى باب هند (1) اذ تجـرّد قائمًـا

قال ابي قتيبة في خبره في القصّة المذكورة مع عوير كانت مع ابي حنبل (2) جارية بن مرّ قال ويقال بل كانت مع عامر بن جُوين الطّائى وان ابنته اشارت عليه باخذ مال جهر وعهاله فقام ودخل الـوادي ثم صاح الا ان عامر بن جوين غدر فاجابه الصدى مثل قوله فقـال ما اقبح من قول ثم صاح الا ان عامر بن جوين وفّى فاجابه الصدى عثل قوله فقال ما احسن هذا ثم دعا ابنته بجذعة من غنمه (3) فاحتلبها وشرب واستلقى على قفاه وقال والله لا اغدر ما اجزاتني جذعة ثم نهض وكانت ساقه حمشتي فقالت ابنته والله ما رايت كاليوم ساقًا وانى فقال (4) اذا كانتـا ساق غادر فها والله حينئذ اقبح وقال ابن الكلبي عن ابيه ويعقوب بن السكّيت عن خالد الكلابي ان امرا القيس ارتحل حتى نزل بكر وتغلب فسألهم النصر على بني اسد فبعثت العيون على بني اسد فنَفّـذروا بالعيون ولجوا الى بني كنانة وكان الذي انذرهم بهم علباء بن الحارث فها كان الليل قال لهم علباء يا معشر بني اسد تعلموا (5) والله ان عيون امرئ القيس قد اتتكم ورجعتْ اليه بخبركم فارتحلوا بليل ولا تعم بنو كنانة ففعلوا واقبل امرؤ القيس بمن معه من بكر وتغلب حتى انتهى الى بني كنانة وهو يحسبهم بني اسد فوضع السلاح فيهم وقال يا لثارات الملك يا لثارات (6) الهمام فخرجت اليه عجوز من بني كنانة فقالت ابيت اللعن لسنا لك بثار نحن من كنانة فدونك ثارك فاطلبهم فان القوم قد ساروا بالامس فتبع بني اسد فلاتوه ليلتهم تلك فقـال في ذلــك

الا يا لهف هند اثّر قومٍ   هم كانوا الشفـاء فلم يصابوا

وقاهم جدّهم بنى ابيهم (7)   وبالاشقَين ما كان العقـاب

وافلتهنّ علبـاءٌ جريضًا   ولو ادركنَه صَفِرَ الوِطاب

يعني بنى ابيهم (7) بني كنانة لان بني اسد وكنانة ابني خزيمة (8) اخوان اخبرني ابـو

---

[1] Le manuscrit porte جر.
[2] Ibid. حنبل.
[3] Ibid. جذعة من غنم.
[4] On lit dans le manuscrit فيها.
[5] On lit dans le manuscrit تعلمون.
[6] Ibid. بالثارات.
[7] On lit dans le manuscrit ابيم.
[8] Ibid. ابنا خزيمة.

— ٣ —

ثم شرب سبعًا فلما حمى آلى بالية أنّه لا يأكل لحمًا ولا يشرب خمرًا ولا يدهن ولا يصيب امرأةً ولا يغسل راسه من جنابة حتى يدرك بثاره فلما جنّه الليل راى برقًا فقال

بمهمهٍ سفاه باعلى جَبَـلِ	ارقتُ لبرقٍ بليــلٍ أهــلِ
بامرٍ تزعزع منـه الـقُـلَـلْ	اتاني حديثٌ فكـذّبـتُــه
الا كلّ شيء سِواه جَلَـلْ	بـقتــل بني اسدٍ ربَّهــم
وايــن تميم وايــن للأوَلْ	فابنَ ربيعةٍ (١) عن ربّهــا
كما يحصُرون اذا ما أهــلِ	الا يحصُرون لدى بابـه

وروى الهيثم عن اصحابه ان امرأ القيس لمّا قُتل ابوه كان غلامًا قد تورّع (٢) وكان بني حنظلة مقيمًا لان ظئره كانت امرأة منهم فلما بلغه ذلك قال

الغادين للملك للسّلاحـلا	يا لهفَ هند اذ خطّنٌ كاهـلا
ياخير شيخ حسبًا وتائـلا	تالله لا يذهب شيخي باطـلا
تحملنا والاسل النواهلا	وخيرهم قد عطفوا نواصـلا
مستنفرات بالحصى جوافـلا	وقٌ صعبٌ والوشيجُ الذابـلا

يعنى صعب بن على بن بكر بن وآنل معنى قوله مستنفرات بالحصى يريد انها اثارت الحصى بحوافرها لشدّة جريها حتى ارتفع الى اثارها فكانها استنفرت به وقال الهيثم بن عدى لمّا قُتل حجرٌ(٣) انحازت بنته وقطينه (٤) الى عوير بن نجينة فقال له قومه كلّ اموالهم ماكولون فان فيها كان الليل حمل هندًا وقطينها واخذ بعظام بجملها وانشام بهم في ليلة طخيآء مدلهمّة فلمّا اضاءَ البرقُ ابدى عن ساقيه وكانتا جحمتين فقالت هندُ ما رايت كالليلة ساقٍ واني فسمعها فقال يا هند ها سائقًا غادر شرٍّ فرى بهما النجاد حتى اطلعها نجران وقال لها اف اني لستُ اغنى (٥) عنك شيئًا ورآءَ هذا الموضع وهؤلآءِ قومكِ وقد برئتْ خفارى فمدحه امرؤ القيس بعدّة قصآئد منها قـوله في قصيدة لـه

| هم منعوا جاراتكم آل غدرانْ | ألّا ان قومًا كنتُم امسِ دونهم |
| ابن بميثاقٍ واوفى بجيـرانْ | عويرٌ ومَن مثلُ عويرٍ ورهطـه |

---

[1] Le manuscrit porte رفيعة.

[2] Ibid. تزعزع. Le passage suivant ne se lie en aucune manière avec ce qui précède; cela porte à croire qu'il y a quelque chose d'omis. On lit ici dans le manuscrit de M. Fauriel قال بنو فـقال من قتله. الكامل قال.

[3] On lit dans le manuscrit, جرا.

[4] Ibid. فطينه, et de même un peu plus loin.

[5] Ibid. لسبت أغنى.

— ٩ —

مع نديمٍ (١) له يشرب للخمر ويلاعبه بالنرد فقال حجر فلم يلتفت الى قوله وامسك
نديمه (٢) فقال له امروُّ القيس اضرب فضرب حتى اذا فرغ قال ما كنت لافسد عليـك
دستك ثم سال (٣) الرسول عن امر ابيه كلّه فاخبره وقال للخمر عليَّ والنسآء حـرام حـتى
اقتل من بنى اسد مائة واجزّ (٤) نواصى مائة وفى ذلك يقول

ارقتُ ولم يارقِ (٥) لـما بى نافع   وهاج لى الشوقُ الهمومُ الروادع

وقال ابن الكلبى حدّثنى ابى عن ابن الكاهن الاسدى ان حجرا كان اطرد امرا القيس وآلى
الّا يقيم معه انفةً من قوله الشعر وكانت الملوك تانف من ذلك فكان يسير فى احيآء العرب
ومعه اخلاط من شذّاذ العرب من طيئ وكلب وبكر بن وآئل فاذا صادف غديرًا وروضـة
وموضع صيد اقام فذبح لمن معه فى كل يوم وخرج الى الصيد فتصيد ثم عاد فاكل
واكلوا معه وشرب للخمر وسقاهم وغنّته قيانه ولا يزال كذلك حتى ينفد (٦) مـاء ذلك
الغدير ثم انتقل عنه الى غيره فاتاه خبر ابيه ومقتله وهو بدمّون من ارض اليـمن اتاه
به رجل من بنى عجل يقال له عامر الاعور اخو الوصّاف فلما اخبره بذلك قال

تطاول الليل عليَّ دمّونْ
دمّون انّا معشر يمانونْ   وانّا لاهلنا محبّونْ (٧)

ثم قال ضيّعنى صغيرًا وحمّلنى دمه كبيرًا لا صحوَ اليوم ولا سكرَ غدًا اليوم خمرٌ وغدًا امرٌ (٨)
فذهب مـــــثلًا ثم قال

خليليَّ لا اليوم مُغنًى لشارب   ولا فى غدٍ (٩) وكان ما كان مشرب

---

[1] Le manuscrit porte ندع.
[2] Ibid. بنيبه.
[3] Ibid. قال.
[4] Ibid. اجر.
[5] Il faut peut-être lire آرق.
[6] Le manuscrit porte ينفذ.
[7] Dans le manuscrit, on lit معاهر, au lieu de معشر ; le troisième hémistiche y est écrit ainsi : وانما لاعلتها مجنون. Il est inutile d'observer que ces derniers mots n'offrent aucun sens, et que les règles de la prosodie n'y sont pas observées. M. Fleischer, dans son édit. de l'*Historia anteislamica* d'Abou'lféda, p. 133 et 229, a donné la leçon que nous avons adoptée, et qui est confirmée par celle du manuscrit de M. Fauriel.
[8] On lit dans le manuscrit اليوم امر وغدا خمر, mais cette leçon est évidemment fautive. Dans un commentaire du *Makçoura* d'Ebn-Doreïd, lequel appartient à M. le baron Silvestre de Sacy, on trouve une courte notice sur Amro'lkaïs, dont nous avons extrait le passage suivant qui confirme notre leçon.

فلما بلغ خبر قتله الى امرى القيس فى حال جلوسه على الشرب قال ضيّعنى صغيرا وحمّلنى ثقل الثار كبيرا اليوم خمر وغدا امر اليوم نحاف وغدا ثقاف

« Lorsque la nouvelle de l'assassinat de Hodjr parvint à Amro'lkaïs, au moment où celui-ci buvait avec ses amis, il s'écria : Quand j'étais petit, il m'a perdu par sa sévérité ; maintenant que je suis grand, il m'impose le fardeau de tirer vengeance de sa mort. Pour aujourd'hui le vin, à demain les affaires ; aujourd'hui, boire ; demain, se battre. »

[9] Le manuscrit porte غدٍ.

ولايتهم وكان يقدّم بعض ثقله امامه ويهبّأ نزله ثم يجيءُ وقد وُءٍ له من ذلك ما يحتقدُه فينزل ويتقدم مثل ذلك الى ما بين يديه من المنازل فيهرب له فى المنزلة الاخرى فلما دنا من بلاد بنى اسد وقد بلغهم موت ابيه طمعوا فيه فلما اظلَّهم وضربت قبابه اجتمعت بنو اسد الى نوفل بن ربيعة بن خدان فقال يا بنى اسد من يتلقى هذا الرجل منكم فنقتطعه فانى قد اجمعت على الفتك به فقال له القوم ما لذلك احد غيرك فخــرج نوفل فى خيله على وجهين من قومه حتى اغار على الثقل فقتل من وجد فيه وساق الثقل واصاب جاريتين قينتين(1) لجبر ثم اقبل حتى اتى قومه فلما راوا ما قد حدث واتاهم به عرفوا ان جبرًا يقاتلهم وانه لا بدّ من القتال لمجهد الناس لذلك وبلغ جبرًا امرهم فاقبل نحوهم فلما غشيهم فاهضوا القتال وهم بين ابرقين من الرمل فى بلادهم يدعيان اليوم ابرقى جبر فلم يلبثوا جبرًا ان هزموا اصحابه واسروا لحبسوه وتشاور (2) القوم فى قتله فقال لهم كاهن من كهنتهم بعد ان حبسوه ليبروا فيه رايهم اى قوبر لا تعجلوا بقتل الرجل حتى ازجر(3) لكم فانصرف عن القوم لينظر لهم فى قتله فلما راى ذلك علبـَّـاء خشــى ان يتواكلوا فى قتله فدعا غلامًا من بنى كاهل وكان ابن اختــه وكان جبــر قتل اباه زوج اخت علبّاء فقال يا بنـَى اعندك خيرٌ فتثأر بابيك وتنال شرف الدهر وان قومك لن يقتلوك فلم يزل بالغلام حتى حرّبه ودفع اليه حديدة وقد شحذها وقال ادخل عليه مع قومك ثم اطعنه فى مقتله فعمد الغلام الى الحديدة لخباها ثم دخل على جبر فى قبّته التى حبس فيها فلما راى الغلام غفلة وثب عليه فقتله فوثب القوم على الغلام فقـالت بنو كاهل فارنا ولى ابدينا فقال الغلام انما ثارت بأبى لخلوا (4) عنه واقبل كاهنهم المزدجر فقال اى قوبر قتلتموه ملك شهر ودلّ دهر امَ والله لا تعظمون عند الملوك بعده ابدًا ۞ قال ابن السكيت ولمّا طعن الاسدى جبرا ولم يشهر عليه اوى ودفع كتابة الى رجل وقال له انطلق الى ابنى نافع وكان اكبر ولده فان بكى وجزع فآلّـهُ عنه واستقرىم واحدًا واحدًا حتى تأتى امرأ القيس وكان اصغرهم فايّهم لم يجزع فادفع اليه سلاى وخيلى وقدورى ووصيـتى وقد كان بينّ فى وصيّته مَن قتله وكيف كان خبره فانطلق الرجل بوصيعه الى نافع ابنه فاخذ التراب فوضعه على راسه ثم استقرهم واحدا واحدا فكلهم فعل ذلك حتى اى امرأ القيس فوجده

---

[1] On lit dans le manuscrit فينتين.
[2] Ibid. وماور.
[3] On lit dans le manuscrit أرجز.
[4] Ibid. نحلوا.

— ٧ —

وقيس انتم اخواننا وبنو عمّنا والرجل بعيد النسب منّا ومنكم وقد رايتم ما كان يصنع بكم هو وقومه فانتهبوهم فقصدوا على نجائبنه اسرَقوها ولَّفوه فى ربطة بعضها وطرحوه على ظهر الطريق فلما راته قيس وكنانة انتهبوا اسلابه ووثب عمرو بن مسعود فضم عياله وقال انا لهم جار قال ابن الكلبي وعدة قبائل من بنى اسد يدّعون قتل حجر ويقولون ان علبآء كان الساعى فى قتله وصاحب المشهورة ولم يقتلهُ هو قال ابن حبيب خذان فى بنى اسد وخدان فى بنى تميم ولى بنى جديلة بالخآء مفتوحة وخدان مضمومة فى الازد وليس فى العرب غير هؤلآء قال ابو عمرو الشيبانى بل كان حجر لمّا خان بنى اسد استجار عوير بـــن شجنة احد بنى عطارد بن كعب بن سعد بن زيد مناة بن تميم لبنتــه هند بنت حجر وعياله وقال لبنى اسد لما كثروه امّا اذا كان هذا شانكم فانى مرتحل عنكم ومخلّيكم وشانكم فوادعوه على ذلك ومال (١) على خالد بن خدان احد بنى سعد بن ثعلبة فادركه علبآء بن الحارث احد بنى كاهل فقال يا خالد اقتل صاحبك فيعزَّك (٢) وايانا فنشر (٣) فامتنع خالد ومرّ علبآء بقصدة رمح مكسورة فيها سنانها فطعن بها فى خاصرة حجر وهو غافل فقتله فــى ذلك يــقــول الاسـدى

وقصدة علبآء بن قيس بن كاهل   منيّة حجر فى جوار ابــن خذان

وذكر الهيثم بن عدى ان حجر لما استجار عوير بن شجنة لبنته (٤) وتطيبنه تحوّل عنهم فاقام فى قومه مدّة وجمع لبنى اسد جمعًا عظيمًا من قومــه واقبل مُجدًّا بمن معه من الجنود فتوامرت بنو اسد بينها وقالوا والله لئن قهركم هذا ليَّمكن علينا حكم الصبى فما خير عيش يكون بعد قهر وانهم بحمد الله اشتّ العرب فموتوا كرامًا فساروا الى حجر وقد ارتحل نحوهم فلقوه فاقتتلوا قتالًا شديدًا وكان صاحب امرهم علبآء بن الحارث ممبل على حجر فطعنه فقتله وانهزمت كندة وفيهم يومئذ امروّ القيس فهرب له شغرآء واجمرهم واسروا من اهل بيته رجالًا وقتلوا وملوا ايديهم من الغنآئم واخذوا جوارى حجر ونسآءه وما كان معه من شىء فاقتسموه بينهم وقال يعقوب بن السكّيت حدّثنى خالد الكلابى قال كان سبب قتل حجر انه كان وفد الى ابيه للحارث بن عمرو فى مرضه الذى مات فيه واقام عنده حتى هلك ثم اقبل راجعًا الى بنى اسد وقد كان اغار عليهم فى النسآء واسبآء

---

[1] Dans le manuscrit, la première lettre de ce mot n'est pas écrite d'une manière distincte.

[2] Le manuscrit porte فيعرَّك.

[3] Ce mot est évidemment altéré, mais il est fort difficile de deviner quelle était la leçon primitive.

[4] Le manuscrit porte لبنيه.

— ۲ —

حلّ أبيـت اللعـن حـــلًّا انّ فيها قـلت آمـة
(١) فى كلّ وادٍ بــــين يشـــــرب بالقصور الى الجمامة
تطريب عـانٍ او صبــا حُ محرقٍ او صوت هامة
(٢) ومنعتهم نجـدًا فـقـد حلّوا على وجَلٍ تهــامة
برِمَت بمبعثتها الحمامة بَرِمَتْ بنـو اسدٍ كـا
جعلَتْ لها عوديــن من نَشَمٍ (٣) وآخـر من ثمـامة
مَهّا تركت تركـت عفـــوًا لو قُتلت فلا ملامة
انت المليك عليـهـم وهم العبيد الى القيامة
دلّـوا لسوطك مثـــل مـا دلّ الأشيقـر ذو الحرامة (٤)

قال فرقّ لهم حجر حتى سمع قوله فبعث فى اثرهم فاقبلوا حتى اذا كانوا على مسيرة يوم من تهامة تكهّن كاهنهم وهو عوف بن ربيعة بن سواد بن سعد بن مالك بن ثعلبة بن دودان بن اسد بن خزيمة (٥) فقال لبنى اسد يا عبادى فقالوا لبّيك ربّنا قال

(٦) من الملـك الصيهـب الغلّاب غير المغلّب (٧) فى الابل كانها الربرب
لا يُقْلِق (٨) راسُه العضبُ هذا دمه ينصبُّ وهذا غدًا اوّلُ من يُسْلَب

قالوا (٩) من هو يا ربّنا قال

لو لا ان تجيش نفس جاشيه لاخبرتكم انه حجر صاحبه (١٠)

فركبوا كلّ صعب وذلول فلما اشرق لهم النهار حتى اتوا على عسكر حجر فهجموا على قبّته وكان حجابه من بنى الحارث بن سعد يقال لهم بنو خدّان بن حنشر منهم معاوية بن الحارث وشبيب ورقبة (١١) ومالك وحبيب وكان حجر قد اعتق اباه من القتل فلما نظروا الى القوم يريدون قتله خبّروا عليه ليمنعوه ويجيروه فاقبل علبآء بن الحارث الكاهلى وكان حجر قد قتل اباه فطعنه من خللهم (١٢) فاصاب نساه فقتله فلما قتلوه قالت بنو اسد يا معشر كنانة

¹ Dans le man. on lit فى وادِ, ce qui est une faute contre la prosodie.
² On lit dans le manuscrit ومنعتم.
³ Le manuscrit porte نشم, mot qui n'offre aucun sens.
⁴ On lit dans le manuscrit الحرامه.
⁵ On lit dans le manuscrit خذيمه.
⁶ Les deux lignes suivantes sont en prose rimée.
⁷ Le manuscrit porte كانها.
⁸ Ibid. يعلق.
⁹ Ibid. قال.
¹⁰ Ceci paraît être encore de la prose rimée.
¹¹ Il faut probablement lire رقية. Voy. p. ٥, l. 11.
¹² Le manuscrit porte حللم.

— ٥ —

عمرًا وقتلوا ابنه مَلِكًا بهيت وصار للحارث الى مسهلان فقتله كلب وزعم غير ابن قتيبة انه (¹) مكث فيهم حتى مات حتف انفه   وقال الهيثم بن عمرو وحدّثنى حمّاد الراوية عن سعيد بن عمرو بن سعيد عن سعية بن عريض من يهود تيماء قال لمّا قتل الحرث بن ابى شمر الغسّانى عمرًا (²) بن حجر ملك (³) بعده ابنه للحارث بن عمرو وامّه بنت عوف بن عصم بن ذهل بن شيبان ونزل للحيرة فلمّا تفاسدت القبائل من نزار اتاه اشرافهم فقالوا انّا فى دينك ونحن نخاف ان نتغانى (⁴) فيما يحدث بيننا فوجّه معنا بنيك يغزلون فينـا فيكفّون بعضها عن بعض ففرّق ولده قتبّل العرب ملّك ابنه حجرًا على بنى اسد وغطفان وملّك ابنه شرحبيل قتيلًا يوم الكُلاب على بكر بن وآئل باسرها وبنى حنظلة ابن مالك بن زيد مناة بن تميم والرباب وملّك ابنه معدى كرب وهو غلفاء سمّى بذلك لانه كان يغلف راسه على بنى تغلب والنمر بـن قاسط وسعد بن زيد مناة وطوآئـف بنى دارم ابن حنظلة والصنآئع وهم بنو رقية قوم كانوا يكونون مع الملوك من شدّاد (⁵) العرب وملك ابنه عبد الله على عبد القيس وملّك ابنه سهمة على قيس   وقال ابن الكلبى حدّثنى ابى ان حجرًا كان فى بنى اسد وكانت له عليهم اتاوة فى كل سنة لموقّتة يعمر (⁶) ذلك دهرًا ثم بعث اليهم جابيه الذى كان يجبيهم فمنعوه ذلك وحجر حينئذ بتهامة وضربوا رسله وضرجوهم ضرحًا شديدًا قبيحًا فبلغ ذلك حجرًا فسار اليهم بجند من ربيعة وجند من جند اخيه من قيس وكنانة فاتاهم واخذ سرواتهم (⁷) فجعل يقتلهم بالعصى فسمّوا عبيد العصى واباح الاموال وصيّرهم الى تهامة وآلى بالله ألّا يساكنهم (⁸) فى بلد ابدًا وحبـس منهم عمرو بن مسعود بن كلدة بن فزارة الاسدى وكان سيّدًا وعبيد بن الابرص الشاعر فسارت بنو اسد ثلاثًا ثم ان عبيد بن الابرص قام فقال ايها الملك اسمع مقالتى

يا عينِ (⁹) قابكى ما بنو اسد فهم اهل الندامة
اهـل القبـاب للحمر والـ ـنعم المـوَّل والمـدامة
وذوى الجيـاد الجُرد (¹⁰) وآ لسل المـثقّفة المقامة

---

¹ On lit dans le manuscrit انهم.
² Ibid. عمرو.
³ Ibid. ملكه.
⁴ Ibid. تتغانى.
⁵ Ibid. صداد.
⁶ Ibid. يعمر.

⁷ On lit dans le manuscrit سرواتهم.
⁸ Ibid. يساكنوهم.
⁹ Le manuscrit porte يا عينى, ce que le mètre n'admet pas.
¹⁰ On lit dans le manuscrit الجرد.

أمْنِيَتَيْنِ ارجو ان يكون الله قد جمعهما لى فقال مردك وما هما ايها الملك قال تمنّيت أنْ
املك فاستعمل هذا الرجلَ الشريف يعنى المنذر وان اقتل هوُلاءَ الزرادقة فقال له [١]
مردك أَوَتستطيع ان تقتل الناسَ كلَّهم قال انك لهاهنا يابن [٢] الزانية والله ما ذهب نى رج
جوربك من انلى منذ قبلت رجلك الى هوى هذا وامر به فقُبِّلَ وصُلِبَ وامر بقتل الزرادقة
فقُتل منهم ما بين خادر [٣] الى النهروان الى المدآئنى فى غدوة واحدة مائةُ الف زنديـــق
وصلبهم وسمّى يومئذ انوشروان وطلب انوشروان لحرث بن عمرو فبلغه ذلك وهو بالانبار
وكان بها منزله وانما سمّيت الانبار لانه كان يكون بها اهرآء [٤] الطعام وهى الانابير فخرج
هاربا فى نجآئنه وماله وولده فنزل بالثوية وتبعه المنذر فالخــيــل من تغلب وبهرا [٥] واياد
فلحق بارض كلب فنهبوا والتهبوا ماله وخباآئنه واخذت بنو تغلب ثمانية واربعين نفسا من
بنى آكل المرار فقُدِّمَ بهم على المنذر فضرب رقابهم بجـفـر الاملاك فى ديار بنى مرينا
العباديين بين دير هند والكوفة فذلك قول عمرو بن كلثوم

فآبوا بالنهاب وبالسـبــايــا   وأبنا بالمـلــوك مصفَّديــنــا

وفيهم يقول امـــرو الــقــيــس

ملوك من بنى حجر بن عمرو   يساقون العشيّــة يقـتلـونــا
فلو فى يــوم معركة اصيبوا   ولكن فى ديار بنى مـريـنـا
ولم تُغسّل جماجمهم بغسل   ولكن فى الدمآء مُرَمّلــيـنــا
تظلّ الطير عاكفة عليهم   وتنتزع للمواجب والـعــيــونــا

قالوا ومضى للحارث واقام بارض كلب فكلب يزعمون انهم تتلوه وحضّاء كندة تزعم انه
خرج الى الصيد فالقّ بتيس من الظبآء فاجهزه فآلى بالية الّا يأكل اوّلا الّا من كبده فطلبته
لخيل ثلاثا فانى بعد الثالثة وقد هلك جوعا فشوى له بطنه فتناول [٦] فلذاة من كبده
فاكلها حارّة فات وفى ذلك يقول الوليد بن عديّ الكندى فى احد بنى جهيلة

فشووا فكان شوآءهم خبطا له   ان المنيّة لا تجلّ جلـيـلا

وزعم ابن قتيبة ان اهل اليمن يزعمون ان قباد بن فيروز لم يملّك لحارث بن عمرو وان
تُبّعًا الاخير هو الذى ملّكه قال ولما قبل المنذر الى الحيرة هرب لحارث وتبعته خيل فقتلت ابنه

---

[1] On lit dans le manuscrit لم.   [4] Le manuscrit porte أهرا٠.
[2] Ibid. فابن.   [5] Il faut probablement lire بهرا٠.
[3] Ibid. حاذر.   [6] On lit dans le manuscrit فتاول.

ويقال بل قالت هند للحارث وقد سألها ما ترى (1) حجرًا فاعلًا قالت كأنك به قد أدركك فى لحبيل وهو كأنه بعير قد أكل المرار قال وسمّى عمرو (2) المقصور لأنه اقتصر على مُلك أبيه أى اقتعد فيه كرهًا اخبرنى بخبره على ما قد سُقته ونظمته احمد بن عبد العزيز الجوهرى قال حدثنا عمر بن شبّة ولم يتجاوزه وروى بعضه علىّ بن الصباح عن هشام بن الكلبى واخبرنى الحسن بن على قال حدثنا محمد بن القاسم بن مهرويه قال حدثنـا عبد الله بن ابى سعد عن على بن الصباح عن هشام بــن الكلبى قال ابن ابى سعد واخبرنا دارم بن عقال بن حبيب الغسّانى احد ولد السموءل بن عاديآء عن اشياخه واخبرنى ابراهيم بن ايوب عن ابن قتيبة واخبرنى محمد ابن العبّاس اليزيدى قال حدثنى عمّى يوسف عن عمّه اسماعيل واضفتُ الى ذلك رواية ابن الكلبى ممّا لم اسمعه من احمد ورواية الهيثم بن عدىّ ويعقوب بن السكّيت والاثرم وغيرهم لما فى ذلك من الاختلاف ونسبتُ رواية كلّ راوٍ اذا (3) خالف رواية غيره اليه   قالوا كان عمرو ابن حجر وهو المقصور مُملّكـًا بعد ابيه وكان اخوه معاوية وهو الجون على الجامة واسمها شعبة بنت ابى مهغاهر (4) بن حسان بن عمرو بن تُبّع ولمّا ماتت ملك (5) بعده ابنه الحارث وكان شديد المُلك بعيد الصوت ولمّا ملك قباد بن فيروز خرج فى ايام مملكه رجـــل يقال له (6) مزدك فدعا الناس الى الزندقة واباحة للحــرور وأنّ لا يمنع احدكم اخاه ما يــريده من ذلك وكان المنذر بن ماء السماء يومئذ عاملًا على الحيرة ونواحيها فدعاه قباد الى الدخـول معه فى ذلك فأبى فدعا للحارث بن عمرو فاجابه فعقّد له مُلكه واطرد المنذر عن مملكتـه وغلب على مُلكه وكانت امّر انوشروان بين يدى قباد فدخل يومـًا فدخـل عليه مزدك فلمّا رأى (7) امر انوشروان قال لقباد ادفعها الىّ لاقصى حاجتى منها فقال دونكها فوثب الىـــه انوشروان فلم يزل يساله ويضرع اليه ان غلب لامنه (8) حتى تقبّل رجله فتركها له فكانت تلك فى نفسه فهلك قباد فى تلك للحال وملك (9) انوشروان مجلس فى مجلس الملك وبلغ المنذر هلاك قباد فاقبل انوشروانَ وقد عمّ خلانه كان على ابيه فيما كانوا دخلوا فيه فاذى انوشروان للناس فدخل (10) عليه مزدك ثم دخل المنذر فقال انوشروان انّى كنتُ تمنّيتُ

---

[1] Le manuscrit porte ترين.
[2] Dans le manuscrit on lit عمرا.
[3] Ibid. واذا.
[4] Dans le man. ce mot est presque indéchiffrable.
[5] On lit dans le manuscrit, مالك.
[6] Le manuscrit porte partout مروك.
[7] Le mot أمر manque dans le manuscrit.
[8] Ici le texte paraît être altéré. M. le baron Silvestre de Sacy croit qu'il faut lire أمّه يترك له أن; nous adoptons cette leçon avec empressement.
[9] Le manuscrit porte وهلك.
[10] Ibid. انوشروان وأن للناس مدخل.

ذكر امرئ القيس ونسبه واخباره
وهو منقول من الجزء الثانى من كتاب الاغانى لابى الفرج الاصبهانى

(1) قال الاصمعى هو امرؤ القيس بن حجر بن الحارث بن عمرو بن حجر آكل (2) المرار بن معاوية ابن ثور وهو كندة قال ابن الاعرابى هو امرؤ القيس بن حجر بن عمرو بن معاوية بن الحارث بن ثور وهو كندة وقالوا جميعًا كندة هو كندى بن عُفَير بن عدىّ بن الحارث بن مرّة بن ادد بن زيد بن يشجب بن عريب بن زيد بن كهلان بن سبا بن يشجب بن يعرب بن قحطان بن عابر ابن سالخ بن ارفخشد بن سام بن نوح وقال ابن الاعرابى ثور وهو كندة ابن مُرَيِّع بن عفير بن الحارث بن مرّة بن عدىّ بن ادد بن زيد بن عمرو بن هميسع (3) بن عريب بن عمرو بن زيد بن كهلان وامّ امرئ القيس فاطمة بنت ربيعة بن الحارث بن زهير اخت كليب ومهلهل ابنى ربيعة التغلبيين وقال من زعم انه امرؤ القيس بن السمط امّه تملك بنت عمرو بن زُبَيد بن مذحج رهط عمرو بن معدى كرب قال من ذكر هذا وان امّه تملك قال قد ذكر ذلك امرؤ القيس فى شعره فقال

ألا هل اتاها وللحوادث جَمّةٌ   بانّ امرأ القيس بن تملك بيقرا (4)

بيقر اى جاء العراق وللحضر (5) ويقال بيقر الرجل اذا هاجر وقال يعقوب بن السكّيت امّ حجر ابى امرئ القيس امرأة بنت سلمة بنت قطام امرأة من عنزة ويكنى امرؤ (6) القيس على ما ذكره ابو عبيدة ابا الحارث وقال غيره يكنى ابا وهب وكان يقال له المَلِك الضِلّيل وقيل له ايّها ذو القروح (7) وايّاه عنى الفرزدق بقوله

وَهَبَ القصائدَ لى النوابغُ اذ مَضَوا   وابو اليزيد وذو القروح وجَرْوَلُ

يعنى بابى يزيد المخبّل السعدى وجرول للحطيئة قال وولد ببلاد بنى اسد وقال ابن حبيب كان ينزل المشقّر من اليمامة ويقال بل كان ينزل فى حصن بالبحرين وقال جميع من ذكرنا من الرواة انّما سمّى كندة لانه كندَ اباه اى عَقَّهُ وسمّى مُرَيِّع بذلك لانه كان يجعل لمن اتاه من قومه مُرتّعًا له ولماشيته وسمّى حجر آكلُ المرار بذلك لانه لمّا اتاه الخبر بان اباه الحارث بن جبلة كان نائمًا فى حجر امراته هند وفى تغليبه جعل يأكل المرار وهو نبت شديد المرارة من الغيظ وهو لا يدرى

---
[1] Voyez Kitab el-Aghani, manuscrit de la Bibl. du roi, tome II, fol. 216 r.
[2] On lit dans le manuscrit اكان.
[3] Dans le manuscrit on trouve ce nom écrit ainsi, يهمسع.
[4] Le manuscrit porte بيقرا. Dans la ligne suivante le copiste a encore commis la même faute.
[5] Le manuscrit porte للحضرى.
[6] Ibid. امرا.
[7] On lit dans le manuscrit ذو الغروح.

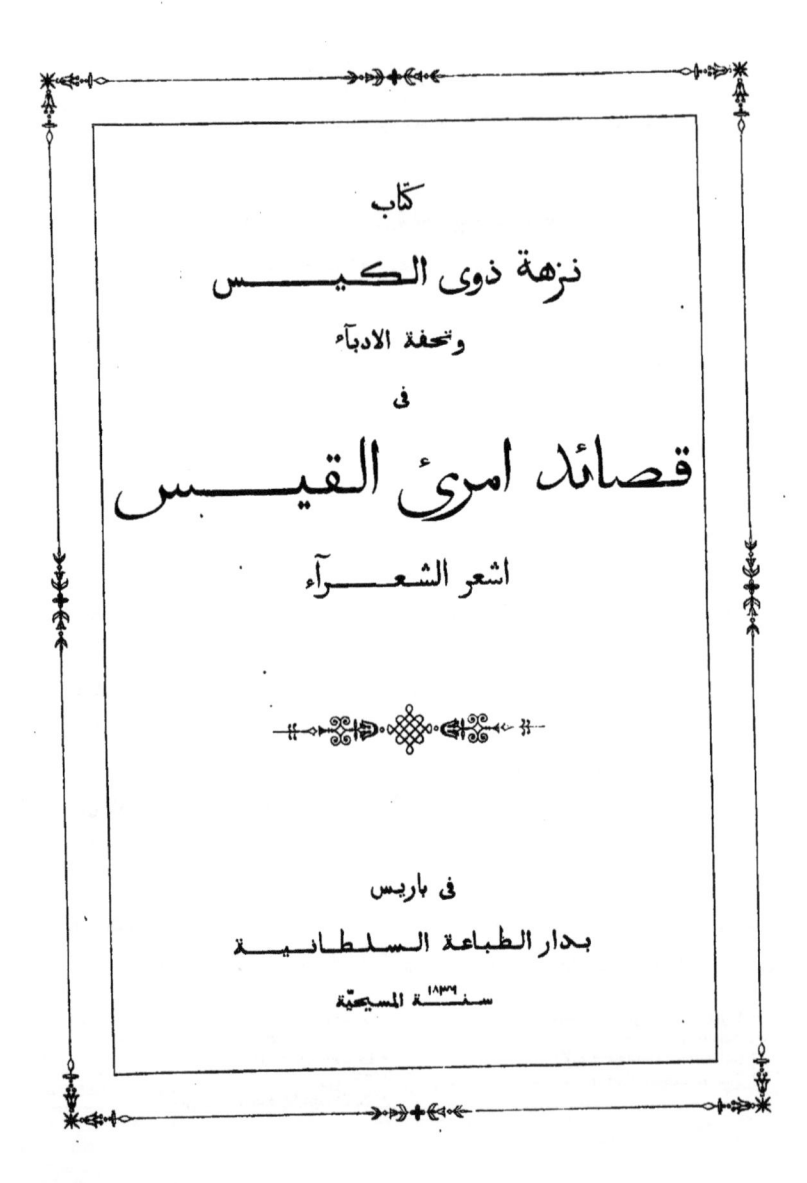

كتاب
نزهة ذوي الكيس
وتحفة الادباء
فى
قصائد امرئ القيس
اشعر الشعراء

فى باريس
بدار الطباعة السلطانية
سنة ١٨٣٩ المسيحية

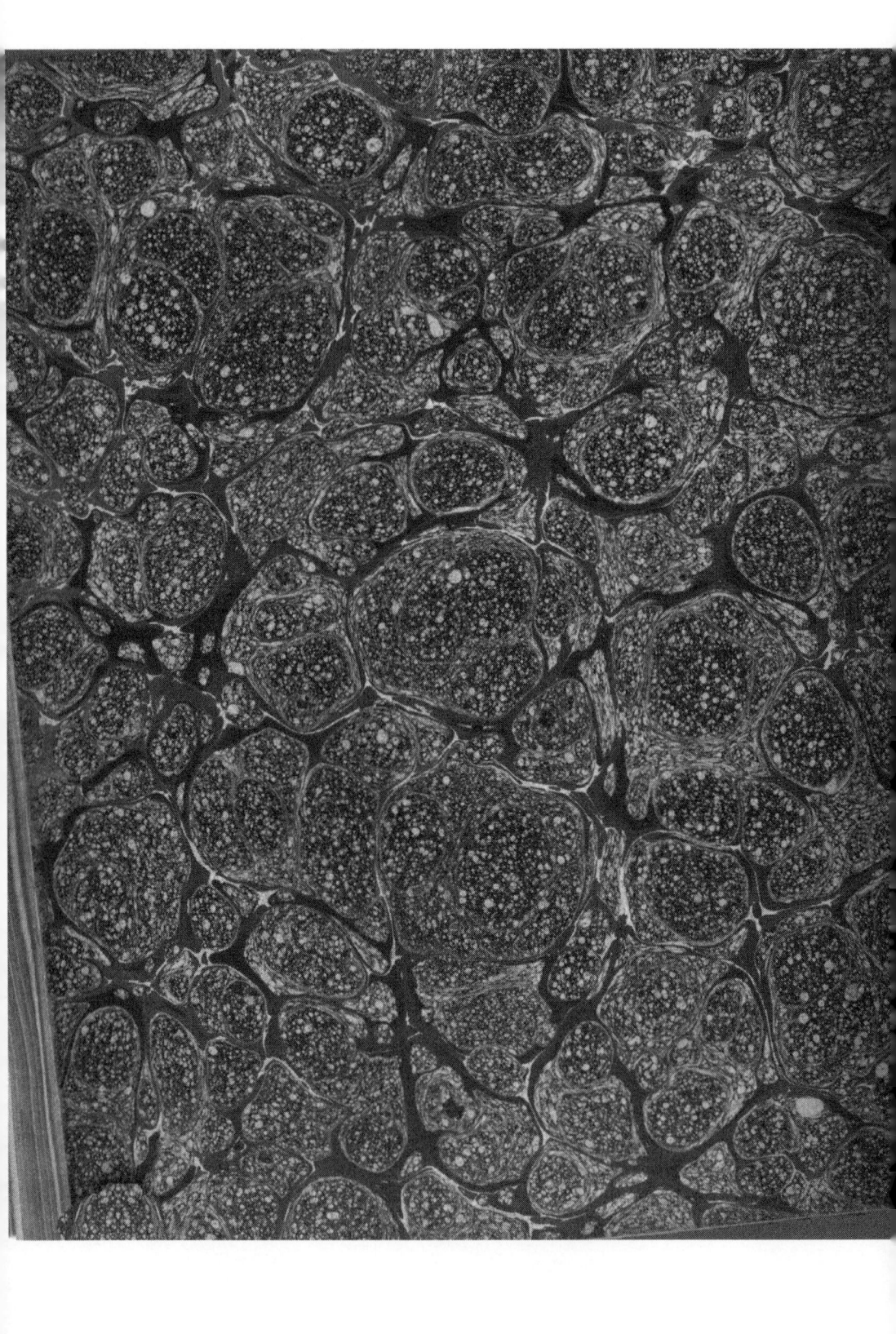

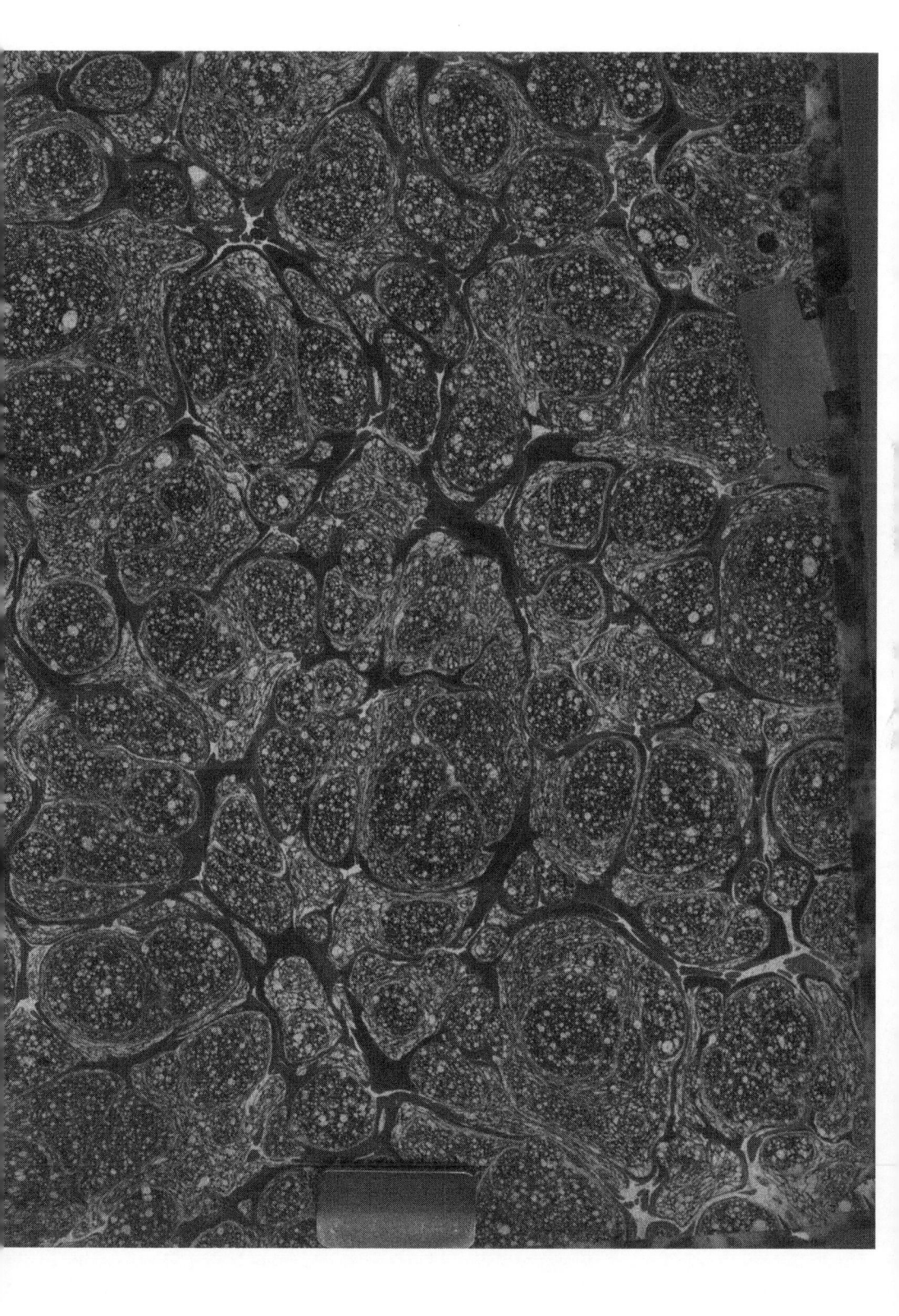

Milton Keynes UK
Ingram Content Group UK Ltd.
UKHW020656231023
431165UK00007B/365